Egon Bahr
Ostwärts und nichts vergessen

Das Buch

Im Deutschland der 1960er-Jahre war undenkbar, ja geradezu obszön, was Willy Brandt und Egon Bahr vorhatten: Man muss das Trennende zum Osten überwinden und das Gemeinsame suchen, »ohne zu wissen, wann und wie es erreichbar war.« (Bahr)

»Wandel durch Annäherung« wurde eine Methodik, sich dem zuzuwenden, von dem man etwas will, das man erreichen möchte – in diesem Fall der Sowjetunion. Voraussetzung war, Interesse und Bereitschaft zu wecken, gemeinsame Lösungen zu finden.

Egon Bahr ist immer wieder gefragt worden, ob diese Methodik denn auch heute noch Bestand habe. Er war vorsichtig: in Europa ja, »auf den Rest der Welt ist das Rezept nicht automatisch übertragbar«.

Diese Taschenbuchausgabe wurde ergänzt durch ein exklusives Gespräch zwischen Egon Bahr und Hans Modrow.

Der Autor

Egon Bahr (1922 bis 2015) gilt als Architekt der Ostpolitik und Vordenker der Politik der »Gemeinsamen Sicherheit«. Er prägte den bis heute wegweisenden Begriff »Wandel durch Annäherung« und mischte sich bis zu seinem Tod im Alter von 93 Jahren immer wieder in aktuelle europa- und sicherheitspolitische Debatten ein.

Zu den wichtigsten Prägungen seines Lebens zählte Bahr die Begegnung mit Willy Brandt. Aus ihr entwickelte sich eine tiefe politische und persönliche Freundschaft, die auch nach dem Rücktritt Brandts als Bundeskanzler sowie Bahrs eigenem Ausscheiden aus der Bundesregierung jahrzehntelang Bestand hatte.

Egon Bahr
Ostwärts und nichts vergessen
Politik zwischen Krieg und Verständigung

Herausgegeben und bearbeitet von Dietlind Klemm

HERDER

FREIBURG · BASEL · WIEN

HERDER spektrum Band 6766

Dank an Sven Haarmann von der Friedrich-Ebert-Stiftung

MIX
Papier aus verantwor-
tungsvollen Quellen
FSC® C083411

Die Fotos im Bildteil stammen zum großen Teil aus dem Priva-
tarchiv von Egon Bahr. Nicht alle Bildrechte konnten ermittelt
werden.
Das Urheberrecht wird ausdrücklich anerkannt.
dpa: 195 u., 199 u., 200 u., 201 u., 203 o./u., 204 o.
Landesbildstelle Berlin: 192 o., 195 o.

Umschlaggestaltung: Verlag Herder
Umschlagmotiv: © dpa Picture-Alliance / Britta Pedersen

Satz: Arnold & Domnick, Leipzig
Herstellung: CPI books GmbH, Leck

Printed in Germany

ISBN 978-3-451-06766-2

Inhalt

Der lange Weg zur Einheit

Frieden ist nicht alles, aber ohne Frieden ist alles nichts

Sozial-Demokratisches

Die großen Fragen im 21. Jahrhundert

Sommer 2015

Vorwort der Herausgeberin

Natürlich ist es dreist, den Refrain des Solidaritätsliedes
»Vorwärts, und nicht vergessen…« von Bertolt Brecht in
den Titel »Ostwärts und nichts vergessen!« umzuwandeln.
Aber Egon Bahr mochte den Titel spontan, wahrscheinlich dachte er: Der Brecht war ja doch ein doller Typ, auch
wenn er Kommunist war…

Damit wären wir gleich bei einer grundlegenden Fähigkeit von Egon Bahr: über den Tag hinaus perspektivisch
und strategisch denken zu können, den langen Atem zu
bewahren.

Bahr war kein Kommunistenhasser, aber er hatte schon
1957 bei seiner Antrittsrede als SPD-Parteineuling in Berlin die Erkenntnis: »Der Kommunismus ist keine Gefahr
mehr, er hat sich durch seine Widersprüche zwischen
Dogma und Wirklichkeit selbst entmachtet.«

Er war ein Patriot, einer, der fest an die Wiedervereinigung glaubte, auch wenn er sich nicht vorstellen konnte,
sie noch zu erleben. Wenn man zurückschaut in die Jahre
nach dem Krieg, wie aus dem Arbeiteraufstand vom 17.
Juni 1953 und dem Bau der Mauer 1961 das Konzept der
Ostpolitik »Wandel durch Annäherung« entstand, dann
kann man nur staunen: Hier haben zum richtigen Zeitpunkt die richtigen Leute mit einer richtigen Idee zusam-
mengefunden.

Die Begegnung Egon Bahrs mit Willy Brandt kann man
getrost als Glücksfall der Geschichte bezeichnen. Beide
waren überzeugt: In Richtung Sowjetunion, Polen und der
DDR müssen neue Konzepte entwickelt werden, denn die

Bonner Politik unnachgiebiger Grundsatzpositionen war buchstäblich gegen die Wand gefahren.

Das war ein mehrfacher Tabubruch: Ein nicht souveränes Land macht Anstalten, seine Ostpolitik selbst in die Hand zu nehmen, mitten im »Kalten Krieg«, in den Zeiten von Wiedervereinigungsgerede ohne Wiedervereinigungswillen und Abhängigkeit Deutschlands von den Siegermächten. Im Deutschland der 1960er Jahre war undenkbar, ja geradezu obszön, was Willy Brandt und Egon Bahr vorhatten: Man muss das Trennende zum Osten hin überwinden und das Gemeinsame suchen, »ohne zu wissen, wann und wie es erreichbar war« (Bahr).

»Wandel durch Annäherung« wurde eine Methodik, sich dem zuzuwenden, von dem ich etwas will, um etwas zu erreichen – in diesem Fall der Sowjetunion. Voraussetzung war, Interesse und Bereitschaft zu wecken, gemeinsame Lösungen zu finden. Egon Bahr ist immer wieder gefragt worden, ob diese Methodik denn auch heute noch Bestand habe. Er war vorsichtig: in Europa ja, »auf den Rest der Welt ist das Rezept nicht automatisch übertragbar«.

Die Verhandlungen mit der Sowjetunion bauten auf das System der »back channels«, einer ursprünglich amerikanischen Einrichtung von informellen Kanälen mit Moskau. Dass politische Verhandlungen fast gänzlich auf Verschwiegenheit und Diskretion, im Vertrauen auf das gesprochene Wort und in mündlich getroffene Abmachungen bauen, ist in unserer geschwätzigen Parlaments- und Medienwelt fast unvorstellbar.

Es ist heute auch unvorstellbar, dass sich ein Politiker als »Diener seines Staates« definiert. Egon Bahr tat es. Ohne Pathos.

Zwei unerfüllte Träume blieben für den über 90-Jährigen: Ein politisch geeintes Europa und ein gesicherter globaler Frieden. Für jemanden, der weit über 50 Jahre einen wachen Blick auf das politische Geschehen hatte, war es unerheblich, wann diese Träume in Erfüllung gehen, solange das Ziel im Blick bleibt.

Ich hatte Gelegenheit, Egon Bahr im Rahmen eines fünftägigen Seminars im Château d'Orion im Südwesten Frankreichs zu erleben. Fünf Tage lang gab er einem kleinen Kreis von Gästen Einblicke in sein Leben. Welch ein Luxus an Zeit – auch für ihn, dem meist »Vortrag plus 10 Fragen« an einem einzelnen Abend gegönnt sind. Die Themen der Woche in Frankreich wurden zum Leitfaden für das Buch.

Zuletzt noch mein persönlicher Dank als Herausgeberin, weil ich nicht nur Egon Bahrs scharfen Sachverstand, seinen Humor, seine herrliche Schroffheit und seine Sensibilität kennenlernen durfte. Mein Dank gilt auch seiner Nachsicht unser aller »Geschichtsvergessenheit« gegenüber, seiner Rücksicht, niemals persönlich Verletzendes über politische Kontrahenten zu sagen, und seiner Absicht, keinen falschen Zungenschlag in sein Selbstzeugnis zu bringen.

In der Nacht auf den 20. August 2015 ist Egon Bahr gestorben. Dieses Buch sei ihm in Dankbarkeit gewidmet.

Dietlind Klemm

Persönliches – Politisches

Ich weiß noch genau, wie mein Vater 1933 sagte: Wenn die Nazis kommen, dann ist das der Krieg. Und dann habe ich festgestellt: 1934, 1935 – immer noch kein Krieg. 1936 kam die ganze Welt nach Berlin, um den Führer bei den Olympischen Spielen zu begrüßen – von Krieg keine Rede! Da kann man mal sehen, wie dumm die Alten daherreden, dachte ich als 15-Jähriger. 1938 erfolgte der Anschluss Österreichs – na, wundervoll! Dieser Jubel beim Einmarsch der Wehrmacht in Wien!

1939 ging es tatsächlich los mit dem Krieg, und diesmal sagte mein Vater: Das ist das Ende Deutschlands. Stattdessen gab es ungeheure militärische Erfolge! Ich war voller Bewunderung: Innerhalb von 14 Tagen war Polen überwältigt. Dann wurden fast nebenbei Norwegen und Dänemark erobert. Im Mai 1940 begann der Krieg gegen Frankreich, und der wurde in nur sechs Wochen beendet! Ich dachte damals: Was das große Kaiserreich im Ersten Weltkrieg nicht vermocht hat, haben »wir« in sechs Wochen geschafft! Ich habe wirklich »wir« gedacht!

Erst allmählich dämmerte mir: Was bedeutet es eigentlich, wenn Hitler den Krieg gewinnt? Der Wunsch, dass das eigene Land gewinnt, wäre das Ende meiner Familie gewesen. Meine Mutter war Halbjüdin – ich hatte eine jüdische Großmutter. Mein Vater war bereits in Torgau an der Elbe, wo wir zehn Jahre gelebt hatten, vor die Entscheidung gestellt worden, dass er sich von seiner halbjüdischen Frau scheiden lassen sollte, wenn er seinen geliebten Beruf als Lehrer weiterführen wollte.

Die Ehe war nicht besonders gut, aber er hat keine Sekunde gezögert und gesagt: Ich lasse mich nicht scheiden!

Denn in der Ehe mit ihm war meine Mutter geschützt. Mein Vater hat natürlich darunter gelitten, dass er seine Arbeit verlor und in der Industrie ein Einkommen suchen musste. Für mich als Gymnasiasten hieß das: Meinen Wunsch, nach dem Abitur Musik zu studieren, konnte ich mir als »jüdischer Mischling« abschminken.

Ich hatte einen Onkel – der Bruder meiner Mutter –, der früh nach Oranienburg ins KZ kam. Als er 1934 rausgelassen wurde, emigrierte er nach Schanghai – Juden und Halbjuden wurden in Amerika und in der Schweiz nicht aufgenommen, niemand wollte sie haben.

Dem bin ich auf dem Berliner Anhalter Bahnhof begegnet, wo er eine Stunde Aufenthalt hatte, bevor er in Richtung China weiterfuhr. Er hatte ursprünglich volles schwarzes Haar, doch als ich ihn traf, war er kahl geschoren, völlig verändert, die goldenen Zähne, die ich immer so bewundert hatte, waren ihm ausgeschlagen worden. Ich war damals zwölf Jahre alt und wusste nun: Es gibt KZs. Was man da mit Leuten macht, konnte man sehen. Aber geredet wurde darüber nicht. Mein Onkel sagte nur: Fragt mich nicht.

Ich hatte im Gymnasium mit Begeisterung mit dem Altgriechischen angefangen. Bald konnten wir Platon im Original lesen. Die Verteidigungsrede des Sokrates sollte für mein ganzes Leben bestimmend bleiben. Seine Jünger hatten ihm gesagt, es ist unrecht, was Dir geschehen ist, Du solltest fliehen, solltest Dich dem Unrecht entziehen. Aber Sokrates antwortete: Ich habe mich nach den Gesetzen schuldig und die Jugend rebellisch gemacht, ich werde den Schierlingsbecher trinken. Im Übrigen dürfe man vor dem Tod keine Angst haben. Niemand sei bisher zurückgekommen, um zu berichten. Wenn dort wirklich das Paradies ist, weshalb soll man dann Angst haben? Oder es ist das absolute Nichts, wie ein traumloser Schlaf – was gibt es dann Schöneres?

Sich einzustellen auf das Ende und davor keine Angst zu haben – das ist für mich eine Grundeinstellung geworden.

1941 war ich an einem Sonntag allein zuhause. Da habe ich zum ersten Mal im Radio die Fanfare gehört, mit der die Sondermeldungen des Ostfeldzugs angekündigt wurden – eine Transkription aus »Les Préludes« von Liszt. Zum ersten Mal hatte ich ein Gefühl, als ob die Erde bebt. Da wurde mir klar, was mein Vater gesagt hat: Russland kann niemand besiegen. »Wir« können den Krieg nicht gewinnen.

Im selben Jahr habe ich Abitur gemacht. Einige aus der Klasse hatten sich schon freiwillig zur Wehrmacht gemeldet – vor allem diejenigen, die nicht so besonders gute Schüler waren. Eine zweite Gruppe wollte Medizin studieren und sagte: Die Wehrmacht sorgt dafür, dass Medizinstudenten ihre Ausbildung bekommen, und das kann man hinterher im Frieden gebrauchen.

Ich habe mich erst 1942 zur Luftwaffe gemeldet, freiwillig, als ich hörte, dass ich zur Infanterie eingezogen werden sollte. Infanterie war für mich ein Gräuel, ich wollte damals schon nicht gerne laufen, nach Russland hin- und zurücklatschen, das war nicht besonders attraktiv.

Ich wurde in Spandau eingezogen, anschließend wurden wir nach Belgien transportiert. Dabei habe ich zum ersten Mal den Rhein »überschritten«. Nach einer harten Infanterie-Grundausbildung mit klassischer Kommiss-Schleiferei hieß es am Ende: Abiturienten rechts raus. Die wurden dann von Belgien nach Rendsburg verfrachtet und zu einem Offiziersbewerberregiment zusammengefasst. Danach ein Jahr Unteroffizierslehrgang und zum Schluss befördert zu Fahnenjunkern – das war dann schon 1943.

Wir bekamen unsere Marschpapiere, und für mich sollte es nach Minsk in den Mittelabschnitt der Ostfront gehen – war nicht so doll, die Aussicht. Aber dann gefiel es dem Führer, in das unbesetzte Frankreich einzumarschieren, also wurden ein paar Fahnenjunker mehr für Frankreich gebraucht.

Beim Kommiss war das so, da nahm man die Namensliste und fing oben an abzuhaken, »Ba-« war relativ weit oben! Mir wurden die Papiere für Minsk abgenommen, und ich wurde an die Frontleitstelle Brüssel versetzt. Von dort bekam ich fünf weitere Fahnenjunker zugeteilt, und wir wurden nach Dieppe in Marsch gesetzt.

Wir kamen dort vier oder sechs Wochen nach dem misslungenen Landeversuch der Kanadier und Engländer an. Ich wurde einer Batterie zugeteilt und bei Nacht und Nebel in der Nähe von Crécy aufs freie Feld verlegt. Wir mussten uns dort einbuddeln und sollten eine V1-Abschussstelle schützen. Die V1 gehörte zu den so genannten Wunderwaffen, eine Rakete, die in Peenemünde entwickelt wurde. Sobald die Bauarbeiten beendet waren und die Instrumente eingebaut werden sollten, begannen die Angriffe. Uns war klar: Résistance, Engländer und Amerikaner hatten genau gewusst, in welchem Bau-Stadium sich die »Wunderwaffen« befanden.

142 Angriffe, Bomber, Tiefflieger, dann war das Ding zerstört und wir etwas lädiert.

Nach dieser »Frontbewährung« wurde ich als Fahnenjunker-Unteroffizier an die Kriegsschule LKS6 in Kitzingen am Main versetzt. Ich stand kurz vor der Beförderung zum Oberfähnrich, als ich einen Brief von meinem Vater erhielt: Das Gau-Sippenamt habe sich nach mir erkundigt. Ich wusste gar nicht, dass es so etwas gab, habe mich aber mit sauberen Fingernägeln und Stahlhelm beim Chef gemeldet.

Ergebnis: Wegen meiner jüdischen Großmutter wurde ich vom Dienst suspendiert.

Die Offiziere in der Kriegsschule haben sich mir gegenüber alle erstklassig verhalten. Bis auf einen, das war der NS-Führungsoffizier. Der beantragte, mich vor das Kriegsgericht zu stellen wegen versuchten Einschleichens in die Wehrmacht. Das wurde aber niedergeschlagen, weil in meiner Wehrstammrolle, die jeder Soldat mit sich führte und die von Dienststelle zu Dienststelle weitergereicht wurde, ganz eindeutig stand: JM II, jüdischer Mischling zweiten Grades. Also konnte ich mich nicht »eingeschlichen« haben.

Mir wurden »nur« Beförderungen aberkannt und die Unterlagen zur Entlassung an die Stammstelle in Spandau geschickt. Ich sollte am 20. Juli 1944 entlassen werden. An dem Tag fand aber das Attentat auf Hitler statt,[1] also wurde das verschoben. Ich bin dann im August entlassen und zu Rheinmetall Borsig in Berlin dienstverpflichtet worden. Welche Ironie: Ich durfte kein Gewehr mehr tragen, war aber verantwortlich für die Verteilung der Waffen an die immer näher kommenden Fronten.

Im Rückblick muss ich sagen: In militärischer Hinsicht bin ich hervorragend ausgebildet worden. Nach dem Krieg konnte ich durch keine Landschaft fahren, ohne zu überlegen, wie die unter dem Gesichtspunkt der Verteidigung zu beurteilen ist: hinreißende Gegend für Partisanen, für Stellungen oder für Flak? Lange behielt ich diesen taktisch-strategischen militärischen Blick bei. Auch viel später noch habe ich darauf geachtet, dass ich mit den militärischen Entwick-

---

[1] Das Attentat vom 20. Juli 1944 gilt als der bedeutendste Umsturzversuch des militärischen Widerstandes in der Zeit des Nationalsozialismus. Die von Claus Schenk Graf von Stauffenberg in einer Aktentasche platzierte Sprengladung tötete Adolf Hitler jedoch nicht. *(Sämtliche Anmerkungen stammen von der Herausgeberin.)*

lungen so vertraut blieb, dass mir kein General etwas sagen konnte, was ich nicht selber unter den Gesichtspunkten von Technik, Entwicklung und Fähigkeit von Waffen beurteilen konnte. Das war erforderlich, wenn man sich mit politischen Sicherheitsfragen beschäftigte. Ich verfolge noch heute den Stand der unterschiedlichen taktischen Mittelstrecken- und strategischen Waffensysteme. Inzwischen habe ich allerdings Wissenslücken, weil ich nicht mehr genau beurteilen kann, was in der »Pipeline« drin ist, also in den Entwicklungen neuer Waffensysteme, die es unter Umständen gestatten, Atomwaffen abzuschaffen und etwas Wirksameres einzusetzen.

Mein Vater war 1943 mit der Aktion Himmler, einem zivilen Zwangsdienst, irgendwo in Westdeutschland verschwunden. Das war das Groteske bei den Nazis: Der Stein des Anstoßes war ja meine Mutter, aber meine Mutter war die einzige in der Familie, die unbehelligt in Berlin blieb. Die Großmutter lebte illegal zunächst in Ostpreußen. Als die Front näher kam, holte ich sie zu meiner Tante nach Köpenick, wo sie einen Schlaganfall bekam.

Wir haben überlegt, an welcher Stelle wir sie, wenn sie stirbt, im Garten verbuddeln würden. Durch Freunde, die in Elbing in Ostpreußen geblieben waren, haben wir für sie Evakuierungspapiere bekommen, natürlich auf einen anderen Namen – mit der Post vorweggeschickt und der Angabe, wann der Zug ankommt. Also wurde die jüdische Großmutter im Februar 1945 unbehelligt in einem Krankenrollstuhl auf den Bahnsteig im Bahnhof Friedrichstraße gefahren, wo sie mit falschen Papieren der Inneren Mission übergeben wurde. Von denen wurde sie ins Erzgebirge evakuiert. Auf diesem Wege legal geworden, hat sie den Krieg unversehrt überstanden.

Den Einmarsch der Russen in Berlin habe ich hautnah erlebt. Wir waren im Luftschutzkeller, als sie in der Nacht kamen. Wir hatten gerade nette Unterhaltungsmusik vom Reichssender Berlin gehört – alles sehr kafkaesk! –, und dann gingen sie durch die Reihen und sagten zu den Frauen: Du und Du, komm mit – auch zu meiner Frau. Da habe ich die Arme ausgebreitet und gesagt: »Nein, die Frau bleibt hier« (es war nicht zu übersehen, dass sie schwanger war). Einer wollte mir an den Kragen, meine Mutter fing an zu schreien, ich weiß nicht mehr, was ich gemacht habe, habe dem irgendwelche Papiere gegeben und natürlich auch die Uhr. Er stank nach Alkohol. Ich weiß bis heute nicht, weshalb der mich dann plötzlich losgelassen hat.

Die Besetzung durch die Russen war hart, aber für mich zählten nur zwei Dinge. Erstens: Gott sei Dank, Du hast es überstanden, Du bist rausgekommen mit gesunden Knochen, musst jetzt nur noch warten, bis dein Vater zurückkommt. Zweitens: Du wirst das dir Mögliche tun, dafür zu sorgen, dass so etwas Schreckliches nie wieder passiert. Denn nun sind wir frei, das Land wiederaufzubauen. Dass alles in Trümmern lag, war nicht zu übersehen, aber das ist nichts verglichen mit dem, was vor Dir liegt.

Vor Dir liegt ein tolles Leben – bei Kriegsende war ich 23 Jahre alt!

Die Deutschen nach dem Krieg

Mit Beginn der Nazizeit ging es in Deutschland aufwärts, die Arbeitslosen verschwanden. Wenn es 1936, 1937, 1938 freie Wahlen unter demokratischen Voraussetzungen gegeben hätte – die Deutschen hätten Hitler wiedergewählt. Dass gleichzeitig ein System der Blockwarte ausgebaut wurde, hatten die Leute zwar nicht so gerne, nahmen es aber hin. Nach dem Krieg hatten sie im Grunde ein schlechtes Gewissen, auch weil es keinen erkennbaren Widerstand gegeben hatte.

Niemand wollte Nazi gewesen sein. Die ersten Amerikaner, Franzosen und Engländer, die nach Deutschland kamen, stellten fest: Nazis gab's nicht mehr. In der sowjetischen Zone lebten bis 1945 nicht weniger Nazis, aber nach dem Verbot der NSDAP wurden sie von den neuen Machthabern im Osten benutzt, sozialisiert und aufgefordert, sich zum Antifaschismus zu bekennen. Dagegen gab es auch keinen Widerstand. Sie waren bescheiden, anständig und autoritätsgläubig – nur die Farbe hatte gewechselt.

Bei dieser Geschichte konnte sich niemand rühmen, besonders »heldisch« gewesen zu sein. Psychologisch kann man sagen: Den Deutschen ist durch den totalen Krieg und sein Ende politisch das Rückgrat gebrochen worden. Ich kann mich nicht erinnern, dass es einen aufbegehrenden Stolz auf das eigene Land, das eigene Volk, die eigene Geschichte gegeben hätte. Nur eine Minderheit der Deutschen hat sich befreit gefühlt. Die Masse der Deutschen war besiegt, und zwar ohne jeden Zweifel. Insofern ist es historisch richtig und logisch gewesen, dass Adenauer als Repräsentant der besiegten Deutschen, also der Mehrheit, der erste Bundeskanzler wurde.

Als die Vier Mächte auf der Potsdamer Konferenz im August 1945[2] beschlossen, Deutschland bleibt ungeteilt, wird

---

[2] Die Dreimächtekonferenz im Potsdamer Schloss Cecilienhof vom 17. Juli bis zum 2. August 1945 bezeichnet das Treffen der drei Hauptalliierten des Zweiten Weltkrieges: Premierminister Clement Attlee (GB), Präsident Harry S. Truman (USA) und Generalissimus Josef Stalin (Sowjetunion). Deutschland wurde in Besatzungszonen aufgeteilt, jede der vier Besatzungsmächte sollte in ihrer Zone eine völlig eigenständige Politik betreiben, ohne dass der neu gegründete Alliierte Kontrollrat sie daran hindern konnte.

als Einheit behandelt, wird aufgeteilt in Besatzungszonen mit der Sonderregion Berlin als Viermächtestadt und Viermächtebesetzung, war ich erleichtert. Nichts mehr von den früheren Plänen der Teilung oder der Entindustrialisierung! Das Gefühl war ein bisschen so: Na ja, im Osten haben wir Gebiete bis zur Oder und Neiße an Polen verloren – bitter, aber das konnten wir ja verstehen –, im Westen hatten wir überhaupt keine Gebietsverluste. Und wir durften eigentlich alles, konnten z.B. alles produzieren, nur keine Waffen. Aber wer wollte 1945 auch schon Waffen produzieren? Das Gefühl 1945 nach der Potsdamer Konferenz war: Wir sind eigentlich sehr glimpflich davongekommen.

Natürlich haben wir gemerkt, dass die Unterschiede der Positionen zwischen Ost und West sich am deutlichsten in Berlin manifestierten. Sie haben auf kultureller Ebene sofort angefangen, das Beste, was sie zu bieten hatten, nach Berlin zu bringen. Frankreich und die USA brachten ihre Theater und Musik, die Russen ihre Filme und Vorträge. Wir bemerkten sehr schnell die Unterschiedlichkeit der Interessen, und wir genossen diese kulturelle Schlemmerei. Der Kampf um die Seelen der Deutschen begann schon unmittelbar nach Ende des Krieges!

Ansonsten herrschte überall Knappheit: wenig Brot, keine Fensterscheiben, kaum Kohle. Aber man spürte den Hunger nicht, wenn man ins Theater oder Konzert gehen konnte. Es war die Gegensätzlichkeit von materieller Armut und Reichtum im Genuss dessen, was die Vier zu bieten hatten. Der Eintritt zu den Veranstaltungen war erschwinglich. Das bisschen Geld, das wir hatten, konnten wir eh nicht ausgeben, weil es ja nichts gab.

Die meisten Deutschen glaubten, die Grenzen der Besatzungszonen würden bald verschwinden. Das Land war verwaltungsmäßig, aber nicht politisch durch das Potsdamer Abkommen aufgeteilt. Erst im Laufe der dann folgenden Entwicklung war deutlich, dass die einzelnen Besatzungsmächte ihre Zone politisch prägten, und das war natürlich für die Franzosen etwas ganz anderes als für die Engländer, für die wiederum anders als für die Amerikaner, und für alle drei etwas ganz anderes als für die Russen. Das heißt, die Prägung durch die Praxis der täglichen Administration hat zur De-facto-Teilung geführt. Die Amerikaner gelangten in ihrer Besatzungszone schnell zu der Überzeugung: Wir können nicht akzeptieren, dass wir Reparationen aus der laufenden Produktion im Westen für den Osten leisten, sondern müssen dafür sorgen, dass die Westzonen langsam wieder auf die Beine kommen, sodass wir nicht dauernd etwas liefern müssen. Daraus entstand die Idee des Marshallplans:[3] Die Wiederherstellung der Produktion zur Hebung des Lebensstandards in Europa sollte auch auf die westlichen Besatzungszonen ausgedehnt werden. Zwar nicht so viel wie für Frankreich und England, aber jedenfalls so, dass ein Neuanfang in Deutschland möglich wurde. Als sie anboten, den Marshallplan auch auf die Tschechoslowakei und Polen auszudehnen, kam prompt Widerspruch von der Sowjetunion: Das sei der Versuch der Beeinflussung und des Übergriffs auf ihr Besatzungsgebiet, das sie erobert hätten. Der Marshall-

---

[3] Das US-Wiederaufbauprogramm wurde nach dem US-Außenminister George C. Marshall (Amtszeit 1947-1949) benannt und sah 12,4 Milliarden Dollar für die Not leidende und teilweise vom Hunger bedrohte Bevölkerung des durch den Krieg zerstörten Europas vor. Es galt vier Jahre.

plan blieb also lediglich der Versuch zur Wiederherstellung der Wirtschaftskraft Westdeutschlands und Westeuropas.

Was die Teilung Deutschlands in Sektoren anbelangte: Unmittelbar nach dem Krieg waren wir im Glauben, das es sich um bloße Verwaltungsgrenzen handele, dass wir die Einheit aller Wahrscheinlichkeit nach wieder bekommen werden, wie es von den vier Mächten in Potsdam versprochen worden war. Sollte das nicht passieren, wird es die oberste Aufgabe für uns sein, dafür zu sorgen, dass die Teilung aufgehoben wird.

Es sollte ein langer Weg werden.

Ich habe das zum ersten Mal gedacht, als die Blockade Berlins 1949 aufgehoben wurde, aber die Besatzungszonen mit den Reisebeschränkungen für die Deutschen blieben.

Als Journalist unter Besatzern

Nach Kriegsende musste ich – wie alle – Geld verdienen. Was ich gelernt hatte, Industriekaufmann, war nicht gefragt, was ich eigentlich studieren wollte, nämlich Musik, konnte ich nicht mehr. Also habe ich mir gedacht: Das einzige, was du kannst, ist schreiben. Die erste Zeitung, die aufmachte, war die »Tägliche Rundschau«, das Zentralorgan der Roten Armee, die zweite war die »Berliner Zeitung« – auch unter sowjetischer Kontrolle –, aber mit dem Untertitel: »unabhängiges deutsches Blatt«. »Da gehste hin«, hab ich gedacht, hab mir einen Kanten Brot eingesteckt und bin von Weißensee nach Neukölln gelaufen – das ist sehr weit für Berlin, zumal es kaum mehr Brücken gab, und wenn, dann musste man rüberklettern. Die Redaktion der »Berliner Zeitung« war am Herrmannplatz hinter dem heutigen Karstadt-Gebäude. Ich war ein bisschen naiv, die ersten, die ich traf, waren natürlich Russen – von wegen unabhängige Zeitung!

Was ich denn könne. »Nüscht«, hab ich gesagt, »aber ich möchte gerne schreiben«. »Wo kommen Sie her? Aus Weißensee? Na, dann gehen Sie mal wieder nach Hause, und wenn Sie glauben, Sie haben etwas, was für uns interessant ist, dann kommen Sie wieder her, und wir werden sehen, ob wir das drucken können«. So habe ich als Lokalreporter begonnen. Eines Tages hatte ich das Glück, dass ein Kollege krank und ich an seiner Stelle zu einem Konzert im großen Sendesaal an der Masurenallee geschickt wurde. Das Orchester war zusammengewürfelt aus allen möglichen Musikern, keiner von ihnen hatte eine Konzertkleidung, unter den Zuhörern waren auch ehemalige KZ-Häftlinge, noch in ihrer Gefängniskleidung. Dort habe ich zum ersten Mal wieder die 6. Symphonie von Tschaikowsky gehört. Es klang überwältigender und bewegender als in der Schule, wo wir im Unterricht Tschaikowsky durchgenommen hatten. Aber hier ließen Umgebung und Anlass das Werk natürlich ganz anders hören! Das war ein großes Erlebnis!

Bei der »Berliner Zeitung« haben wir schnell zwischen Leningrader und Moskowiter Russen unterscheiden gelernt: Die Leningrader waren intelligente Menschen, die gut Deutsch sprachen, die Moskowiter waren die harten Funktionäre. Die Leningrader Besatzungsoffiziere waren in der deutschen Literatur, in der deutschen Geschichte bewandert, und sie hatten – anders als die Amerikaner – Hochachtung vor der deutschen Kultur und – im Rückblick nicht einfach zu verstehen – Respekt vor den deutschen Soldaten, die in ihren Augen wirklich gekämpft hatten. Und sie und ihr Land fast umgebracht hätten.

Nachdem die russische Chefredaktion durch einen kommunistischen Hardliner ersetzt wurde, der aus der Emigration in Moskau zurückkehrte, wehte ein anderer Wind. Ich sollte vom »Aufbaumythos« schreiben. Das war bei den Nazis Blut-und-Boden-Mythos genannt worden. Hier war meines Bleibens nicht länger! Lieber verbrachte ich einige Zeit arbeitslos zu Hause.

Eines Tages klingelte es an meiner Tür, ein amerikanischer Sergeant sprach mich mit Vornamen an. Es stellte sich heraus, dass er zu einer befreundeten Familie gehörte, die 1934 nach Amerika ausgewandert war, der Sohn war Grafiker geworden und kam als amerikanischer Sergeant nach Deutschland. Er hatte uns gesucht, gefunden und nun schlug er vor: Komm zu uns, wir machen eine neue Zeitung, die »Allgemeine Zeitung«. Unter amerikanischer Leitung, und die war fabelhaft! Bei denen habe ich den Beruf des Journalisten von Grund auf gelernt: wann, wer, wo, wie, was – möglichst kurz im ersten Satz. Als ich eines Tages einen kleinen Artikel begann, guckte mir mein Ausbilder über die Schulter und fragte: »Wollen Sie ›Krieg und Frieden‹ neu schreiben?« Es war eine gute Schule!

Journalismus unter Besatzeraugen? Das ist zu unterschiedlichen Zeiten unterschiedlich gewesen. Unmittelbar nach dem Kriege konnten wir im Prinzip Nachrichten aus Berlin oder aus den verschiedenen Regionen bringen, ohne das Gefühl zu haben, irgendwie eingeschränkt zu sein. Etwas später bekamen wir dann allerdings von den Amerikanern die Weisung, keine Meldung und keine Meinung zu drucken, die die Russen übel nehmen könnten. Da kam zum Beispiel eines Tages jemand aus Aue im Erzgebirge, der erzählte folgendes: Bei uns ist Pechblende gefunden worden. Wir wussten natürlich, das ist der Rohstoff für die Entwicklung der Atombombe. Ich bin zu meinem amerikanischen Chef gegangen und habe gesagt: Wir haben eine Weltmeldung für morgen früh. Da hat er den Kopf geschüttelt: Das muss ich erst nach Washington berichten, damit meine Leute wissen, bevor die Russen wissen, dass wir es wissen. Die Meldung wurde nicht gedruckt, es gab für den Überbringer und für mich stattdessen eine Stange Zigaretten. Unter der Decke brodelten also bereits die Machtinteressen zwischen den Amerikanern und den Sowjets. Mein Gedanke: Wenn die Sowjets in der SBZ – so nannten wir damals die Sowjetisch Besetzte Zone – Rohstoff für die Atombomben kriegen, dann wird das lange besetztes Gebiet bleiben. Ich habe damals die Geschichte mit dem Uran nicht weiter verfolgt, hatte aber auch keine Angst vor einem neuen Krieg, weil ich genau wusste: Wenn es dazu kommt, werden wir gar nicht gefragt.

Wir hatten keinerlei Souveränität, die Alliierten haben über uns bestimmt. Berlin hat das besonders zu spüren bekommen.

Berlin – eine Stadt im Ausnahmezustand

Von Lenin soll der Ausspruch stammen: Wer Berlin hat, hat Deutschland, und Deutschland ist der Schlüssel für Europa.

Die im Juni 1948 beginnende Blockade Berlins durch die Sowjetunion war die erste Schlacht des Kalten Krieges – und endete mit einer Niederlage Stalins: Der Einsatz seiner »Hungerwaffe« misslang, etwa zwei Millionen Einwohner der Westsektoren der Stadt wurden von den Amerikanern 15 Monate lang über eine Luftbrücke mit lebenswichtigen Gütern versorgt. Ich habe noch das Geräusch der ein- und ausfliegenden Maschinen, die nicht sehr weit entfernt von unserer Wohnung zu hören waren, in den Ohren. Das war für mich Musik! Ich bin nachts aufgewacht, wenn mal eine Maschine ausfiel. Dann fehlte plötzlich etwas!

Dass man eine Luftbrücke machen könnte, dass es funktionieren könnte, schien anfangs unvorstellbar! Die Westberliner haben eine ungeheure Moral gezeigt. Es war der Anfang der heroischen Zeit: Dass Deutsche etwas riskierten, um frei zu sein und frei zu bleiben, war die erste positive Nachricht aus Deutschland für die amerikanischen Zeitungen und ihre Headlines. Ich hab sehr viel später in den 1970er Jahren zu einem sowjetischen Gesprächspartner gesagt: Ihr habt damals mit dem Einsatz der Hungerwaffe den Kampf um die Seelen der Deutschen verloren. Und ihr habt überhaupt verloren, weil ihr euch nicht durchsetzen konntet. Da hat er genickt und gesagt: »Das stimmt, aber die Amerikaner haben in derselben Zeit China verloren.« Welch ein Glück, dass die Amerikaner Berlin für wichtiger gehalten haben! Ihre Lufttransportkapazität reichte nicht aus, gleichzeitig Chiang Kai-shek gegen Mao zu unterstützen.[4]

Obwohl sich Wirtschaft und Gesellschaft in den beiden 1949 gegründeten deutschen Staaten systemgemäß auseinander entwickelten, konnte man aus deutscher Sicht immer noch hoffen, die beiden Teile relativ einfach vereinigen zu können – wie zwei Kabel, die man zusammenschließt. Zumal der Interzonenhandel gerade unter diesem Gesichtspunkt entwickelt wurde und in der Tat nicht nur alle kom-

---

[4] Chiang Kai-shek (1887-1975), chinesischer Militär und Politiker, hatte zunächst mit Mao Zedong eine Einheitsfront gegen die Japaner geschmiedet. Nach der Niederlage Japans im August 1945 endete die Allianz, die Kommunisten siegten 1949 endgültig. Aus dem Exil in Taiwan betrieb Chiang Kai-shek zwischen 1950 und 1975 offiziell eine Politik der Rückeroberung Chinas. Taiwan wurde von den USA finanziell und materiell unterstützt. Bis zu seinem Tod blieb er Präsident der Republik China.

menden Krisen und sogar die Mauer überstand, sondern zu einem Instrument ausgebaut wurde, an dem der DDR sehr gelegen war. Die Versorgung der Stadt mit frischen Lebensmitteln hing an der DDR und die Entsorgung erst recht: Denn die Abwässer flossen nun mal von Osten nach Westen.

Dagegen wurde es als hinnehmbarer Schönheitsfehler angesehen, dass der Westteil der Stadt vom Osten als eine besondere politische Einheit bezeichnet wurde. Im Interzonenabkommen 1951 wurde von den Währungsgebieten der D-Mark – im Plural – gesprochen. Aber das konnte mit der Haltung der Westmächte erklärt werden, die den Artikel des Grundgesetzes suspendiert hatten, wonach Berlin Teil der Bundesrepublik sei. Die Oberste Gewalt in Berlin garantierte den Vier Mächten die Kontrolle über Deutschland, so lästig das auch für beide wurde. Die Sowjetunion musste den Vergleich der ungleichen Lebensstandards in der Stadt aushalten, bis sie zu der Einsicht kam, dass die DDR nicht zu konsolidieren sei, solange die Menschen für 20 Pfennig mit der S-Bahn auf die andere Seite fahren konnten. Der Westen musste die Krisenanfälligkeit ertragen, wenn die Zonenbehörden auf den Autobahnen die Ampeln für Lastwagen auf Rot stellten und ihre Zollbeamten Transitvisa ausstellten, was bekanntlich ein Hoheitsakt ist, obwohl es theoretisch den Staat DDR nicht gab.

Wir hatten uns so an die Ausnahmesituation von Berlin gewöhnt, dass ich, als ich 1948 vom »Tagesspiegel« nach Hamburg geschickt wurde, um dort eine norddeutsche Redaktion aufzubauen, einen kleinen Kulturschock erlebte. Ich sah eine hell erleuchtete Stadt und wurde mir bewusst, wie dunkel es im blockierten Berlin war.

Die Augen gingen über vor den eleganten Auslagen an der Alster; an der Spree hatten wir die Wirkungen der Währungsreform⁵ verpasst. Dachten die Menschen, die ungeniert und genussvoll Torten fraßen, eigentlich daran, wie andere ziemlich nahe vor den Toren ihrer Stadt lebten? Die Selbstverständlichkeit, mit der aus reichhaltigen Speisen ausgewählt wurde, hatte fast etwas Sündhaftes. Aber ich stellte noch etwas anderes, viel Beunruhigenderes fest: Der Westen war eine andere Welt. In Berlin wurden Besatzer zu Beschützern, dort ging der Kampf ums Überleben weiter. In Hamburg wandte man sich, dem Feuersturm des Krieges entronnen, dem Leben zu.

Die Überschriften in den westdeutschen und Berliner Zeitungen differierten immer stärker und zeigten die Unterschiedlichkeit des Blicks. Die norddeutsche Redaktion vom »Tagesspiegel« wurde 1949 wieder geschlossen, Bonn war als neue Regierungshauptstadt interessanter geworden, der Hamburger Korrespondent wurde in dieses idyllische und sympathische Städtchen versetzt. Meine politische Kleinkinderzeit hatte in Berlin stattgefunden. In Bonn war eine politische Lernzeit zu absolvieren…

Kein Bundestag konnte wieder so tiefe Furchen auf dem politischen Brachland ziehen, wie das in der 1. Legislaturperiode möglich und nötig war. Das Grundgesetz mit Leben erfüllen, wurde zu einem Ereignis, bei dem das Parlament reifte und Spreu sich vom Weizen trennte. Für die Journalisten galt das genauso. Ich jedenfalls fand mein zentrales Thema, das mal Deutschland-, mal Außen-, mal Ost- und mal Sicherheitspolitik genannt wurde, aber im Grunde immer dasselbe blieb: Deutschlands Selbstbestimmung in Europa.

---

⁵ Die Währungsreform trat am 20. Juni 1948 in den drei westlichen Besatzungszonen Deutschlands in Kraft. Ab dem 21. Januar war die Deutsche Mark alleiniges gesetzliches Zahlungsmittel.

1950 bin ich dann vom RIAS – Radio im amerikanischen Sektor – abgeworben worden, ich blieb dem Sender zehn Jahre als Chefkommentator treu, ein Jahr davon als Chefredakteur in Berlin, die übrige Zeit in Bonn.

Zwei wichtige Ereignisse fallen in diese Berliner Zeit: der 17. Juni 1953 und meine Begegnung mit Willy Brandt im Jahr 1960. Beides hat mein politisches Leben nachhaltig verändert.

Der 17. Juni 1953

Wir haben selbstverständlich verfolgt, dass es in der Zone – wir sprachen damals alle noch von »Zone« – Unruhen gab wegen der Erhöhung der Arbeitsnormen, was mehr Arbeit fürs gleiche Geld bedeutete. Wir hatten aber keine Ahnung, bis zu welchem Grad das eskalieren würde.

Am 16. Juni 1953 wurde ein Marsch der Bauarbeiter von der Stalinallee in Richtung Innenstadt gemeldet. Am Nachmittag kam dann eine Abordnung der Streikleitung in mein Büro und bat darum – nein, forderte eher –, dass der RIAS zum Generalstreik in der Zone aufrufen sollte. In der anderen Zone aktiv operativ eingreifen konnte ein amerikanischer Sender natürlich nicht. Aber das durfte ich nicht sagen. Stattdessen habe ich argumentiert: Haben Sie denn irgendeine Organisation vorbereitet, Generalstreik ohne Vorbereitung gibt es nicht. »Nein, haben wir nicht, das wird auch so funktionieren«, bekam ich als Antwort. Das habe ich nicht geglaubt: »Wie sind denn Ihre Forderungen?« Wir haben uns dann an meinen Schreibtisch gesetzt und die Forderungen erstens in eine vernünftige Reihenfolge und zweitens in ein vernünftiges Deutsch gebracht. »So werden wir das senden.« Sie zogen dann ab, nicht sehr befriedigt. Wir haben das gesendet. Später kam die Nachricht, dass die Demonstrationszüge vor dem Haus der Ministerien angekommen waren. Losgegangen waren sie mit der Forderung: Weg mit den Normenerhöhungen und angekommen sind sie ein paar Kilometer weiter mit der Forderung nach freien Wahlen. Da waren ökonomische Forderungen in politische Forderungen verwandelt worden.

Nach Lenin ist das der Beginn einer revolutionären Situation. In der nächsten Stufe gehen dann die bewaffneten Streitkräfte über auf die Seite der revolutionären Demonstranten. So weit war es auch schon, die Volkspolizei fing an, sich mit den streikenden Arbeitern zu verbrüdern. Das war der Punkt, an dem die sowjetische Besatzung eingreifen musste, weil ihr sonst die Kontrolle aus den Händen genommen worden wäre. Die Regierung der DDR – an der Spitze Walter Ulbricht[6] – war schon an diesem Tag nach Karlshorst in den Schutz der sowjetischen Besatzung geflohen.

Am Morgen des 17. Juni wurden alle Chefredakteure zum Vertreter des Bundes in Berlin gerufen. Bevor ich da hinging, hatte mir mein Nachrichtenchef gesagt, Bundeskanzler Adenauer habe eine Erklärung abgegeben, das sei eine Provokation der »Sowjets«, man sollte nicht darauf reagieren. Ich habe darauf entgegnet: »Das senden wir nicht, denn das ist das Gegenteil der realen Situation; wenn wir das senden,

---

[6] Von 1950 bis 1971 – seiner Entmachtung – stand Walter Ulbricht (1893-1973) an der Spitze des Zentralkomitees der SED (Sozialistische Einheitspartei Deutschlands). Er veranlasste wichtige Grundsatzentscheidungen, darunter den Aufbau des Sozialismus 1952, die Abriegelung der Grenze zur Bundesrepublik sowie den Bau der Mauer 1961. Von 1949 bis 1960 war er stellvertretender Ministerpräsident und von 1960 bis 1973 Vorsitzender des Staatsrats der DDR.

blamieren wir den Alten Herrn nur.« Ich habe dann Globke[7] angerufen, der versprach, die Meldung zurückzuziehen.

Gegen Mittag kam die Ausrufung des Ausnahmezustandes. Der Sender reagierte sofort: Befehle der Besatzungsmacht müssen befolgt werden. Nichts gegen die Besatzungsmacht! Die Demonstranten hatten verabredet: Am 17. Juni um 6 Uhr früh sollen sich alle am Strausberger Platz treffen. Das haben wir gesendet. Eine halbe Stunde später kam mein amerikanischer »Controller« mit bebendem Bärtchen zu mir: Das müsse sofort aus dem Programm. Das sei ein Befehl des amerikanischen Hochkommissars! Ob denn der RIAS den Dritten Weltkrieg auslösen wolle? »Können Sie garantieren, dass die Demonstranten nicht einfach weitermarschieren nach Westberlin?« Darauf habe ich die Meldung aus dem Programm genommen und – es war inzwischen Abend geworden – den Chef des DGB, Walter Sickert, angerufen und gebeten, in den Sender zu kommen. Ich habe ihm die Lage erklärt, und dann hat er als Chef des Deutschen Gewerkschaftsbundes eine kleine »Erklärung« im Radio abgegeben. Der DGB war ja eine demokratische Organisation, die eben mit Verständnis reagierte für die Forderungen der Arbeiter und einflocht, dass man sich am nächsten Tag um 6 Uhr früh am Strausberger Platz treffen wollte. Am Morgen haben wir einen amerikanischen Jeep dorthin geschickt, er kam nach einer halben Stunde zurück mit der Meldung: Es wimmelt dort vor Menschen! Alle hatten RIAS gehört! Aber es hat noch ein paar Tage gedauert, bis wir begriffen: Überall in der DDR wurden die fünf Punkte, die der RIAS gesendet hatte, mit dem exakten Wortlaut aufgegriffen und

---

[7] Hans Josef Maria Globke (1898-1973) war Verwaltungsjurist im preußischen und Reichsinnenministerium, Kommentator der Nürnberger Rassengesetze und ab 1953 unter Bundeskanzler Konrad Adenauer Chef des Bundeskanzleramts.

öffentlich vertreten. Das war das erste Mal, dass ein elektronisches Medium diese Wirkung erzielte. Wir hatten, ohne es zu wissen und ohne es zu wollen, den Aufstand ausgelöst. Der Rest ist Geschichte: Der Aufstand wurde durch russische Panzer erstickt.

Einen Tag später, am 18. Juni 1953, wurde im RIAS ein Kommentar von mir gesendet; darin habe ich ein Resümee gezogen: »Der 16. und 17. Juni 1953 ist für die Geschichte unserer Stadt nicht weniger ehrenvoll als für die Tradition der Arbeiterschaft; es ist ein außenpolitisches Faktum erster Ordnung. Nicht nur, weil das Ausland einen unwiderlegbaren Beweis für den Willen der deutschen Einheit bekam, nicht nur, weil hier der Welt – ich glaube zum ersten Mal – bewiesen wurde, dass ein Teil des deutschen Volkes die Möglichkeit gefunden hat, unorganisiert in einem totalitären Regime den Willen zur Freiheit bekunden zu können, sondern weil hier im wahrsten Sinne des Wortes die Brüchigkeit eines verhassten Regimes demonstriert wurde.«

Für mein späteres politisches Denken waren diese Tage im Juni 1953 ein Schlüsselerlebnis: Mit einer Bewegung von unten kann man nichts machen, alle Versuche, der Sowjetunion ihren Einflussbereich zu entreißen oder zu destabilisieren, waren sinnlos. Das hat sich 1956 in Ungarn wiederholt, als man dort von unten versucht hat, das Land zu befreien. 1968 in der Tschechoslowakei war es das Gleiche: die Sowjetunion hat geglaubt, Alexander Dubček[8] wolle die

---

[8] Alexander Dubček (1921-1992) löste 1968 Antonín Novotný als Ersten Sekretär der KPČ ab und war eine der Leitfiguren des Prager Frühlings. Nach der Intervention durch die Warschauer-Pakt-Staaten musste Dubček im April 1969 als Parteichef zurücktreten. Im Juni 1970 wurde er aus der Partei ausgeschlossen und arbeitete bei der Forstverwaltung von Bratislava. 1989 wurde er rehabilitiert und war bis 1991 Vorsitzender des föderalen tschechoslowakischen

ČSSR aus dem Warschauer Pakt herauslösen – das konnte man sich nicht gefallen lassen. Also ist man einmarschiert. Die Entwicklung zum 17. Juni über Ungarn bis zur ČSSR hat bei mir zu der Überzeugung geführt: Wir können überhaupt nur etwas ändern, wenn es von oben geschieht, im Einvernehmen mit Moskau. Die waren die einzigen, die die Macht hatten, etwas zu verändern.

Aber mit dieser Erkenntnis stand ich noch relativ alleine da. Bis meine Zusammenarbeit mit Willy Brandt begann.

Eine außergewöhnliche Begegnung

Willy Brandt hatte mich öfter im RIAS gehört. Ich hatte lange Jahre eine eigene Sendung: »Egon Bahr aus Bonn«, sonntags wurde mein wöchentlicher Bericht in einem Zusammenschnitt der Ereignisse der Woche aus der Regierungshauptstadt gesendet. Brandt hat mir nie etwas dazu gesagt, es muss ihm aber wohl gefallen haben. Ende 1959 – ich war damals Chefkorrespondent beim RIAS in Bonn – wurde ich angerufen: »Der Regierende Bürgermeister möchte Sie sprechen.« Das war morgens um 10 Uhr. Als Morgenmuffel bekam Brandt kaum den Mund auf, fragte nur: »Wollen Sie zu mir kommen als Leiter des Presseamtes?« Ich sagte »Ja«, ohne überhaupt nachzudenken. Ich hatte nur gewusst: Das ist ein interessanter Mann, Berlin ist eine interessante Stadt, es ist »meine« Stadt. Eine Vier-Mächte-Stadt, wo der regierende Bürgermeister auf der einen Seite für die Bedürfnisanstalten und auf der anderen Seite für die Weltpolitik zuständig ist – das hat es nirgendwo gegeben!

Parlamentes. 1992 gründete er die Sozialistische Partei der Slowakei und war bis zu seinem Tod deren Vorsitzender.

Ich habe damals darauf bestanden, kein Beamtenverhältnis einzugehen, wollte ein unabhängiger Journalist bleiben. Als ich das erste Mal die Stufen des Schöneberger Rathauses hinaufging, hatte ich das Gefühl: Jetzt wird dir eine große Last auf die Schultern gelegt. Denn bis dahin konnte ich sagen und schreiben, was ich wollte. Jetzt war jedes Wort für den Berliner Senat und den Regierenden Bürgermeister. Ich bekam ein Gefühl für die Verantwortung, die man als freier Journalist so nicht hat. Gleichzeitig habe ich ein Gefühl für Macht bekommen: Im Laufe der ersten Wochen riefen plötzlich Senatoren an, die hätte ich vorher nie ans Telefon gekriegt! Zum ersten Mal hatte ich das Gefühl: Du kannst wirklich etwas tun, vielleicht sogar etwas erreichen!

Die Basis meines Verhältnisses zu Brandt war gleich zu Anfang in Berlin geklärt: »Ich werde Ihnen immer sagen, was ich denke, ob es Ihnen gefällt oder nicht. Und wenn es sich nicht um eine Gewissensfrage handelt, dann entscheiden Sie.« Daraufhin lächelte er ein bisschen: »Wenn es zu schlimm wird, dann bitte nur unter vier Augen.« Das war die Grundlage, aus der sich im Laufe von Jahren eine Freundschaft entwickelt hat, die über die so genannte politische Freundschaft weit hinausging. Es war eine Freundschaft, die bis zu seinem Tode gehalten hat und über die Willy Brandt einmal sagte: »Es ist selten, dass Freundschaft die Belastungen des politischen Geschäftes über so viele Jahre hinweg überdauert.« Richard von Weizsäcker[9] hat die für mich vielleicht treffendste Erklärung formuliert: »Jeder kam wohl erst mit Hilfe des anderen zur wirksamen Entfaltung seiner eigenen Gaben.«

---

[9] Richard von Weizsäcker (geb. 1920) war von 1981 bis 1984 Regierender Bürgermeister von Berlin und von 1984 bis 1994 Bundespräsident. Weizsäcker trat für ein behutsames Zusammenwachsen von Ost und West ein und mahnte in seiner Rede zur Wiedervereinigung am 3. Oktober 1990: »Sich zu vereinen, heißt teilen lernen«.

Der Mauerbau 1961 – der Status quo Berlins wird zementiert

Bis zum Mauerbau waren wir eigentlich alle Kalte Krieger in Berlin – ich war auch einer. Das Gefühl der Bedrohung aus dem Osten war unverändert geblieben und hatte in Berlin zu einer Abwehrhaltung geführt. Wir mussten uns wehren! Bis zum Mauerbau hat es schon einmal Überlegungen gegeben, ob Berlin vereinigt werden könnte, während Deutschland noch geteilt blieb. Doch das war alles weg, als die Mauer gebaut wurde.

Was haben wir wahrgenommen vor dem 13. August?

Wir haben natürlich gehört – mit ein, zwei Tagen Verspätung –, dass der sowjetische Oberbefehlshaber am 10. August seine westlichen Kollegen nach Potsdam eingeladen hatte. Die fragten ihren sowjetischen Kollegen, was es denn mit dem ungewöhnlich hohen Verkehrsaufkommen mit Lastwagen etc. auf den Autobahnen auf sich habe? Die Antwort war: Beunruhigt euch nicht, ich garantiere, es wird nichts passieren, was eure Rechte beeinträchtigt. Das stimmte auch. Beeinträchtigt waren nur die Rechte der »Eingeborenen« in Ost- wie West-Berlin, denn die waren plötzlich abgeschnitten.

Natürlich hat uns an dem Tag selbst hellhörig gemacht, dass die hochmögenden Drei Mächte, die über die unkündbaren Siegerrechte verfügten, den Befehl des Innenministers der DDR – die es ja angeblich überhaupt nicht gab – befolgten, ab sofort nicht mehr alle Straßen zwischen West und Ostberlin zu benutzen, sondern nur noch drei Übergänge. Daraus wurde bald nur noch der eine in der Friedrichstraße: der Checkpoint Charlie. Die hätten doch sagen können: Wir nehmen keine Weisungen entgegen. Aber nein, sie haben pariert!

Ebenfalls mit einigen Tagen Verspätung hörten wir, dass einer der Hochkommissare der Amerikaner in den ersten Jahren der Bundesrepublik, John McCloy, Nikita Chrustschow auf der Krim getroffen und mit ihm Tennis gespielt hatte. Die haben sicher auch miteinander gesprochen – vielleicht darüber, dass der gefährlichste Punkt, Berlin, ruhiggestellt werden muss. Dort durfte nichts passieren.

Die Mauer wurde übrigens nicht am 13. August gebaut. An dem Tag wurden zunächst Stacheldrahthindernisse zwischen den beiden Teilen Berlins errichtet. Die Sowjets warteten drei Tage. Nichts passierte! In keiner Protestnote wurde die Beseitigung der Stacheldrähte gefordert! Erst am 17. August begann man, die Mauer zu bauen. Es war kein Risiko mehr. Nach dem Mauerbau versuchten Westberliner Studenten, die Mauer zu sprengen. Was ihre algerische Kommilitonen konnten, wollten sie auch: sich mit Plastiksprengstoff zur Wehr setzen.[10]

Daraufhin gaben die Drei Mächte dem Senat den Befehl, die Polizei zum Schutz der Mauer einzusetzen. Mit großer Bitterkeit haben wir diese Weisung befolgt!

Nun bestand kein Zweifel mehr: Der Status quo in Berlin wird zementiert.

Brandt schrieb einen Brief an Kennedy: Die Stimmung in der Stadt sei explosiv, Worte reichten nicht mehr, hier

---

[10] In den Jahren 1954 bis 1962 führte die algerische Befreiungsfront FLN einen erbitterten Kampf gegen Frankreich, das Algerien seit 1948 als Bestandteil Frankreichs betrachtete. Der Algerienkrieg gilt als einer der brutalsten Unabhängigkeitsriege, die Opfer auf algerischer Seite werden mit bis zu 1,5 Millionen angegeben, Franzosen in Algerien flohen in Massen. Nach längeren Verhandlungen erkannte Präsident Charles de Gaulle am 18. März 1962 das Recht Algeriens auf Selbstbestimmung an.

müssten Aktionen erfolgen. Alle westlichen Spitzen verbrachten ein ruhiges Wochenende. Es dauerte 24 Stunden, bis auf lokaler Ebene ein müder Protest nach Ostberlin geschickt wurde, weitere 24 Stunden, bis auf der Ebene der Hochkommissare für Deutschland, also auf Botschafterebene, und noch einmal 24 Stunden, bis auf der Ebene der Hauptstädte Proteste nach Moskau übermittelt wurden.

Brandt hatte am Brandenburger Tor die Wut, die Empörung und die Ohnmacht der Menschen erlebt und war in die »Kommandatura« gegangen. Dort saßen die Oberbefehlshaber der Stadt, die Kommandanten, und hatten keine Weisung. Mit scharfen Worten erwirkte Brandt schließlich, dass sie wenigstens Jeeps auf die Straßen schickten: damit die Berliner nicht glauben, sie seien schon allein. Zurück im Rathaus war sein Kommentar: »Arschlöcher sind das.«

Der erste, der reagierte, war Kennedy, er schickte samt seinem Vizepräsidenten Lyndon B. Johnson eine Kampfgruppe von 1.500 Mann über die Autobahn Helmstedt nach Berlin. Das war wundervoll. Die Amerikaner wurden begrüßt wie heimkehrende Söhne aus einem siegreichen Krieg! Das war eine Erleichterung: Wir waren jedenfalls sicher, was die Amerikaner angeht.

Der amerikanische Vizepräsident hatte einen Brief von Kennedy an Brandt dabei: »Die brutale Schließung der Grenze zeigt eine grundsätzliche sowjetische Entscheidung, die nur Krieg verändern könnte. Niemand will deshalb einen Krieg beginnen, Sie doch auch nicht. Im Übrigen ist es ein Zeichen von Schwäche, wenn eine globale Ideologie die eigenen Menschen einsperren muss. Das wird ihnen wie ein Klotz um den Hals hängen.« Wir haben das zu dem damaligen Zeitpunkt als Beruhigungspille angesehen. Aber es stimmte.

Nachdem der Vizepräsident wieder abgereist war, fingen wir an, neu nachzudenken. Niemand würde uns helfen, die Mauer zu beseitigen. Wenn wir sie durchlässig machen wollten, müssten wir mit denen reden, die die Macht dazu hatten.

Passierscheine als Probe

Das Ziel sollte sein, eine begrenzte Anzahl von Menschen wieder auf die andere Seite der Mauer zu bringen, damit sie wenigstens für Stunden ihre Verwandten sehen konnten. Das war im Grunde der erste Tabubruch. Passierscheine waren weder in Bonn noch in Washington noch in Paris oder Moskau zu kriegen. Wir mussten mit denen verhandeln, die dazu autorisiert waren, also mit der angeblich nicht existierenden Regierung der Deutschen Demokratischen Republik.

Eine Arbeitsgruppe tagte an mehreren Wochenenden im Haus von Axel Springer[11] in Schwanenwerder, um genau zu analysieren: Was sind die Gefahren, was darf nicht passieren, was soll erreicht werden? Es durfte nicht passieren, dass wir dabei die DDR international anerkannten, auch nicht, dass wir die Rechte der Drei Mächte verletzten. Dann haben wir angefangen zu verhandeln, und wir scheiterten schon gleich

---

[11] Axel Cäsar Springer (1912-1985), Zeitungsverleger, Inhaber der heutigen Axel Springer AG, unterstrich schon früh die Nichtanerkennung der DDR: In all seinen Publikationen musste »DDR« in Anführungszeichen gesetzt werden; der Hauptsitz des Axel Springer Verlags wurde in Berlin 1966 demonstrativ an die Sektorengrenze verlegt. Einer seiner verlagsinternen Grundsätze, die sich in der Berichterstattung niederschlugen, war: »Das unbedingte Eintreten für die friedliche Wiederherstellung der Deutschen Einheit in Freiheit«.

an den Ortsbezeichnungen: Die DDR-Vertreter vertraten den Standpunkt, dass Berlin die Hauptstadt der Deutschen Demokratischen Republik sei, und wir der Senat von Westberlin. Wir erwiderten: So geht das nicht, ihr seid nicht die Hauptstadt der DDR, sondern der Ostsektor, und wir sind nicht der Senat von Westberlin, sondern der Senat von Berlin. Unser stellvertretender Bürgermeister, Heinrich Albertz, von Haus aus Pastor, fand eine salomonische Klausel: »Über Amts-, Orts- und Behördenbezeichnungen konnte keine Verständigung erzielt werden«.

Aber niemand in Washington, Bonn und Moskau hatte etwas gegen menschliche Erleichterungen. Wir konnten uns mit der anderen Seite darüber verständigen, dass wir Passierscheine wollten. So wurden die Verhandlungen geführt. Es war ein schwieriger Balanceakt. Unser Verhandlungsergebnis musste vor der Unterzeichnung selbstverständlich den Drei Mächten vorgelegt werden. Die Bundesregierung hat immer Ja gesagt: »Wenn die Drei Mächte Ja gesagt haben, dann ist das für uns in Ordnung.«

So kam es, dass an den Weihnachtsfeiertagen 1963 – es war bitterkalt, die Menschen standen im Schnee und froren! – an drei neu geschaffenen Übergängen Verwandte in Ostberlin besucht werden konnten. Sie sind einander um den Hals gefallen, haben geweint vor Freude – seit 28 Monaten haben sie sich das erste Mal wieder gesehen. Der Regierende Bürgermeister von Berlin, Willy Brandt, nahm dies zum Anlass, am 22. Dezember 1963 in der in den Rundfunksendern RIAS und Sender Freies Berlin (SFB) ausgestrahlten Sendereihe »Wo uns der Schuh drückt…« zu sagen: » Hunderttausende werden in diesen Tagen Ostberlin wieder besuchen können. Von dieser Tatsache, die kein Zufall war, sondern das Ergebnis zäher Bemühungen, müssen alle in unserem

Volk und draußen in der Welt Kenntnis nehmen. Die Berliner sind eine große Familie in einer großen unmenschlich geteilten Welt geblieben.«[12]

In der Nussschale der Passierscheinverhandlungen ist die ganze Philosophie der späteren Ostpolitik erprobt worden!

Ohne Washington ging nichts

Wer in Amerika geschätzt wurde, stieg im Ansehen der Deutschen. Wer in Amerika beachtet wurde, musste in Deutschland Beachtung finden. Umgekehrt: Wer in Deutschland gewinnen wollte, musste in Amerika gewinnend sein. Mit John F. Kennedy und Willy Brandt waren sich zwei Politiker einer neuen, jungen Generation begegnet, die beide aus eingefahrenen Gleisen heraus zu neuen Ufern aufbrechen wollten. Anders als Adenauer, den beide als Vertreter einer alten Generation ansahen.

Im Sommer 1962 hatten die Verantwortlichen in Washington und Moskau in den Abgrund eines atomaren Krieges geblickt.[13] Kennedy hat dabei auch an Berlin gedacht und

---

[12] Siehe Seite 233ff. im Anhang.

[13] Von 1959 an hatten die USA nuklear bestückte Mittelstreckenraketen in der Türkei und Italien stationiert, die auf die UdSSR gerichtet waren. Zudem fuhren auf den Meeren US-U-Boote mit Atomraketen, die unter Wasser abgefeuert werden konnten. Im Juli 1962 begann die UdSSR heimlich mit der Stationierung von Militär auf Kuba. Luftaufnahmen der Amerikaner im August 1962 bewiesen die Existenz von 16 bis 32 sowjetischen Nuklearraketen mit einer Reichweite von 4.500 km, Vorwarnzeit: 5 Minuten. Beide Seiten versuchten, die Entwicklung unter Kontrolle zu halten, mittels Geheimdiplomatie wurde nach 13 Tagen erreicht, dass Chrustschow einlenkte. Die Raketen wurden entfernt, und die USA erklärten sich bereit, ihrerseits Raketen aus der Türkei und Italien abzuziehen.

Brandt vor möglichen Vergeltungen der Sowjets in Berlin gewarnt. Der Regierende Bürgermeister hatte ihm geantwortet, dass er – Kennedy – sich in seiner globalen Gesamtverantwortung nicht von Berlin beeinträchtigen lassen darf. Das hat ihm der amerikanische Präsident nicht vergessen.

Kennedys Besuch in Berlin im Juni 1963 gipfelte in den historischen Sätzen vor dem Schöneberger Rathaus: »All free men, wherever they may live, are citizens of Berlin. And therefore, as a free man, I take pride in the words: Ich bin ein Berliner.« Sie waren das Signal: Wer Berlin angreift, greift mich an. Danach hat es keine Krise um Berlin mehr gegeben.

Kennedys »Strategie des Friedens« und Willy Brandts Vorlesung an der Harvard-Universität im Oktober 1962 zeigten, dass beide Politiker vergleichbare Ansätze verfolgten: Moskau das Monopol zu nehmen, Koexistenz und Frieden zu propagieren. Brandt erläuterte seinen amerikanischen Zuhörern im Oktober 1962:

»Die Geschichte entwickelt sich nicht so, wie sie das nach der kommunistischen Theorie tun müsste. Vor allem: sie entwickelt sich nicht einheitlich. Trotz der Machtkonzentration in Washington und Moskau, die heute die Welt in Atem hält, gibt es auch eine Tendenz zur Dekonzentration der Macht. Diese Entwicklung wird weitergehen.

Neue Magnetfelder der Macht entstehen. Das kommunistische Konzept einer monolithischen Welt wird ad absurdum geführt… Wir haben die Formen zu suchen, die die Blöcke von heute überlagern und durchdringen. Wir brauchen so viele reale Berührungspunkte und so viel sinnvolle Kommunikation wie möglich…

Es geht um eine Politik der Transformation. Wirkliche, politische und ideologische Mauern müssen ohne Konflikt nach und nach abgetragen werden. Es geht um eine Politik der friedlichen Veränderungen des Konfliktes, um eine Politik der Durchdringung, eine Politik des friedlichen Risikos; des Risikos deshalb, weil bei dem Wunsch, den Konflikt zu transformieren, wir selbst für die Einwirkung der anderen Seite auch offen sind und sein müssen...

Wir können nicht sicher sein, ob wir es schaffen, aber wir sind sicher, dass wir es schaffen *können*.«in Atem hält, gibt es auch eine Tendenz zur Dekonzentration der Macht. Diese Entwicklung wird weitergehen.

Neue Magnetfelder der Macht entstehen. Das kommunistische Konzept einer monolithischen Welt wird ad absurdum geführt... Wir haben die Formen zu suchen, die die Blöcke von heute überlagern und durchdringen. Wir brauchen so viele reale Berührungspunkte und so viel sinnvolle Kommunikation wie möglich...

Es geht um eine Politik der Transformation. Wirkliche, politische und ideologische Mauern müssen ohne Konflikt nach und nach abgetragen werden. Es geht um eine Politik der friedlichen Veränderungen des Konfliktes, um eine Politik der Durchdringung, eine Politik des friedlichen Risikos; des Risikos deshalb, weil bei dem Wunsch, den Konflikt zu transformieren, wir selbst für die Einwirkung der anderen Seite auch offen sind und sein müssen...

Wir können nicht sicher sein, ob wir es schaffen, aber wir sind sicher, dass wir es schaffen *können*.«

Wandel durch Annäherung

Kleine Schritte fanden statt, bevor sie so genannt wurden. Mir war sehr früh klar: In der deutschen Frage konnten wir, unbeschadet der alliierten Verantwortlichkeiten, nicht von unseren Freunden erwarten, dass sie vorangehen und nicht nur für uns sprechen, sondern auch für uns denken. Die deutsche Außenpolitik musste die Eierschalen der ersten Nachkriegsjahre abstreifen. Man hatte uns auf den Weg geholfen, aber nun mussten wir selber gehen.

Die neue Richtung wurde erst nur erahnt, tastend beschrieben: sich selbst etwas überlegen, deutsche Aktivität entfalten, eigene Interessen verfolgen. Alles schön und gut, aber wohin? Welche Inhalte? Was konkret? Das war noch ziemlich dünn. Historiker haben es einfach, nachträglich herauszufinden und zu belegen, wie aus der Mauer das Konzept der Ostpolitik erwuchs. Die Handelnden wussten das noch nicht.

Eine wichtige Etappe wurde eine Tagung der Evangelischen Akademie in Tutzing im Sommer 1963. Brandt hatte eine tolle Rede ausgearbeitet, sie liest sich heute noch fabelhaft! Helmut Schmidt hat einmal gesagt: In den Tagen des Mauerbaus wurde Willy Brandt als Regierender Bürgermeister von Berlin »im öffentlichen Bewusstsein quasi zum zweiten Außenminister unseres Staates, … er wurde nun zu einer weltpolitischen Figur«. Und er wurde der erste Kanzlerkandidat der SPD! Bis dahin hatte es diese Funktion nicht gegeben.

Die Tutzinger Rede »Denk ich an Deutschland…« war Brandts neues außen- und deutschlandpolitisches Konzept, falls er Kanzler werden würde. Er kritisierte die »selbstgefällig erstarrende Politik« der Regierungsparteien, die Vernachlässigung der Gemeinschaftsaufgaben, mahnte mehr Geschichtsbewusstsein an und sagte den berühmten Satz: »Bei uns muss nicht alles anders, aber vieles besser gemacht werden.« Die Rede Brandts wurde als so wegweisend für die Bundesrepublik angesehen, dass sie in den Sammelband »Politische Reden 1945-1990« aufgenommen wurde.

Der Direktor der Evangelischen Akademie hatte mich um einen kleinen Diskussionsbeitrag gebeten. Ich nahm *einen* Punkt aus der Rede Brandts heraus. Er hatte von der »simplen Erkenntnis« gesprochen, »dass es keine andere Aussicht auf die friedliche Wiedervereinigung unseres Volkes gibt, als den nicht erlahmenden Versuch, die Erstarrung der Fronten zwischen Ost und West aufzubrechen… Das bloße Beharren bietet keine Perspektive«. Meinem Diskussionsbeitrag gab ich die Überschrift »Wandel durch Annäherung«[1] und behandelte, was die außenpolitischen Grundsätze für die Lage im geteilten Deutschland bedeuten sollten – auch wenn die Voraussetzungen für die Wiedervereinigung weder in Ostberlin noch gegen die Sowjetunion und auch nicht ohne sie zu bekommen waren.

Das deckte sich mit Kennedys »Strategie des Friedens« und ergab sich aus der speziellen Situation Deutschlands: Wir befanden uns in Europa in der einzigartigen Lage, dass unser Volk geteilt war.

Der Begriff »Wandel durch Annäherung« kam im Text ganz am Schluss vor – Brandt fand das alles in Ordnung. Wir waren mit dem Denken viel weiter als die Öffentlichkeit und hatten gar nicht *geahnt*, dass dies wie eine Bombe wirken würde – in den Medien, bei den Regierungsparteien, aber auch innerhalb der SPD! Wenn Brandt nicht

---

[1] Siehe Seite 223 im Anhang.

seine Hand schützend über mich gehalten hätte, wäre ich wieder Journalist geworden.

Der Punkt war, wir hatten noch kein Konzept. Wandel durch Annäherung war die *Methodik*, sich dem Osten zuzuwenden. Wir wollten ja etwas vom Osten, also mussten wir es auch mit denen zusammen versuchen. Erst im Planungsstab des Auswärtigen Amtes ist nach allen Regeln der Kunst daraus ein Konzept erarbeitet worden, das dann Ost- und Entspannungspolitik genannt wurde.

Der damalige DDR-Außenminister Otto Winzer nannte es übrigens »Aggression auf Filzlatschen«. Ich war sauer – weil es nicht ganz falsch war! Brandt meinte: »Bleib still, Du machst es nur noch schlimmer, wenn Du darauf polemisch eingehst.«

Es sollten nach Tutzing noch drei Jahre vergehen, bis das außenpolitische Konzept zu Papier gebracht und drei weitere Jahre, bis es in reale Politik umgesetzt werden konnte.

Im Planungsstab des Auswärtigen Amtes

1966 begann die Große Koalition, die erste. Ich begleitete Brandt nach Bonn, er wurde Außenminister, ich Leiter des Planungsstabes im Auswärtigen Amt. Meine erste Frage war: Welche Überlegungen gibt es zur deutschen Einheit? Die Antwort war: null – nur weißes Papier. Wir sind dafür auch gar nicht kompetent, das ist Sache der unkündbaren Rechte der Vier Mächte, hieß es. Daraufhin habe ich gesagt: Dann lasst uns doch mal probieren, ob wir in Respekt vor den Rechten der Vier Mächte *unterhalb* dieser Ebene, ohne sie zu verletzen, unsere Interessen definieren können und sehen, wie weit wir damit kommen.

Das war die Arbeit des Planungsstabes. Sie dauerte zwei Jahre und teilte sich auf in den Aufbau von bilateralen Beziehungen zu allen Staaten Osteuropas – was man dann Ost- und Entspannungspolitik genannt hat. Und wenn das erreicht sein würde – was ja nicht sicher war –, blieb die zweite, viel schwierigere Aufgabe: die Machtfrage, die Waffensysteme, also den Ost-West-Gegensatz durch Rüstungsbegrenzung für eine gemeinsame Sicherheit in Europa abzubauen. Das waren die beiden Papiere. Das erste hatte ungefähr 1.000 Seiten, es wurde dann lesbar auf 27 Seiten reduziert und auf eineinhalb Seiten für den Staatssekretär und den Minister zusammengefasst – das, was später weltweit als Ostpolitik bezeichnet wurde.

Der Weg nach Osten – erste Annäherungen

Als Willy Brandt im Oktober 1969 zum Bundeskanzler gewählt wurde, gab es zwei Kernfragen, die besondere Aufmerksamkeit erregten: Zum einen »Mehr Demokratie wagen«, zum anderen die Forderung nach »inneren Reformen« – beides war auch schon in Brandts Tutzinger Rede 1963 Thema. Hinzu kam – ebenfalls aus der Antrittsrede Brandts – die Bezeichnung der DDR als »Staat«, wobei sie für die Bundesrepublik kein Ausland sein konnte. Die wechselseitigen Beziehungen, forderte Brandt, müssten einen besonderen Charakter haben. Diese Formulierungen waren zwischen Willy Brandt, Vizekanzler Walter Scheel von der FDP und mir intensiv diskutiert worden. Wir waren uns einig, dass die DDR am Ende als Staat anerkannt werden müsse. Ich zweifelte an der frühen Vorleistung. Damals hat Brandt gesagt: »In einer solchen zentralen Sache muss man sein Herz am Anfang über die Hürde werfen.« Walter Scheel entschied: »Das soll alles so gemacht werden, wie es der Herr Bundeskanzler will.« Toll, kann man da nur sagen, so etwas gibt es heute nicht mehr oft in der Politik! Auch toll, weil ich später erfuhr, dass es genau dieser Satz war, der in Moskau dazu geführt hat, mit der neuen Regierung ernste Gespräche zu führen.

Gleich nach der Bundestagswahl vom 28. September 1969 flog ich nach Washington, um als erstes Henry Kissinger[2] zu informieren.

Der war damals Sicherheitsberater von Präsident Richard Nixon.[3] Bevor die Regierungserklärung abgegeben und damit der Bundestag informiert wurde, haben wir die Amerikaner rückhaltlos offen darüber informiert, was wir vorhat-

---

[2] Henry Alfred Kissinger (geb. 1923 in Fürth), amerikanischer Politikwissenschaftler und ehemaliger Politiker der Republikanischen Partei. Der Deutsch-Amerikaner spielte in der Außenpolitik der Vereinigten Staaten zwischen 1969 und 1977 eine zentrale Rolle, als Nationaler Sicherheitsberater (bis 1973) und als Außenminister (bis 1977). Er gilt als einer der Architekten der Entspannung im Kalten Krieg. 1973 erhielt er den Friedensnobelpreis für das Friedensabkommen in Vietnam.

[3] Richard Milhous Nixon (1913-1994) war von 1969 bis 1974 Präsident der Vereinigten Staaten. Nixon ist bisher der einzige US-Präsident, der von seinem Amt zurücktreten musste. Mit Nixon ist der Begriff »Watergate-Affäre« verbunden: Im Vorfeld der Präsidentschaftswahlen im November 1972 wurde in den Watergate-Gebäudekomplex der Demokratischen Partei eingebrochen und versucht, Abhörwanzen zu installieren. Die Auftraggeber wurden unter den engen Mitarbeitern von Richard Nixon ausgemacht. Ab März 1973 erfuhr die Öffentlichkeit aus den Medien von Nixons Amtsmissbräuchen, nach einem Amtsenthebungsverfahren gegen den Präsidenten trat er am 9. August 1974 zurück.

ten. Kissinger war sehr misstrauisch und hat mich Löcher in den Bauch gefragt: Habt ihr dieses und jenes bedacht, und was ist denn, wenn… So oder so, mag er gedacht haben, wo kommen wir denn da hin, wenn die Deutschen schon wieder anfangen, mit den Russen… Bis es mir zu bunt wurde und ich sagte: Henry, ich bin nicht hergekommen, um zu konsultieren, ich bin gekommen, um zu informieren. Wir haben uns das überlegt und wir werden das tun. Ich habe ihn nicht überzeugt, er blieb misstrauisch, aber er hat es geschehen lassen. Das habe ich ihm hoch angerechnet. Er wird sich wahrscheinlich gedacht haben: Kann ja nichts passieren, die Macht ist bei uns, die Russen wissen das auch; wir können das jederzeit bremsen; lass die Verrückten das mit der Idee vom Gewaltverzicht doch ruhig probieren, denn es grenzt ja an Komik, wenn die kleine Bundesrepublik der großen Sowjetunion versprechen will, keine Gewalt anzuwenden. Über die verfügt sie ohnehin nicht

Ohne die Rückendeckung der Amerikaner hätte unsere Ostpolitik nicht stattgefunden.

Kissinger hat mir dann einen »back channel« angeboten, einen verdeckten offiziösen Kanal zwischen dem Weißen Haus und dem Kanzleramt im Bonner Palais Schaumburg. Das habe ich natürlich mit Kusshand angenommen. Er hat mir außerdem gesagt, dass er einen solchen Kanal zum Kreml habe, und ich habe ihn informiert, dass Brandt in einem Brief an seinen Kollegen Kossygin einen vertraulichen Meinungsaustausch angeboten hatte. Wir hatten uns mit dieser Information nun beide an der Leine.

Dann hörten wir eine ganze Weile nichts.

Eines Tages kam meine Sekretärin zu mir: Ein sowjetischer Journalist wolle mich sprechen, um ein Interview mit mir zu machen. Ich hatte überhaupt keine Lust, zumal ich keine öffentlichen Erklärungen abgeben wollte, bevor ich nicht in Moskau gewesen war. Aber dann rief Conny Ahlers[4] an und sagte: Ich hab denen das versprochen, Du musst. Daraufhin habe ich meiner Sekretärin gesagt: Wenn die Schreibtische leer sind am Nachmittag des Heiligen Abends, geben wir ihm eine halbe Stunde. Er kam, setzte sich nervös auf die Kante des Stuhls, und nach einem kleinen »Scheininterview« bezog er sich plötzlich auf den Brief von Brandt an Kossygin. Kein Zweifel, er musste von ganz oben kommen. Die Sowjetunion ist ein Staat, in dem Ordnung herrscht; wenn der sich darauf beziehen konnte, musste er autorisiert sein. Das war er auch, er hatte eine mündliche Mitteilung zu machen. Die Antwort des Vorsitzenden des Ministerrates lautete: Ja, wir können so etwas machen. Aber keine Mitteilung an den sowjetischen Botschafter, alles vertraulich! Wenn Sie nach Moskau kommen, werden wir uns mit Ihnen in Verbindung setzen, dann erfolgt alles Weitere. Was er vorschlug, war ein »back channel« auf sowjetisch!

Als ich nach dem Moskauer Vertrag wieder in Washington war, kam Henry Kissinger mir entgegen und sagte: Das ist mir überhaupt noch nicht passiert in meiner Karriere, dass eine Regierung uns *vorher* sagt, was sie will, es dann auch tut und dass es dann auch noch funktioniert!

---

[4] Conrad Ahlers (1922-1980), 1947 Mitbegründer der Jungen Union, 1954 bis 1962 als Journalist bei »Welt«, »Spiegel« und »Frankfurter Rundschau«. 1968 Eintritt in die SPD. In der Regierungszeit von Willy Brandt bis 1972 Regierungssprecher und Chef des Presse- und Informationsamtes der Bundesregierung. Vom 1. März 1980 bis zu seinem Tod am 18.12.1980 war er Intendant der Deutschen Welle.

Im Januar 1970 fuhr ich zum ersten Mal in meinem Leben nach Moskau und war natürlich entsprechend nervös. Ich wusste: Das ist ein Versuch, wir hatten keine Ahnung, ob er gelingen würde. Ob die sowjetische Seite überhaupt ernsthaft reden würde und das Konzept akzeptabel wäre.

Wir wurden im Hotel »Ukraina« untergebracht, einem dieser stalinistischen Hochhäuser. Kaum hatten wir unsere Zimmer bezogen, klingelte das Telefon und dran war der sowjetische Journalist Valerie Lednew, stellvertretender Chefredakteur der Literaturzeitschrift »Literaturnaja Gaseta«, der mich Weihnachten in Bonn aufgesucht hatte. Wir verabredeten uns im Restaurant im Erdgeschoss, wo er mich mit dem Satz überraschte: »Nicht in die Ecken und nicht an die Säulen, dort wird abgehört.«

Woraus ich schloss: Vom KGB kann der nicht sein! War er auch nicht, der war was Besseres. Wir haben uns dann mitten in den Raum gesetzt und vorsichtig angefangen. Er hat mir angekündigt, er würde am nächsten Tag einen Kollegen mitbringen, der hieß Slawa. Ich habe mich nie erkundigt, ob das der richtige Name war oder nur ein Deckname.

Irgendwann würde ich den richtigen Namen erfahren – erfuhr ich auch, aber viel später! Slawa kam aus der Armee, war dort Oberst, konnte ganz gut Deutsch und war KGB-Chef Juri Andropow[5] begegnet. Der war 1969 dabei, einen kleinen Arbeitsstab für eine neue Deutschlandpolitik zusammenzustellen – eine politische Sondergruppe

---

[5] Juri Wladimirowitsch Andropow (1914-1984) leitete von 1967 bis 1982 den KGB und war im Anschluss ab November 1982 bis zu seinem Tod Generalsekretär des ZK der KPdSU sowie ab Juni 1983 als Vorsitzender des Präsidiums des Obersten Sowjets das Staatsoberhaupt der Sowjetunion.

quasi. Aber Slawa wollte nicht zum KGB. Erst als Andropow ihn zum General machte, willigte er ein. Ich hatte also, ohne es zu wissen, mit einem KGB-General geredet. Und eine freundschaftliche Beziehung aufgebaut. Selbst wenn ich das gewusst hätte – ich hätte nichts anders gemacht. Der Schäuble hat ja auch nie gefragt, welchen Stasi-Rang Schalck-Golodkowski[6] hatte.

Mit Slawa hat die Freundschaft bis heute gehalten; Lednew, genannt Leo, ist früh verstorben.

Am Abend blickte ich über das Lichtermeer der Stadt, wo viele Schicksale der Deutschen entschieden worden sind – so oder so.

Damals war Andrei Gromyko[7] der älteste amtierende Außenminister der Welt, Vertreter einer Sieger- und Supermacht. Innerlich habe ich ein bisschen gezittert. Es fing damit an, dass ich Gromyko in aller Breite und aller Offenheit das Gesamtkonzept darlegte. Genauso wie gegenüber Kissinger. Ich durfte nicht mit »verschiedenen Zungen« in Washington und Moskau sprechen. Allerdings war ich der Auffassung, dass ich mit den Russen anders verhandeln musste als normalerweise im Westen. Im Westen geht man mit seiner Position rein und erwartet, dass die andere Seite ihre Position auch darlegt. Dann gehen beide ein bisschen zurück, und irgendwo trifft man sich. Mit den Rus-

---

[6] Alexander Schalck-Golodkowski war Leiter des geheimen Bereichs für Kommerzielle Koordinierung im DDR-Ministerium für Außenhandel, zuständig für den (inoffiziellen) Handel mit dem kapitalistischen Ausland. Bekanntheit erlangte er im Nachhinein für die Aushandlung eines Milliardenkredits mit Franz-Josef Strauß im Jahr 1983; Strauß war zu dieser Zeit Bayerischer Ministerpräsident.
[7] Andrei Andrejewitsch Gromyko (1909-1989) war von 1957 bis 1985 Außenminister der Sowjetunion. Von 1985 bis 1988 war er als Vorsitzender des Präsidiums des Obersten Sowjets das Staatsoberhaupt der Sowjetunion.

sen kann man so nicht verhandeln: In dem Moment, in dem man nachgibt, rückt die russische Seite sofort nach vorn. Erst wenn klar ist, dass sie nicht weiter nach vorne gehen kann, weil der andere anfängt zu quietschen, haben sie ihr Verhandlungssoll erfüllt. Außerdem habe ich überlegt: Entweder nehmen sie das Konzept als Grundlage für Verhandlungen an oder nicht. Wenn nicht, habe ich mit Zitronen gehandelt, habe mich geirrt, musste wieder nach Hause fahren und neu nachdenken. Also habe ich eine dreiviertel Stunde gesprochen!

Wir hatten zwei Verhandlungsebenen: die offizielle mit dem Außenminister und daneben, darunter oder darüber – mal so, mal so – eine Ebene, die als Vertrauensschiene in den Kreml führte, nämlich zu Parteichef Leonid Breschnew,[8] der den beeindruckenden Titel trug: »Generalsekretär des Zentralkomitees der Kommunistischen Partei der Sowjetunion«. Beide Ebenen funktionierten und ergänzten sich. Die Tatsache, dass es einen solchen Kanal gab, habe ich natürlich nicht nach Bonn gemeldet – denn das wäre abgehört worden. Das blieb später dem mündlichen Bericht vorbehalten. Dieser Kanal hat alles bewirkt, flottgemacht, wenn es hakte, und er hat wirklich vertrauensbildend gewirkt. Bis dahin war der Kreml für uns unheimlich, mystisch, undurchschaubar. Ein Buch mit sieben Siegeln. Wir konnten uns nicht vorstellen, dass es in diesem monolithischen Land Pluralismus gab. Aber es gab ihn, wir hatten den nur nicht entziffert! Es gab eine Zeitung der Gewerkschaften, eine Zeitung der Armee, eine der Partei und natürlich eine der Regierung. Und außerdem den KGB. Wer genau lesen konnte, war in der Lage, die unterschied-

---

[8] Leonid Iljitsch Breschnew (1907-1982) war von 1964 bis 1982 Parteichef der KPdSU.

lichen Auffassungen und Interessen zu erkennen. Ich habe auf diese Weise gelernt, dass selbst in einem solchen Land Regierung und Partei nicht einfach machen können, was sie wollen. Sie müssen die unterschiedlichen Interessen berücksichtigen. Der Generalsekretär ist selbstverständlich der Oberste, ohne dessen Ja nichts funktioniert. Doch der Generalsekretär kann nur entscheiden, wenn er sicher ist, dass er von den Mitgliedern des Politbüros und von seinen Generälen getragen wird.

Solche Strukturen musste man kennen – wir lernten sie im Schnellkurs. Denn schnell lernen mussten wir, wir wollten ja etwas von den Sowjets!

Während meines Aufenthaltes in Moskau kam Slawa eines Tages zu mir und sagte: Wir haben gehört, dass Sie den Wunsch haben, den Vorsitzenden des Ministerrates, Herrn Kossygin,[9] zu sehen«. Dem war zwar nicht so, aber ich zeigte mich freudig überrascht: »Natürlich, schon seit langem!« So bekam ich einen Termin bei Kossygin. Der erste Erfolg war, dass Walter Ulbricht hysterisch reagierte: Es sei unvorstellbar, dass irgendein weisungsgebundener Staatssekretär vom Vorsitzenden des Ministerrats der großen Sowjetunion empfangen wird!

Der Besuch im Kreml ist eine meiner unangenehmsten und schwierigsten Erinnerungen. Ich bin in den ersten Stock gefahren, ein Uniformierter ging vor mir her, ohne Dolmetscher, ohne jemanden aus der Botschaft. Lange Gänge, absolute Stille, nur noch zu vergleichen mit dem

---

[9] Alexei Nikolajewitsch Kossygin (1904-1980) wurde nach dem Sturz Nikita Chruschtschows 1964 dessen Nachfolger als Ministerpräsident der Sowjetunion und neben dem KPdSU-Generalsekretär Leonid Breschnew einer der mächtigsten Männer der UdSSR.

Vatikan. Doppeltüren, Namen in Kyrillisch – das war schon sehr beeindruckend!

Nach zwei Türen kam ich ins Vorzimmer. Mir fiel auf: ungefähr sechs, sieben Telefone – alle von Siemens. Hinterher habe ich erfahren: Da gab es eine Leitung, über die die Politbüromitglieder ungehindert miteinander telefonieren konnten, ohne Zentrale. Eine weitere Leitung führte zur Regierung, eine zur Armee. Ich musste einen Augenblick warten, dann ging es weiter durch die nächste Doppeltür. Das war das Zimmer von Kossygin, übrigens das alte Zimmer von Stalin. Der Vorsitzende des Ministerrats kam hinter seinem Schreibtisch hervor, davor stand wie ein T angeordnet ein langer Tisch für die Politbüromitglieder. Er gab mir die Hand, ging zurück, setzte sich auf seine Seite, mit dem Hinterkopf zum Licht. Ich saß ihm gegenüber, volles Licht im Gesicht. Er hatte Papier und einen Bleistift vor sich und sagte mit unbeweglichem Gesicht: »Ich höre.«

Daraufhin habe ich erstmal Blablabla gemacht, er bewegte keine Miene, reagierte überhaupt nicht. Dann habe ich aus dem Blablabla ein Kurz-Konzept gemacht, er reagierte immer noch nicht. Schließlich habe ich das Ganze nochmal etwas provozierender gesagt. Erst daraufhin stellte er eine Frage, war offenbar bemüht, höflich zu sein. Nach anderthalb Stunden war die Audienz zu Ende.

Er fragte, ob ich noch einen Wunsch hätte. »Ja, ich würde gerne für einige Ihrer Staatsbürger deutscher Nationalität, die sich um die Ausreise bemüht haben, die Genehmigung dafür bekommen.« »Wie viele?« »Hundertundsechszehn«. Die Zahl habe ich mir einfach in dem Moment ausgedacht! Nach dem Besuch ging ich in die deutsche Botschaft und sagte: »Ich möchte eine Liste von 116 Deutschen haben, denen die Ausreise abgelehnt worden ist, hoffnungslose Fälle.

Kinder müssen dabei sein und Alte.« Mir wurde entgegnet: »Das hat doch keinen Sinn, das haben wir doch mehrfach versucht!« Am Ende der Woche hatte ich die Liste in der Hand. Als ich zwei Wochen später zu weiteren Verhandlungen nach Moskau kam, war der Garten der Botschaft voller Menschen. Es waren exakt 116.

Ich habe mich selten so gefreut, dass Menschen, die schon keine Hoffnung mehr hatten, ein neues Leben beginnen konnten! Wir haben trotz starker Angriffe auf unsere Politik übrigens in Bonn kein Wort über diese Aktion verloren, denn ich wollte meinen Kredit behalten. Ich wollte mich nicht damit rühmen, dass wir das geschafft haben.

Offene Fragen und Ringen um Grundpositionen

Ein wichtiger Punkt in den Gesprächen mit Gromyko war Berlin, er wollte darüber verhandeln. Ich habe ihm begreiflich gemacht, dass ich nicht befugt war, über Berlin zu reden, denn alle ganz Deutschland und Berlin betreffenden Fragen waren ja in den Kompetenzen der unkündbaren Siegerrechte. Ich war zwar zu der Zeit der Bevollmächtigte der Bundesrepublik in Berlin, aber das bedeutete keine Verpflichtung für die Sowjetunion, mich als solchen anzuerkennen oder mit mir zu verhandeln, auch nicht für die DDR. Das war eine interne westliche Regelung zwischen Bonn und Westberlin.

Es gab zwei große Komplexe: die Drohung mit einem Friedensvertrag und die Frage der Grenzen.

Zum Friedensvertrag erklärte ich Gromyko: Wenn ihr die völkerrechtliche Anerkennung der DDR verlangt, muss euch klar sein, dass ihr damit eure Kompetenzen über

Deutschland aufgebt. Wenn eines Tages die deutsche Frage aufkommt, dann habt ihr keine Kompetenz mitzusprechen, denn ihr habt sie schon abgegeben an die DDR. Das hat nach mühsamen Gesprächen den Kreml bewogen, das Thema Friedensvertrag fallen zu lassen und mit mir nicht mehr über Berlin zu sprechen.

Das zweite Thema hatte Gromyko so formuliert: Solange wir uns nicht über die Grenzen geeinigt haben, haben wir uns über nichts geeinigt. Alle Grenzen in Europa, egal wer sie gezogen hat oder wie lange sie bestehen, müssen unantastbar oder unveränderbar oder unverrückbar sein. Das war für mich unannehmbar, denn von meiner persönlichen Auffassung abgesehen, wäre es gegen das Grundgesetz gewesen. Das Ringen um diese Positionen hat lange gedauert! Bis wir uns dann auf die Formel einigten: Alle Grenzen in Europa können nur in gegenseitigem Einvernehmen verändert werden. Das war der Schlüssel, um sich zu verständigen. Damit waren alle einverstanden. Gewaltverzicht heißt dann auch: Grenzen sind nur in gegenseitigem Einvernehmen, also friedlich, zu verändern. Das wurde 1975 in Helsinki wörtlich übernommen und 1990 in die Charta von Paris. Erst später wurde mir klar, dass alle es akzeptiert haben, weil sie damit glaubten, die deutschen Querelen los zu sein. Niemand konnte sich in den 1970er Jahren vorstellen, dass die Grenze zwischen der Bundesrepublik und der DDR friedlich verschwinden würde.

Blieb der letzte Punkt: Wir, die Sowjetunion, möchten alles wissen und alles entscheiden, auch über die Frage des Verhältnisses Bundesrepublik–DDR, Bundesrepublik–Tschechoslowakei, Bundesrepublik–Polen und den übrigen sozialistischen Staaten. Unsere Position war: Wir wollen das ja mit euch besprechen, denn wir respektieren, dass die

Sowjetunion die Führungsmacht ist. Wir haben dann begonnen, ein Papier zu erarbeiten, in dem stand, worüber wir geredet haben. Die Sowjetunion wollte darin außerdem festgehalten haben, über welche Generalpunkte wir uns verständigt haben.[10] Das heißt, die ersten fünf Punkte sind über ein vielleicht zu schließendes Gewaltverzichtsabkommen, die zweiten fünf Punkte gelten den Ländern unserer Verbündeten und internationalen Beziehungen, der Entsperrung der beiden Staaten für den Beitritt zu den Vereinten Nationen.[11] Darauf hatten wir uns in der Grundstruktur in den ersten drei Wochen weitgehend geeinigt. Danach kam ich zurück, und Gromyko fing an, als ob wir uns nie geeinigt hätten! Er fing von vorne an! Das ist eben die sowjetische Methode.

Ich habe in Moskau zu keinem Zeitpunkt gesagt: Wir wollen die Wiedervereinigung. In dem Fall wäre die Reaktion gewesen: Wiedersehen, kommen Sie gut nach Hause! Ich habe nur argumentieren können: Ich bin – abgesehen von meiner persönlichen Auffassung – auf die Verfassung der Bundesrepublik Deutschland verpflichtet, was bedeutet, dass die Frage der deutschen Selbstbestimmung offengehalten werden muss. Deshalb brauchte ich einen Brief zur Deutschen Einheit. Es müsse völlig klar sein, dass die Sowjetunion akzeptiert, dass wir einen Verfassungsauftrag ha-

[10] Siehe Seite 230 im Anhang.

[11] Die Vereinten Nationen/United Nations (UN) sind ein zwischenstaatlicher Zusammenschluss von derzeit 193 Staaten. Die wichtigsten Aufgaben der Organisation sind die Sicherung des Weltfriedens, die Einhaltung des Völkerrechts, der Schutz der Menschenrechte und die Förderung der internationalen Zusammenarbeit. Im Gründungsjahr 1945 traten 51 Staaten den Vereinten Nationen bei, 1955 kamen u.a. Italien und Österreich, 1973 die DDR und die Bundesrepublik dazu.

ben, dessen Ziel die Selbstbestimmung des deutschen Volkes ist. Dieser Brief wurde am 12. August 1970, dem Tag der Unterzeichnung des Moskauer Vertrages, dem Außenministerium übergeben, und die DDR hat ihn später auch entgegengenommen.

Ich bin im Übrigen mit allen Grundpositionen, mit denen ich in die Verhandlungen gegangen bin, auch wieder herausgekommen. Ich habe keinen einzigen Punkt modifizieren oder aufgeben müssen. Es hat halt lange gedauert!

Über jede Sitzung haben wir die westlichen Botschafter reihum in Moskau unterrichtet. Die Amerikaner haben nie in irgendeiner Situation zu irgendeiner Formulierung einen Einwand oder eine Frage oder ein Fragezeichen gesetzt. Die anderen auch nicht. Es war alles einvernehmlich. Das war ja das Gesamtkonzept: Wir können nicht gegen die und ohne die das machen.

Von den ersten Sondierungsgesprächen Ende Januar bis zum August 1970 waren acht Monate vergangen – meinem Gefühl nach eine schrecklich lange Zeit! Ein so riesiges Schiff wie die Sowjetunion zu bewegen, von Beschlüssen des Politbüros und der Warschauer Vertragsstaaten Abstand zu nehmen und auf eine andere Linie zu kommen, war wirklich schwer gewesen.

Das ganze System mit den »back channels« war Ausdruck des Prinzips: offen unter Freunden, aber nicht alles öffentlich machen. Ich bin überzeugt, dass es keine bessere Methode gibt, Dinge voranzubringen.

Ein historischer Moment

Am Abend vor der Unterzeichnung des Moskauer Vertrages war ich bei meinem inzwischen fast Freund gewordenen »Kanalarbeiter« Leo. Der sagte: »Ich weiß ja nicht, ob Sie je die Einheit erreichen werden, aber wenn, dann machen Sie morgen den ersten Schritt mit der Unterschrift unter den Moskauer Vertrag.«

Das ging mir durch und durch – genauso wie das Unterzeichnungszeremoniell selber: Die Begrüßung durch Kossygin und Gromyko mit einer Ehrenformation auf dem Flugplatz, das wohlige Erschauern, als ich unsere Nationalhymne zum ersten Mal in Moskau hörte, den dankbaren Händedruck von Willy Brandt auf seiner ersten Fahrt in den Kreml, das funktionierende Protokoll, das gleichzeitig die Türen aufgehen ließ, um Brandt und Breschnew einander entgegen gehen zu lassen...

Die Bundesregierung übergab anlässlich der Vertragsunterzeichnung im sowjetischen Außenministerium den »Brief zur deutschen Einheit«:

»Sehr geehrter Herr Minister,

im Zusammenhang mit der heutigen Unterzeichnung des Vertrages zwischen der Bundesrepublik Deutschland und der Union der Sozialistischen Sowjetrepubliken beehrt sich die Regierung der Bundesrepublik Deutschland festzustellen, dass dieser Vertrag nicht im Widerspruch zu dem politischen Ziel der Bundesrepublik Deutschland steht, auf einen Zustand des Friedens in Europa hinzuwirken, in dem das deutsche Volk in freier Selbstbestimmung seine Einheit wiedererlangt. Genehmigen Sie, Herr Minister, die Versicherung meiner ausgezeichnetsten Hochachtung.

Walter Scheel«

Wie sah die Bilanz des Moskauer Vertrages aus? Den größten Gewinn für die Bundesrepublik hatte Brandt in einem Vier-Augen-Gespräch mit dem französischen Präsidenten Georges Pompidou[12] einen Monat zuvor so ausgedrückt: Die Sowjets würden ein Mittel aus der Hand geben, das sie bisher zur Disziplinierung im Warschauer Pakt benützt hätten, nämlich die antideutsche Linie und die Anprangerung eines vorgeblichen deutschen Revanchismus.

In dieser vorweggenommenen Analyse war auch der sowjetische Gewinn enthalten: Neben der innenpolitischen Entlastung und den wirtschaftlichen Hoffnungen eine Respektierung oder sogar Bestätigung ihrer Führungsrolle im »Lager«. Dieser Preis war unser Eintrittsgeld, um das Tor zum Osten zu öffnen.

Auf dem Rückflug von Moskau wurde Brandt von Journalisten gefragt, ob denn unter dem Schirm des deutsch-sowjetischen Vertrages die Aussöhnung mit den anderen osteuropäischen Staaten, beispielsweise mit Polen, besser vorankommen werde als bisher.

Brandt sagte damals: »Ja, das kann man so sagen. Alles deutet darauf hin, dass dieser Vertrag unsere Beziehungen zu den osteuropäischen Ländern insgesamt fördern wird… Und ich bin froh darüber, dass die polnische Regierung aus eigenem Entschluss seit geraumer Zeit dazu bereit ist, in den Beziehungen zur Bundesrepublik neue Wege zu gehen. Die Völker jenseits des eisernen Vorhangs sollten … spüren, dass ihnen der Weg nach Europa offen steht, wenn sie ihn gehen wollen.«

---

[12] Georges Jean Raymond Pompidou (1911-1974) französischer Politiker (Gaullist), von 1969 bis zu seinem Tod zweiter Präsident der Fünften Republik.

In Moskau war ein Grundstein gelegt worden. Ausbaubar für die Zukunft. Aus Moskau hatte ich die Überzeugung mitgebracht, dass sogar die große Sowjetunion verändert werden kann. Warschau hatte eine andere Dimension.

Polen, erstes Opfer Hitlers, zwischen ihm und Stalin geteilt, stand am Ende des Krieges als der Verlierer unter den Siegern da. Und wieder einmal hatten Deutsche mit Russen über Polen verhandelt. Wir wollten der Machtrealität der Sowjetunion gerecht werden, die Polen mussten es.

»Das wird eine schwere Reise«, wusste Brandt. Der kühle Empfang signalisierte Distanz. Am Abend des Ankunftstages im November 1970 empfing ihn Ministerpräsident Józef Cyrankiewicz[13] im Schloss Wilanow und entschuldigte sich fast, als Untertan von Kaiser Franz Josef geboren, für sein bemühtes Deutsch. Als hätte er darauf als ehemaliger Sozialdemokrat gewartet, sprach er Willy Brandt auf die große sozialistische Familie an. Dann bezeichnete er ihn als den ersten deutschen Regierungschef, der Polen nach Hitler wieder besuchte – als ob Ulbricht nicht ernst zu nehmen sei. Die mitteleuropäischen Sicherheitsinteressen, die der polnische Außenminister Adam Ra-

---

[13] Józef Cyrankiewicz (1911-1989), polnischer Politiker, von den Nationalsozialisten 1941 ins KZ Auschwitz deportiert. Organisierte die Kampfgruppe Auschwitz. Nach Kriegsende Generalsekretär der Polnischen Sozialistischen Partei (PPS). Cyrankiewicz war zweimal polnischer Ministerpräsident: 1947-1952 und 1954-1970. Ihm wurde vorgeworfen, 1948 am Justizmord an dem nichtkommunistischen Widerstandskämpfer Witold Pilecki beteiligt gewesen zu sein. Als der Prozess 1990 wieder aufgerollt wurde, war Cyrankiewicz bereits tot. Er wäre sonst angeklagt worden.

packi[14] zehn Jahren zuvor ausgedrückt hat, waren noch immer lebendig. Cyrankiewicz ließ sich unsere Vorstellungen erläutern. Innerhalb von zwei Stunden wurde aus zurückhaltender Fremdheit eine Atmosphäre, in der man sich wie unter guten alten Bekannten vorkam. »Wir führen ein europäisches Gespräch«, sagte Cyrankiewicz. Mit Augen, die fast so blank waren wie seine Glatze.

In der Nacht wurde noch lange an der Fernsehansprache des Bundeskanzlers weitergearbeitet. Günter Grass und Siegfried Lenz halfen. Auch wenn nichts preisgegeben wurde, was nicht längst verspielt war, fiel die deutsche Unterschrift schwer. Der endgültige Verlust von Land, den die Sieger verfügt hatten, musste die Landsleute belasten und verletzen, gerade weil ihnen falsche Hoffnungen gemacht worden waren. Wir wussten, hier passierte etwas Definitives. Der rechtliche Vorbehalt des ausstehenden Friedensvertrages war unentbehrlich, gleichzeitig bloße Formsache. Für uns ein bedeutender Kraftakt, für Warschau der Vollzug des längst Selbstverständlichen. Würde man zu Hause verstehen, dass die Aufgabe aller territorialen Ansprüche eine Voraussetzung für die deutsche Einheit war? Keiner der Sieger, auch nicht die westlichen, würden ihr zustimmen, wenn sie nach der Vereinigung der beiden Staaten deutsche Forderungen zu erwarten hätten.

---

[14] Adam Rapacki (1909-1970), polnischer Politiker und Ökonom, war ab 1956 Außenminister unter Parteichef Gomulka. In dieser Funktion legte er 1957 auf der Vollversammlung der Vereinten Nationen einen Plan zur Schaffung einer atomwaffenfreien Zone in Mitteleuropa vor, die die Bundesrepublik, die DDR, die Volksrepublik Polen und später auch die Tschechoslowakei umfassen sollte (Rapacki-Plan). Der Plan wurde in Polen als ein Teil der »Friedenspolitik« des sowjetischen Lagers gepriesen, von den westlichen Mächten aber wegen der befürchteten Schwächung der NATO im Vergleich zum Warschauer Pakt abgelehnt.

Die Vertriebenenverbände forderten das Recht auf Heimat, während mehr Menschen ihre Heimat verlassen wollten, als die Polen zuzugeben bereit waren. Unter der Hand sagten sie, wir sprächen zu viel von Familienzusammenführung, die nach jahrzehntelanger ethnischer Vermischung oft auch Familientrennung bedeute. »Einige Zehntausend« sind sie bereit zuzugestehen, vielleicht 40.000, sagten sie unter der Hand. Drei Jahre nach Erfüllung ihrer Zusagen konnte ich dann in mehreren vertraulichen Gesprächen mit einem Beauftragten der polnischen Regierung versuchen, zusätzlich 120.000 Ausreisen zu erwirken. Als Kanzler sollte Helmut Schmidt später den Wünschen nach einer Milliarde DM entgegenkommen, ohne dass ein Zusammenhang zwischen der Ausreise und dem Geldsegen beabsichtigt war.

Willy Brandt und Władysław Gomułka15 waren sich im Jahr 1970 durch öffentliche Erklärungen näher gekommen. Ihre erste persönliche Begegnung blieb förmlicher, nicht zu vergleichen mit dem persönlichen Kontakt mit Cyrankiewicz. Gomułka blieb bedeckt, seine persönliche Sperre konnte Brandt nicht lockern oder gar durchbrechen. Konnte er nicht, oder wollte er nicht? Sah er nicht, dass wir Polen den gepflegten Feind genommen hatten? Die Bundesrepublik konnte nach dem Vertrag nicht mehr verdammt

---

[15] In der kommunistischen Regierung fungierte Gomułka (1905-1982) als stellvertretender Ministerpräsident und Minister für »Wiedergewonnene Gebiete«, also die bisherigen Ostgebiete. 1948 gestürzt, kehrte er im Herbst 1956 im Zuge der politischen Unruhen zurück an die Macht und wurde zum Vorsitzenden der Polnischen Vereinigten Arbeiterpartei (PVAP) gewählt. Um seiner erneuten Entmachtung Ende der 1960er Jahre zu entrinnen, suchte Gomułka die Annäherung an die Bundesrepublik. Zwei Wochen nach Unterzeichnung des Warschauer Vertrages wurde er nach Ausbruch gewalttätiger Arbeiterunruhen an der Ostsee gestürzt.

werden, schon gar nicht, wenn sie anbietet, nationale Fragen nicht mehr isoliert, sondern europäisch zu beantworten. Das verschaffte Polen zusätzliches Gewicht und lockerte seine Lage, eingeklemmt zwischen der Sowjetunion und der DDR. Zweimal blieb Brandt ohne Echo, als er der Aussöhnung mit Frankreich vergleichbar die mit Polen hinzufügen wollte, soweit das bei unterschiedlichen Bündnissen möglich war. Sein wiederholter Vorschlag, ein deutsch-polnisches Jugendwerk ähnlich dem deutsch-französischen zu schaffen, wurde nicht beantwortet – die höflichste Form der Zurückweisung.

Am nächsten Tag verglichen Berthold Beitz[16] und ich unsere Eindrücke. Der Krupp-Chef hatte sich durch sein mutiges Verhalten während des Krieges einen Vertrauenskredit verschafft. Als die Wagenkolonne sich dem Ghetto-Denkmal näherte, hatten wir es nicht eilig, uns der dichten Menge von Journalisten und Fotografen zu nähern. Plötzlich wurde es ganz still. Dass dieses hart gesottene Völkchen verstummt, ist selten. Beim Nähertreten flüsterte einer: »Er kniet.«

Gesehen habe ich das Bild erst, als es um die Welt ging. Am Abend hatte ich mich beim letzten Whisky getraut, die Bemerkung zu machen: »Das war aber doll.« Brandts Echo: »Ich hatte plötzlich das Empfinden, ein Neigen des Kopfes

---

[16] Berthold Beitz (geb. 1913) war ehemaliger Generalbevollmächtiger des Krupp-Konzerns. Er gehörte seit der Kanzlerschaft von Willy Brandt regelmäßig zum Beraterstab der Bundesregierung für die Aussöhnung mit Polen und der UdSSR. Am 1. Juli 2010 wurde das langjährige Russland/Eurasienzentrum an der Deutschen Gesellschaft für Auswärtige Politik in Berthold-Beitz-Zentrum umbenannt. Während des Zweiten Weltkrieges rettete er in dem von Deutschen besetzten Galizien mehrere hundert jüdische Zwangsarbeiter und wurde dafür 1973 in die Liste »Gerechter unter den Völkern« in der israelischen Gedenkstätte Yad Vashem aufgenommen.

genügt nicht.« Einer Eingebung des Augenblicks verdanken wir das Eingeständnis einer geschichtlichen Schuld seines Volkes durch einen, der frei von persönlicher Schuld war.

24 Jahre später, im Juni 1994, reiste Richard von Weizsäcker zu seinem letzten Staatsbesuch als Bundespräsident nach Warschau. Das war eine seiner großartigen Gesten, die mehr sagen als Worte. Das Symposium, das anlässlich dieses Besuches stattfand, hatte er bereits verlassen, um Präsident Lech Wałęsa[17] seine Aufwartung zu machen.

Ich hörte Tadeusz Masowiecki[18] zu – er war schon nicht mehr Ministerpräsident seines Landes –, wie er Bundeskanzler Helmut Kohl für den historischen Akt des Staatsvertrages zur Oder-Neiße-Linie lobte. Das wunderte mich; denn die deutsch-polnische Grenze war durch Kohl nicht einen Millimeter verändert worden, und Kohl hatte sich lange drängen lassen. Außerdem pries Masowiecki den deutschen Kanzler, der das Verhältnis zu Polen neben das zu Frankreich stellen und ein deutsch-polnisches Jugendwerk entwickeln wollte. Der Name Willy Brandt fiel nicht. Als ich mein Erstaunen darüber nicht unterdrücken konnte,

---

[17] Lech Wałęsa (geb. 1943), von Beruf Elektriker, organisierte Besetzungsstreiks auf der Lenin-Werft in Danzig und verlangte die Legalisierung der Gewerkschaft Solidarność. Von 1980 bis 1990 war er deren Vorsitzender, 1990 wählten ihn die Polen zu ihrem Staatspräsidenten. Er organisierte den Wandel Polens von einem realsozialistischen zu einem demokratisch-marktwirtschaftlichen System. 1983 wurde Lech Wałęsa der Friedensnobelpreis verliehen.

[18] Tadeusz Mazowiecki (geb. 1927) beteiligte sich als katholischer Intellektueller und Journalist am Widerstand gegen die kommunistische Regierung der PVAP. Seit 1980 war er Publizist der Gewerkschaft Solidarność und Berater Lech Wałęsas. Nach der Verhängung des Kriegsrechts am 13. Dezember 1981 wurde er für ein Jahr inhaftiert. Von August 1989 bis Dezember 1990 war er Ministerpräsident der Republik Polen.

entschuldigte sich Masowiecki mit den Worten, der Kniefall sei unvergessen. Das war nun abermals enttäuschend.

Doch zurück zu den beiden Besuchstagen im November 1970.

Zenon Kliszko, Politbüromitglied und engster Mitarbeiter Gomułkas, galt als harter Brocken, er sollte mich betreuen. Wir schlenderten durch die Altstadt, besuchten eine Gemäldegalerie zeitgenössischer Kunst, die auch bei uns modern genannt worden wäre, und kehrten in einer gemütlichen Kneipe ein, wo wir unter anderen Gästen saßen. »Können Sie sich vorstellen, mit Suslow[19] oder Axen[20] einen solchen Stadtbummel zu machen?«, fragte er mich.

Das konnte ich nicht, zumal ich keinen der beiden persönlich kannte. An der Weichsel blickten wir über den Fluss, dorthin, wo die sowjetischen Truppen stehen geblieben waren, bis Wehrmacht und SS den Warschauer Aufstand niedergeschlagen hatten. »Ich bin auch für die führende Rolle der Sowjetunion, aber das kann keine Gottgleichheit sein«, sagte er und lud mich ein, über Weihnachten nach Masuren zu kommen, um über unsere Sicherheitsvorstellungen zu sprechen.

Vizeaußenminister Josef Winiewicz hatte ich in Situationen kennengelernt, in denen die Verhandlungen schwierig wurden oder er vor Sandbänken warnte. Auf dem Weg zum Flugplatz begründete er sein fehlerhaftes Deutsch. Bei seiner Geburt hatte es keinen polnischen Staat gegeben. Er hatte die Sprache in der deutschen Schule gelernt und sie

---

[19] Michail Andrejewitsch Suslow (1902-1982), Wirtschaftswissenschaftler in Moskau, seit 1947 Mitglied des Zentralkomitees der Partei, gehörte nach dem Sturz Chruschtschows 1964 zum »Führungsquartett« zusammen mit Breschnew, Kossygin und Podgorny.
[20] Hermann Axen (1916-1992) war als Sekretär für internationale Verbindungen der SED ranghöher als der Außenminister der DDR.

weder im Londoner Exil noch als Botschafter in den USA vergessen können. Ich erzählte von geliebten Verwandten in Schlesien und der Großmutter, die 1946 den Transport im Viehwagen nach Westfalen gerade noch überlebt hatte, er von toten Angehörigen. Meinen Bericht über die schwierigen Gespräche mit Michael Kohl[21] kommentierte er mit den Worten, wir müssten großzügig sein, die DDR habe Minderwertigkeitskomplexe. »Die BRD ist jetzt schon zu groß für die Franzosen; für ihre unmittelbaren Nachbarn erst recht.« Man sollte Adenauer ein Denkmal setzen. Er habe Polen die Teilung garantiert. Und »seien Sie ehrlich: das ist doch besser für alle.«

Ich sah Cyrankiewicz nicht zu Weihnachten, sondern erst zehn Jahre später als Kollegen der Palme-Kommission[22] wieder. Zwei Wochen nach unserem Gespräch wurden Gomułka und seine Mannschaft abgelöst. Der Unwille über Preiserhöhungen war stärker als die Zufriedenheit über die Bestätigung der Oder-Neiße-Grenze durch die Bundesdeutschen.

Brandt flog ab mit dem Gefühl, dass sein Verständnis und seine Neigung zu Polen unerwidert geblieben waren. Das hat sich auch später nicht gemindert. Schade, dass er folgende Begebenheit nicht mehr erlebt hat: 2010, bei meinem

---

[21] Michael Kohl (1929-1981) war von 1965-1968 Staatssekretär beim Ministerrat der DDR für Westberlin-Fragen, 1965 Verhandlungsführer bei den Passierscheingesprächen und 1970 in den Verhandlungen zum Transitabkommen, zum Verkehrs- und Grundlagenvertrag zwischen der DDR und der BRD, 1974-1978 Leiter der Ständigen Vertretung der DDR in Bonn. 1978 wurde er zu einem der stellvertretenden Minister für Auswärtige Angelegenheiten ernannt.

[22] Die Palme-Kommission war eine unabhängige Kommission für Abrüstung und Sicherheit. Sie arbeitete von 1980 bis 1982 unter dem ehemaligen schwedischen Ministerpräsidenten Olof Palme (1927-1986).

Besuch in Warschau anlässlich des 20. Jahrestages des Knie-
falls, erhielt ich ein unerwartetes und wertvolles Geschenk,
als der polnische Ministerpräsident Donald Tusk[23] erklärte:
»Wir brauchen die Vergangenheit nicht mehr zu vergessen,
wenn wir uns mit Deutschland versöhnen.« Ich empfand
es als Rat eines guten Freundes, wie die schwierige innere
Einheit in Deutschland gewonnen werden kann.

---

[23] Donald Tusk (geb. 1957) ist seit 2002 Vorsitzender der von
ihm mitbegründeten liberal-konservativen Partei Platforma Oby-
watelska (PO, deutsch: Bürgerplattform). Seit November 2007 ist
er Ministerpräsident Polens.

Die Ostverträge und die Folgen

Der Moskauer Vertrag verschaffte der Bundesrepublik außenpolitisch zusätzliches Gewicht und Ansehen. Ich spürte das, als ich zwei Wochen später Henry Kissinger in Washington ausführlich unterrichtete, ich zitiere noch einmal seine Reaktion: »Ich hab noch nicht erlebt, dass eine Regierung uns vorher sagt, was sie machen will, es dann auch tut und es sogar funktioniert.«

Bis zur Ratifizierung des Moskauer Vertrages verging ein Jahr. Wir hatten zur Bedingung gemacht, dass zuvor im Bundestag eine befriedigende Lösung für Berlin gefunden werden musste.

Berlin war eine Vier-Mächte-Angelegenheit, wir konnten nicht über deren Rechte hinweg entscheiden. Wir hatten natürlich vitale Interessen an Berlin, aber keine Kompetenzen. Das hatte ich auch seinerzeit dem sowjetischen Außenminister Gromyko gesagt: Wenn Sie Ihr Recht in Berlin aufgeben in toto, geben Sie auch Ihre Rechte auf Mitbestimmung in Deutschland in toto auf. Sie werden aber vielleicht doch für den Fall, dass einmal die deutsche Einheit als Möglichkeit auf dem Tisch liegt, mitbestimmen wollen.

Die vier Botschafter waren in Berlin zusammengekommen, um über eine adäquate Regelung für den Verkehr von und nach Westberlin im Zuge der Entspannungspolitik zu verhandeln. Sie konnten sich aber nicht einigen und stritten darüber, ob Berlin eine Vier-Mächte-Angelegenheit ist, oder ob die Souveränität jedes Landes für seinen Sektor die Grundlage ist. Fabelhaft! Man konnte darüber jahrelang streiten, weil es im Prinzip keine wirkliche Antwort darauf geben konnte. Meine

Sorge war, dass der Moskauer Vertrag nicht ratifiziert werden konnte, solange wir uns nicht über Berlin verständigten.

In dieser Zeit traf ich mich mit Henry Kissinger in Kanada – wir nutzten eine internationale Konferenz dazu – und schlug ihm vor: Niemand bezweifelt die Rechte und die Macht der Vier, über Berlin zu beschließen, aber in der Sache geht es doch darum, den seit Kriegsende nie geregelten zivilen Verkehr zwischen der Bundesrepublik und Westberlin auf eine verbindliche Grundlage zu stellen. Dafür brauchten wir keine theoretische Einigung über die »Souveränität«. Es genügte wie beim Passierscheinabkommen die Einigung über die Sache, wo ja auch keine Verständigung über die »Amts-, Orts- und Behördenbezeichnungen« nötig war.

Das fand Kissinger hervorragend. Im Ergebnis wurde auch diesmal eine »back channel«-Konstellation geschaffen: Für die USA sollte der amerikanische Botschafter Ken Rush, für die Sowjetunion Valentin Falin, ihr Botschafter in Bonn, und für die Bundesrepublik sollte ich jeweils direkt an das Weiße Haus, den Kreml und den Bundeskanzler angebunden werden – an den Apparaten der Außenministerien vorbei – und über ein Berlin-Abkommen verhandeln.

Das war eine gewagte, aber praktische Methode, ohne Beteiligung von Paris, London und der DDR. Sie funktionierte und schuf unter den drei persönlich Beteiligten ein unglaubliches Vertrauensverhältnis. Rush und ich verstanden nur ein paar Brocken russisch, Rush nur rudimentär deutsch, Falin nicht perfekt englisch, und ich kannte besser als beide »mein« Berlin und seine Probleme. Aber alle drei wollten den Erfolg. Rush schlug voll guten Willens Formulierungen vor, von denen die beiden anderen wussten, dass sie für Washington unannehmbar waren. Falin wusste, was in Moskau abgelehnt werden würde, und ich wusste, was vor Ort erforderlich war. Jeder hat die Bedürfnisse der beiden anderen Partner kennengelernt und berücksichtigt. Unsere Sitzungen dauerten fünf bis sechs Stunden, abwechselnd in der amerikanischen und sowjetischen Residenz und einmal in der des Berlin-Bevollmächtigten in Dahlem. Am Ende wurde jeweils besprochen, ob der Russe oder der Amerikaner unsere Ergebnisse in die Beratungen auf der offiziellen Viererebene einspeisen sollte. So haben wir das gesamte Abkommen der Vier, Artikel für Artikel, in der Struktur durchberaten. Am Schluss bestand der Beitrag des sowjetischen Hochkommissars für Deutschland, Pjotr Abrassimow, in seinem berühmt gewordenen Satz: »Ende gut, alles gut.«

Das Transitabkommen

Das Vier-Mächte-Abkommen über Berlin vom 3. September 1971 wurde noch in einer ganz anderen Dimension zu einem Markstein in der deutschen Nachkriegsgeschichte. Es stellte sich heraus, dass die Vier zwar den nötigen Rahmen beschlossen hatten, ihn aber nicht ohne die Verantwortung der beiden deutschen Regierungen in Kraft setzen konnten.

Das wertete unvermeidlich beide auf. Die neue politische Wirklichkeit in der Mitte Europas hieß vier plus zwei – vier Siegermächte plus die Bundesrepublik und die DDR.

Etwas länger als ein Jahr verhandelten die beiden Staatssekretäre der DDR und der BRD, Michael Kohl und ich, über die Substanz und alle Einzelheiten des Transitverkehrs von Personen und Gütern auf der Straße, der Schiene und auf dem Wasser. Beim Bau der Mauer waren die Deutschen auf beiden Seiten weitgehend Objekte gewesen. Jetzt wurden wir unentbehrliche Mithandelnde.

Falls wir uns nicht geeinigt hätten, wären die Vier Großen gescheitert; solange wir uns nicht einigten, mussten sie warten. In dieser neuen Situation blinzelten Kohl und ich uns zu: Ein Stück gemeinsamen Interesses und gemeinsamer Verantwortung für einen korridor-ähnlichen Zustand war erreicht, die Insel Westberlin näher ans Festland gerückt.

Die Gebühren wurden pauschaliert, und ich hatte darauf gedrungen, dass auch Axel Springer, Franz Josef Strauß und Heimatvertriebene die Zugangswege benutzen durften. Kohl wollte wenigstens Fahnenflüchtlinge der NVA und andere »Verbrecher« ausschließen. Wir einigten uns schließlich, dass jede Person, die die Transitwege benutzte, sie auch wieder unbehelligt verlassen konnte. Viele Einzelheiten, bis zu den Bus- und Halteplätzen für das Entleeren der Blasen, bedeuteten viele Konfliktmöglichkeiten. Dafür vereinbarten wir eine Beschwerdekommission, und die Vier behielten sich die Konfliktregelung vor, falls die Deutschen sich nicht einigen konnten. Bis zur deutschen Einheit mussten die Vier nicht ein einziges Mal arbeiten. Der Abschluss der Verhandlungen mit dem DDR-Unterhändler Kohl über das Transitabkommen erfolgte im Dezember 1971.

Höhepunkte und Abschied von der sozialliberalen Macht

Das Jahr 1972 wurde turbulent. Am 23. April verlor die sozialliberale Koalition ihre absolute Mehrheit, drei Tage später wurden die Verhandlungen über einen Verkehrsvertrag mit der DDR abgeschlossen, einen Tag später scheiterte das Misstrauensvotum gegen Willy Brandt.[1] Im Mai wurden der Moskauer und der Warschauer Vertrag im Bundestag gebilligt, Brandt stellte die Weichen für vorgezogene Wahlen unter dem Motto: Wer überzeugt ist, das Nötige richtig zu tun, muss es machen. Besser untergehen, als sich klein machen.

Am 19. November 1972 erlebte die SPD dann ihren größten Wahlerfolg und wurde stärkste Partei im Bundestag. Am 21. Dezember wurde der Grundlagenvertrag unterschrieben. Mit diesem Vertrag hatten die Bundesrepublik und die DDR beschlossen, ihr Nebeneinander zu einem Miteinander zu entwickeln, solange die Teilung andauert. Genauso lange hat er auch funktioniert. Wir rangen bis zum Schluss darum, dass die »Nation« wenigstens in die Präambel aufgenommen wurde – wozu eine persönliche Entschei-

---

[1] Der Bundeskanzler kann nach Artikel 67 des Grundgesetzes durch eine Mehrheit im Parlament gestürzt werden, wenn sich diese Mehrheit gleichzeitig auf einen Nachfolger geeinigt hat. Der Antrag muss von mindestens einem Viertel der Mitglieder des Bundestages eingebracht werden und den Bundespräsidenten ersuchen, den Bundeskanzler zu entlassen. Das konstruktive Misstrauensvotum ist in der Geschichte der Bundesrepublik bisher zweimal zur Anwendung gekommen. 1972 versuchte die CDU/CSU erfolglos, Rainer Barzel statt Willy Brandt als Kanzler zu erzwingen, 1982 stürzten CDU/CSU und FDP gemeinsam Bundeskanzler Helmut Schmidt und wählten Helmut Kohl zum Bundeskanzler.

dung Honeckers[2] erforderlich war – und vereinbarten, dass wir uns sogar in Fragen der europäischen Sicherheit konsultieren wollten. Dann war der Weg frei für den Beitritt beider Staaten zu den Vereinten Nationen.

Mit dem Grundlagenvertrag beendeten beide Staaten die verbissenen Versuche, sich gegenseitig zu behindern und zu schädigen, und wurden frei, zu neuen Ufern aufzubrechen. Im Kanzleramt fühlten wir uns am Ziel des ersten großen Abschnitts unseres Konzepts. Die bilateralen Verträge hatten das Feld planiert, um nun den großen zweiten Abschnitt beginnen zu können: ein Gebäude der europäischen Sicherheit zu errichten, um damit die Voraussetzungen für die staatliche Einheit zu schaffen. Wir hatten den Punkt erreicht, von dem aus die Vergangenheit uns nicht mehr hindern sollte, uns der Zukunft zuzuwenden.

Doch statt aufwärts ging es von nun an bergab.

Brandt war nach dem Wahlsieg erschöpft, musste sich die Stimmbänder schälen lassen und warnte mich danach: »Ich habe gelitten wie ein Hund. Höre nie plötzlich auf zu rauchen! Ich habe jeden Tag zwei Fehler gemacht: es gewusst und konnte es nicht ändern.« Ich habe seinen Rat befolgt. Im Februar 1973 fühlte ich mich schlecht, kurz vor einer Reise nach Paris. Mein Arzt sagte: »Ihr Adrenalin ist fast aufgebraucht. Wenn Sie sterben wollen, können Sie nach Paris fahren.« Ich fiel für acht Wochen aus – heute nennt man das wohl Burnout. Erst im Mai war ich erholt genug, um die Bundesregierung vor dem Bundesverfassungsgericht zu vertreten. Bayern hatte geklagt, der Grundlagenvertrag verhindere die Wiedervereinigung. Ich überzeugte das Ge-

---

[2] Erich Honecker (1912-1994) war von 1971 bis 1989 Erster Sekretär, ab 1976 Generalsekretär des Zentralkomitees der SED, von 1976 an bis zu seinem Rücktritt am 17. Oktober 1989 auch Vorsitzender des Staatsrats.

richt, dass wir am verfassungsmäßigen Auftrag festgehalten und keine völkerrechtliche Anerkennung der DDR vorgenommen hatten. Bayern unterlag.

Walter Scheel hatte zum Jahresanfang empfohlen: »Herr Bundeskanzler, jetzt können wir es mal etwas ruhiger angehen lassen. Das Jahr 1973 sollte mehr Erholung als Neues bringen, vor allem sollten wir uns Zeit nehmen, der Bevölkerung alles zu erklären, was wir gemacht haben.« In der Tat spürten wir den Nachholbedarf sogar in der eigenen Partei. Über die Aktionen und noch mehr über den Erfolg war man begeistert, ohne die Tragweite und die Grenzen des Erreichten ins Bewusstsein aufzunehmen. Beim ersten Gegenwind zeigten sich Unsicherheit, Übernahme oppositioneller Argumente und Zweifel, entsprechend einer traditionellen sozialdemokratischen Neigung: Statt den Kern amerikanischer Werbung sich zu eigen zu machen, »Tue Gutes und rede darüber«, wurde fast das Gegenteil praktiziert: Rede nicht über das Erreichte, sondern über das, was noch getan werden muss.

Im Frühjahr 1974 hatte Brandt sich erholt, war entschlossen, wieder zu führen und fühlte auch die Kraft dazu. Doch dann kam der 24. April 1974: Der persönliche Referent des Bundeskanzlers für Parteitermine, Günter Guillaume,[3] wurde wegen Spionage festgenommen.

---

[3] Günter Guillaume (1927-1995) war Offizier im besonderen Einsatz des Ministeriums für Staatssicherheit (MfS) und als DDR-Agent im Bundeskanzleramt Namensgeber der »Guillaume-Affäre«. Seine Enttarnung deckte den größten Spionagefall in der Geschichte der Bundesrepublik auf. Im Dezember 1975 wurde Guillaume wegen Landesverrats zu 13 Jahren Gefängnis, seine Frau zu acht Jahren Haft verurteilt. Im Jahr 1981 kehrte das Ehepaar Guillaume im Rahmen eines Agentenaustauschs in die DDR zurück, wo Guillaume offiziell als »Kundschafter des Friedens« gefeiert wurde.

Ich hatte Willy Brandt nach Ägypten begleitet, und als wir wieder in Köln-Wahn landeten, standen da eine Menge Leute. Brandt sagte: »Na, so erfolgreich war unsere Reise doch auch wieder nicht, dass wir so einen großen Bahnhof bekommen.« Als wir ausgestiegen waren, nahm Innenminister Hans-Dietrich Genscher den Kanzler und der Chef des Kanzleramtes, Horst Ehmke, mich beiseite. Uns wurde mitgeteilt, dass am Morgen Günter Guillaume verhaftet worden war.

Mir fiel sofort wieder ein: Ehmke hatte mich um meine Meinung zur Einstellung eines guten Genossen gebeten, den rechte Sozialdemokraten empfohlen hatten, weil der so ein braver Rechter in Frankfurt gewesen war, aber der käme aus der DDR. Ich hatte mir die Akten angesehen und Ehmke einen Zettel geschrieben: Es kann ja sein, dass man dem Mann Unrecht tut, aber das Kanzleramt ist zu empfindlich, ich würde empfehlen: überall, nur nicht dort. Danach hörte ich nichts mehr. Eines Tages tauchte Guillaume in meinem Büro auf und stellte sich vor. Daraufhin sprach ich Ehmke an: »Hast Du meinen Zettel nicht gelesen, was ist denn los?« Seine Antwort: »Wir haben den Mann durch alle Mühlen gedreht, so ist noch keiner durchleuchtet worden. Ergebnis: Es gibt keinen Grund, den Mann nicht einzustellen.«

Guillaume kam zwei oder drei Tage, bevor wir den Grundlagenvertrag paraphierten. Geheimnisverrat konnte da nicht passiert sein. Guillaume war an sich kein unsympathischer Mensch, er war nur so wuselig, immer begierig zu helfen oder sich unentbehrlich zu machen.

Beide Eheleute erhielten den Karl-Marx-Orden, Günter Guillaume wurde zum Oberst des MfS befördert.

Aber niemand hat geahnt, dass die Enttarnung Guillaumes innerhalb kurzer Zeit zum Rücktritt von Brandt führen würde! Ich war dabei, als Vizekanzler Scheel sagte: »Herr Bundeskanzler, Spion hin oder her, das reiten wir auf einer Backe ab.« Aber die andere Backe fehlte, denn kein Kanzler kann ohne die Rückendeckung seiner Fraktion sicher sein. Und die Rückendeckung durch Herbert Wehner, so uneingeschränkt, wie Scheel sie ausgesprochen hatte, fehlte. Brandt hatte ein Vier-Augen-Gespräch mit Wehner. Es gibt keine Aufzeichnungen darüber, nur das, was Brandt hinterher gesagt hat: »Ich kann mich auf Wehner nicht verlassen.« Monate zuvor in Moskau war ja schon der Wehner-Ausspruch gefallen: »Der Herr badet gerne lau.« Brandt hat damals sehr gezögert, ob er es nicht zu einem Bruch mit Wehner kommen lassen müsste. Ich kann nur nachträglich sagen: Bedauerlicherweise hat er das nicht getan. Damals habe ich ihm den falschen Rat gegeben. Ich war der Meinung: »Wir haben Wichtigeres zu tun, Du setzt Dich durch, auch wenn das eine Kraftprobe in der Partei bedeutet.« Wehner war danach pflaumenweich und hat gesagt: »Lass es uns doch noch einmal versuchen.«

Als dann Guillaume aufflog, habe ich Brandt den Rat gegeben, zurückzutreten. Ich wollte nicht, dass der Freund beschädigt und gejagt wird. Er wäre nach vier oder sechs Wochen zerstört worden. Jetzt hatte er das Gesetz des Handelns noch in der Hand und die Chance, sich zu erholen.

Gleichzeitig war mir klar: Das ist das Ende einer Ära.

Brandts Rücktritts-Brief ging am 7. Mai 1974 an den Bundespräsidenten. Er ist handgeschrieben und im Haus der Geschichte archiviert.[4] In seiner Rücktrittsrede vor dem Bundestag sagte Brandt dann: »Dass man einen be-

---

[4] Siehe Seite 236 im Anhang.

sonders geschickten und durchtriebenen Agenten auf mich ansetzte, sollte im Grunde, wenn man es sich genau überlegte, nicht überraschen. Das ändert nichts an meiner tiefen menschlichen Enttäuschung. Und ich habe natürlich auch zur Kenntnis genommen, dass der SED-Staat seine Feindschaft zum SPD-Vorsitzenden – und der war hier das eigentliche Ziel der Agententätigkeit – auch auf diese Weise hervorgehoben hat.«

Ich habe an Guillaume noch eine andere Erinnerung – eine phantastische Geschichte. Es war bei einem der Norwegenaufenthalte von Brandt. Guillaume hatte ihn begleitet und natürlich die Telegramme an ihn in Empfang genommen. Darunter war eins von Nixon und eins von der NATO, interessant genug für Guillaume, dass der einen Kurier mit einem Koffer bestellte, um ihm seinen eigenen, identischen Koffer mit den Dokumenten zu geben. Als er verhaftet worden war, wurde im Gericht festgestellt, welche Akten ursprünglich da drin waren. Der Bote hatte aber aus Angst, überwacht zu werden, dieses Köfferchen in den Rhein geschmissen, sodass die Dokumente gar nicht in Ostberlin ankamen. Aber Ostberlin erfuhr durch die Verlesung der Dokumente im Gericht, welche Geheimnisse da drin waren. Der eigentliche Geheimnisverrat geschah folglich durch das Gericht!

Inzwischen ist auch klar, dass unsere Dienste den Bundeskanzler als Lockvogel benutzt haben, um einen möglichen Spion zu enttarnen. Ich finde dieses Vorgehen immer noch unglaublich und kaum zu verantworten.

Als der Rücktritt vollzogen war, haben Brandt, Wehner und ich in Brandts Zimmer gesessen. Brandt sagte: »Geht doch schon mal vor, ich komme gleich nach.« Wehner und ich gingen rüber in den Bundestag, er legte plötzlich den

Arm um mich und sagte: »Jetzt müssen wir aber zusammenrücken und ganz eng zusammenarbeiten.« Das war für mich, nach all dem, was geschehen war, so, als ob ich in einen Abgrund blickte. Ich hab mich dann im Fraktionssaal irgendwo an die Seite gesetzt, Wehner hatte einen großen Strauß Rosen vor sich und brüllte in den Saal: »Willy, wir alle lieben dich.« Das Wort »Liebe« aus diesem Anlass, aus diesem Mund war für mich so unerträglich, dass ich meine Tränen nicht zurückhalten konnte. Manche Leute denken heute noch, ich hätte geweint, weil Brandt zurückgetreten war, aber das wusste ich ja längst, das hatte ich innerlich schon verarbeitet. Nur das hier war einfach zu viel.

Die Guillaume-Affäre hatte übrigens noch eine kleine Fortsetzung nach dem Ende der DDR. Eines Tages bekam ich einen Brief von Markus Wolf,[5] beigefügt war ein Brief an Willy Brandt. Wolf schrieb, ich sollte das lesen und dann entscheiden, ob ich diesen Brief Brandt geben wollte. Darin stand, dass ihm die Geschichte mit Guillaume schrecklich leid täte, das sei im Grunde auch seine größte Niederlage gewesen. Brandt sagte damals: »Das hilft mir nun och nichts mehr.«

Jahre später – ich war bereits Direktor des Instituts für Friedensforschung und Sicherheitspolitik an der Universität Hamburg – war Valentin Falin für ein halbes Jahr Gast

[5] Markus (»Mischa«) Johannes Wolf (1923-2006) leitete 34 Jahre die Hauptverwaltung Aufklärung (HVA) im Ministerium für Staatssicherheit der DDR. 1991 beantragte Wolf in Österreich politisches Asyl. Ein Angebot des CIA, in den USA Schutz vor den deutschen Behörden zu bekommen, lehnte er ab und stellte sich selber an der deutschen Grenze. Er wurde wegen Landesverrats in Tateinheit mit Bestechung zu sechs Jahren verurteilt. Das Urteil wegen Landesverrats wurde vom Bundesverfassungsgericht wieder aufgehoben, da die Spionage im Auftrag des souveränen Staates DDR und im Einklang mit dessen Gesetzen erfolgte.

bei uns. Ich habe die Gelegenheit genutzt und ihn gefragt, ob er ein Zusammentreffen mit Markus Wolf organisieren könnte. Er konnte. Ich habe Wolf dann ziemlich direkt gefragt, ob Honecker Guillaume gekannt habe. Wolf sagte – glaubwürdig oder nicht –, dass er das nicht wisse, aber er habe zum Fall Guillaume Honecker nie direkt Vortrag halten dürfen, das habe sich Stasi-Chef Erich Mielke[6] vorbehalten. Und dann habe ich erzählt, wie das bei uns gehandhabt würde, wenn wir einen solchen Spitzenmann irgendwo hätten: Der Chef des BND würde ein persönliches Vier-Augen-Gespräch mit dem Kanzler führen, und der würde entscheiden, ob der Mann bleibt oder abgezogen wird. Aber er würde trotzdem nicht den Namen erfahren. Daraufhin erzählte Falin, dass Stalin jeden Spitzenspion der Sowjetunion gekannt, sich um die Familien gekümmert und alle Umstände gewusst habe. Und so sei das bis jetzt geblieben. Daraus wiederum schloss ich, dass beim Dienst der DDR, der vom KGB gezeugt, gesäugt und großgezogen worden ist, die Usancen wohl gleich sein würden, Honecker also gewusst haben musste, wie sein Topspion hieß und woher er kam. Aber das hat er nie zugegeben.

Interessant ist in diesem Zusammenhang auch, was sich nach dem Rücktritt Brandts hinter den Kulissen in Moskau abgespielt hat: Slawa berichtete, dass Breschnew heftig

---

[6] Erich Mielke (1907-2000) war ab 1957 Minister für Staatssicherheit der DDR und somit einer der Hauptverantwortlichen für den Ausbau des flächendeckenden Überwachungssystems in der DDR. Am 7. November 1989 trat Mielke zusammen mit der gesamten Regierung zurück. Am 7. Dezember kam er unter dem Vorwurf der »Schädigung der Volkswirtschaft« in Untersuchungshaft, wurde im März 1990 aus gesundheitlichen Gründen entlassen, im Juli desselben Jahres wegen Errichtung von Isolierlagern und der Aufnahme von RAF-Terroristen erneut in Untersuchungshaft genommen.

auf Honecker geschimpft und Konsequenzen angekündigt habe. Dem Kanzler ließ er u.a. ausrichten, der Rücktritt sei ein schwerer Schlag für die Politik des Friedens, er werde die europäische Politik, aber auch die Weltpolitik schwerer machen, und es täte ihm sehr leid. Für die Antwort entwarf ich wie immer einen kurzen Brief, den Brandt in seiner üblichen Art »schliff« und ergänzte, bevor er zur Reinschrift der Sekretärin gegeben und abgeschickt wurde. Darin schrieb er u.a.: »Mir liegt daran, Ihnen in einer Situation, die viel Bitterkeit für mich enthält, zu sagen, dass meine Einstellung Ihnen gegenüber davon nicht berührt wird. Im Gegenteil: Ich bin mir in jedem Augenblick Ihrer guten Gedanken bewusst gewesen.«[7]

Auf dem Weg zur europäischen Sicherheit: Helsinki

Brandt hatte Ende 1972 an Breschnew geschrieben: »Das nächste Jahr wird im Zeichen der europäischen Aktivitäten stehen. Ich habe in früheren Jahren von der Politik der kleinen Schritte gesprochen, was nicht heißt, dass man nicht auch größere machen kann; ich bleibe ein Gegner des Alles oder Nichts. Dabei bin ich der Auffassung, dass Truppen- und Rüstungsreduktion zwar schwieriger, aber auch für die Sicherheit des Friedens und der Entspannung wichtiger sind… Für die Frage der Truppenreduzierung wird es sehr darauf ankommen, ob sich die Bundesrepublik Deutschland, die Sowjetunion, die Vereinigten Staaten und die DDR verständigen können, natürlich im Rahmen ihrer Bündnisse und Loyalitäten.«

---

[7] Siehe Seite 237 im Anhang.

Als wir im Dezember 1972 den Grundlagenvertrag hinter uns hatten, konnte endlich die große Konferenz in Helsinki stattfinden, um die sich die Sowjets lange bemüht hatten. Helsinki war ein Wunder! Dort war etwas passiert, was man sich gar nicht hatte vorstellen können. Da saßen Regierungschefs aus 35 Ländern nebeneinander und haben etwas beschlossen, was kein Vertrag wurde, nie ratifiziert worden ist, aber trotzdem unglaubliche Wirkungen entfaltete, weil alle daran interessiert waren, dass Europa nun so stabil blieb, wie es geteilt war.

Der Hauptpunkt für die Sowjetunion war natürlich die Unverletzlichkeit der Grenzen. Ein Nebenpunkt war der »Zweite Korb«, die wirtschaftliche Zusammenarbeit. Und für den Westen war der »Dritte Korb« der wichtigste, nämlich die menschlichen Erleichterungen. Das wurde dann in allen Parteizeitungen des sozialistischen Lagers veröffentlicht, alle konnten sich darauf berufen. Für uns war es als eine Möglichkeit gedacht, den Menschen in Ostdeutschland und in Osteuropa ein bisschen Luft zu verschaffen. Das Tolle war ein anderes Ergebnis: Die Sowjetunion hatte akzeptiert, dass Amerika mit am Tisch saß, dass man wichtige Sachen in Europa nicht ohne und gegen die Amerikaner machen konnte. Der Propaganda-Slogan »Ami go home« verschwand seit Helsinki von der Bildfläche.

Die Schlussakte von Helsinki wurde am 1. August 1975 zum Abschluss der ersten KSZE-Konferenz[8] von allen europäischen Staaten (mit Ausnahme von Albanien), der Sowjetunion, den Vereinigten Staaten und Kanada unterzeich-

[8] Die Konferenz über Sicherheit und Zusammenarbeit in Europa (KSZE) war eine Folge von blockübergreifenden Konferenzen in den Jahren 1972 bis 1975, in denen über die Struktur des Schlussdokuments, über die Arbeitsweise der eigentlichen Konferenz und über den eigentlichen Text der Schlussakte verhandelt wurde.

net. Ihr inhaltlicher Kern war die Grenzformel, die wörtlich aus dem Moskauer Vertrag von 1970 übernommen wurde: Grenzen sind nur in gegenseitigem Einvernehmen veränderbar.

Und diese Formel wiederum ist wörtlich übernommen worden in die Charta von Paris 1990.[9] Es wurde das Grundgesetz für die Stabilität in Europa. In Deutschland ist es allerdings kaum wahrgenommen geworden: Wir waren gerade mit der Einigung beschäftigt.

Die Palme-Kommission und meine Begegnung mit Michail Gorbatschow

Nach dem Rücktritt Brandts 1974 hatte mir Helmut Schmidt das Amt des Bundesministers für wirtschaftliche Zusammenarbeit angetragen. Es wurde umgangssprachlich das Entwicklungsministerium genannt. Ich habe es bis 1976 mit großem Engagement geführt – bis Holger Börner Ministerpräsident in Wiesbaden wurde und die Parlamentarisierung der Grünen mit Joschka Fischer begann. Ich wurde zum Bundesgeschäftsführer der SPD »befohlen«, im Einvernehmen zwischen Brandt und Schmidt. Nachdem Schmidt durch Kohl abgelöst worden war, wurde ich einfacher Bundestagsabgeordneter, und Brandt fragte mich, was ich denn nun machen wolle. Meine Antwort, ich wolle mich der

---

[9] Am 21. November 1990 wurde in Paris ein grundlegendes internationales Abkommen über die Schaffung einer neuen friedlichen Ordnung in Europa nach der Wiedervereinigung Deutschlands unterzeichnet. In dieser Charta von Paris erklärten die Staats- und Regierungschefs von 32 europäischen Staaten sowie der USA und Kanada die Spaltung Europas für beendet und verpflichteten sich zur Demokratie als einziger Regierungsform.

Abrüstung zuwenden, löste seine Prophezeiung aus: »Da hast Du ja etwas, was Dich für den Rest deines Lebens beschäftigen wird.« Das stimmt bis heute.

Die Palme-Kommission war 1980 im Auftrag des Generalsekretärs der Vereinten Nationen entstanden, um nach den Nord-Süd-Fragen, die die Brandt-Kommission bearbeitet hatte, über Sicherheit in Europa zu beraten. Dafür hatte mich Brandt benannt, und Olof Palme – zu der Zeit sozialdemokratischer Oppositionspolitiker – bat mich, über die Frage nachzudenken: Was ist eigentlich Sicherheit im atomaren Zeitalter? Meine Ergebnisse stimmten überhaupt nicht überein mit der Überzeugung der damaligen Zeit, nämlich dass Sicherheit nur durch Rüstung, durch Abschreckung und militärische Überlegenheit hergestellt werden kann. Ich kam zu dem Ergebnis, dass im Zeitalter der gesicherten Zweitschlagsfähigkeit nur gemeinsame Sicherheit mit dem Gegner möglich ist. Das hieß also Kooperation, jedenfalls Abstimmung.

Ich habe meine Überlegungen erstmal ein Vierteljahr liegengelassen, sie dann noch einmal überprüft und an Carl Friedrich von Weizsäcker geschickt.[10] Den schätzte ich als Sachverständigen und eines der brillantesten Gehirne, die es im Lande gab. Er antwortete relativ schnell: »Das Papier hat einen einzigen Fehler: Es ist nicht von mir!« Der Bericht der Kommmission bekam den Titel: »Gemeinsame Sicherheit«.

---

[10] Carl Friedrich von Weizsäcker (1912-2007), Physiker, Wissenschafts-Philosoph und Friedensforscher. Weizsäcker leitete von 1970 bis 1980 gemeinsam mit dem Philosophen Jürgen Habermas das Starnberger Max-Planck-Institut zur Erforschung der Lebensbedingungen der wissenschaftlich-technischen Welt. Themen wie die Gefahr eines Atomkrieges, die Umweltzerstörung oder der Nord-Süd-Konflikt standen im Mittelpunkt der Forschung.

In der Palme-Kommission war zum ersten Mal auch ein sowjetisches Mitglied dabei, Georgi Arbatow. Er war der Leiter der Kommission für amerikanisch-kanadische Zusammenarbeit in der Akademie der Wissenschaften, also einer, der in Amerika absolut zu Hause war. Ich habe mich mit ihm regelmäßig während der Sitzungen der Palme-Kommission getroffen, um Eindrücke auszutauschen. Im Laufe eines dieser Gespräche sagte er: »Wir haben bei uns ein großes Talent, Michail Sergejewitsch Gorbatschow, der ist für Landwirtschaft zuständig.« Mein erster Gedanke: Den Namen kann ich vergessen. Wer bei uns für Landwirtschaft zuständig ist, ist kein Hoffnungsträger.

Das war ein großer Fehler!

Ein paar Jahre später wurde Gorbatschow Generalsekretär, und ich war der erste Deutsche, der ihn sechs Wochen, nachdem er in den Kreml gekommen war, getroffen hat. Es war eine Offenbarung! Man konnte mit ihm einen echten Dialog führen, das ging wie Ping Pong hin und her, in kurzen Sätzen – eine reine Freude! Außerdem kein Parteichinesisch. Die zweite Überraschung: Bei den Themen Sicherheit, Abrüstung und Rüstungskontrolle stellte ich nach 20 Minuten fest, dass wir einer Meinung waren. Auch was die Zusammenarbeit zwischen Moskau und Bonn anbelangt. Das waren ganz neue Töne: »Wenn wir nebeneinander leben wollen, dann ist es Gottes Rat, Zusammenarbeit mit der Sozialdemokratie zu suchen, auch in der gesellschaftlichen Entwicklung. Wir spüren Ihre Solidarität und Ihr Verständnis. Statt Zeit zu verlieren, um zu beweisen, ob der eine oder andere Weg besser ist, sollten wir Gemeinsamkeiten suchen und mit höchster Aufmerksamkeit die Veränderungen bei uns und in sozialdemokratisch geführten Ländern verfolgen. So werden wir der Welt wichtige Einsichten für das 21. Jahrhundert geben.«

Gorbatschow kannte alle Ergebnisse der Palme-Kommission, er hatte sich nach jeder Sitzung von Arbatow auf den aktuellen Stand bringen lassen.

Ich konnte dann auf die innere Situation der Sowjetunion zu sprechen kommen. Dafür hatte er kein Programm, nur zwei Schlagworte: Glasnost und Perestroika.[11] Aber das waren nur Richtungen. Insofern hat Helmut Schmidt recht, als er einmal im Gespräch mit dem amerikanischen Historiker Fritz Stern sagte: »Er war ein Mann guten Willens, der aber kein Gefühl hatte für die ökonomische Wirklichkeit.«

Aber auch wenn er von Ökonomie wenig Ahnung hatte, bleibt sein historisches Verdienst, zusammen mit seinem Spielkameraden Bush sen. die Mittel- und Kurzstreckenraketen in Europa beseitigt und das größte konventionelle Reduktionsabkommen der Geschichte in Gang gesetzt zu haben.

Gorbatschow hat es nicht verstanden – und das wäre ja auch fast ein Wunder gewesen –, in der Sowjetunion den Übergang vom Monopolanspruch der KPdSU auf eine wie immer geartete pluralistische Gesellschaft zu schaffen. Es gibt bis heute kein Lehrbuch, in dem beschrieben steht, wie das zu bewältigen wäre. Jedes Land muss seinen eigenen Weg finden. Bis auf Rumänien ist dies unblutig geschehen!

Jedenfalls konnte in der Sowjetunion die Auffassung entstehen, als es um die deutsche Einheit ging: Gorbatschow hat uns verraten und uns zu billig verkauft. Allen anderen geht es besser, obwohl wir den Krieg gewonnen haben. Sogar den Deutschen.

Die Tragik um Gorbatschow begann mit dem Schritt, Präsident des Landes zu werden, aber den Generalsekre-

---

[11] Perestroika, übersetzt: Umbau, Umgestaltung, Umstrukturierung. Glasnost, übersetzt: Offenheit, Redefreiheit, Informationsfreiheit.

tär noch eine Weile zu behalten – als Titel und Kompetenz, um das anzuordnen, was er für nötig hielt. Den Titel des Präsidenten der Sowjetunion gab es vorher nicht. Wichtige Leute, die er brauchte, nahm er mit. Er wollte die Partei langsam abnabeln, das war sein Weg zum Pluralismus, und er verband das mit dem Vorschlag zu einer wirklichen Föderation der Sowjetunion mit zusätzlichen Kompetenzen für die einzelnen Länder. Das wiederum hat die »Hardliner« unter den Konservativen auf den Plan gerufen und zu der Überzeugung geführt: Den müssen wir ablösen. Während Gorbatschows Ferienaufenthalt auf der Krim im August 1991 organisierten sie einen Putsch und setzten ihn ab. Die Nachrichtendienste der Amerikaner hatten ihn gewarnt. Er hat das aber nicht geglaubt und ist in Urlaub gefahren.

Gorbatschow hat seine Macht danach nicht mehr zurückgewonnen, musste stattdessen im Obersten Sowjet die Demütigung durch Jelzin hinnehmen. Der hatte ihm klargemacht: Er, Jelzin, lehne eine Föderation ab und bestehe auf der Selbständigkeit Russlands. Und er sei der Präsident Russlands.

Es gab dann für relativ kurze Zeit eine Art Doppelherrschaft. Die Sowjetunion zerfiel und Gorbatschow wurde in die Wüste geschickt.

Jelzin hat die Sowjetunion zerschlagen und ein System geschaffen, dessen oberstes Motto war: Bereichert euch, jeder soll nehmen, was er kann. Er hat sich den Amis in die Arme geworfen und einen Wirtschaftsliberalismus geschaffen, wie er noch nicht einmal in den USA existierte. Es entwickelte sich ein System der Korruption par excellence, die berühmten Oligarchen konnten in Monaten Milliarden von Dollars anhäufen. Wirklich ein russischer Weltrekord!

Gorbatschow hatte Eduard Schewardnadse zum Außenminister gemacht. Der stammte aus Georgien, war formbar
und hatte von Außenpolitik wenig Ahnung. Valentin Falin fühlte sich übergangen. Er war ein unbequemer Zeit-
genosse und zu der Überzeugung gekommen: Die sowjetischen Rechte in Deutschland sind unter Wert verkauft
worden. Man hätte viel mehr verlangen und bekommen können. Kohl hat 16 Milliarden gezahlt, auch das Fünffache wäre
noch billig gewesen. Falin war überzeugt: Um die sowjetische Armee wieder nach Hause zu bringen und die Unabhängigkeit eines vereinten Deutschland zu erreichen, wären
doch auch 100 Milliarden nicht zu viel gewesen!

Gorbatschow war angetreten, die Sowjetunion zu reformieren. Er hatte nur für die Abrüstung ein festes Programm,
nicht für die Gesellschaftspolitik. Er wäre ein Jahrtausend-
genie gewesen! Seinen Aufstieg verdankte er Außenminister Gromyko und dessen Einschätzung: »Der hat eiserne
Zähne.« Von draußen gesehen war er ganz plötzlich da, er
fiel erst dadurch auf, dass er als Mitglied des Politbüros Rei-
sen ins westliche Ausland gemacht hatte – mit Ehefrau! Die
war intelligent, was Margaret Thatcher so imponierte, dass
sie eine stille Sympathie zu Gorbatschow hegte.

In einem Punkt gleicht Gorbatschow Luther: Der wollte
eine Reform der katholischen Kirche, aber keine neue Kirche. Gorbatschow wollte eine Reform der Sowjetunion, aber
nicht ihr Ende.

Wie das Bild von Gorbatschow in Russland einmal sein
wird, bleibt abzuwarten. Zwischen Tragik und Gerechtigkeit ist viel Platz.

Der lange Weg zur Einheit

Warum ist die DDR wirtschaftlich nicht zusammengebrochen?

In der Zeit, in der wir mit Moskau anfingen zu verhandeln, gab es zur DDR im Grunde nur eine einzige Verbindung: den Interzonenhandel. Verrechnet wurde zwischen DM Ost und DM West, Berlin eingeschlossen »für die Währungsgebiete der D-Mark«. Obwohl das ausdrückte, dass Westberlin ein eigenes Währungsgebiet war, hatte Adenauer dem Plural zugestimmt. Er wusste, er konnte die Versorgung der Stadt nicht garantieren. Außerdem war die DDR in der Lage, alle von Ost nach West fließenden Abwässer zu stoppen. Die Stadt wäre daran erstickt. Also hat man diese Abhängigkeit Westberlins vom Osten akzeptiert.

Die Verrechnung von Ost- und Westmark zum Kurs 1:1 war ein Vorteil für die DDR. Nicht einmal nach dem Bau der Mauer hat der Westen dies infrage gestellt. Unsere Verbündeten in der Europäischen Gemeinschaft waren vielmehr der Meinung: Wenn ihr jetzt einen Grundlagenvertrag macht, dann ist das ein so großer wirtschaftlicher Vorteil für die DDR und die Bundesrepublik, dass wir daran teilnehmen möchten. Wir, die Staaten der EG, möchten auch die Vorteile der Verrechnung 1:1 haben, um gleichberechtigt zu sein. Das haben wir abgelehnt. Das war eine »vitale Frage« für uns. Wer innerhalb der EG etwas zur »vitalen Frage« erklärt hatte, sagte damit: Das ist für uns nicht verhandelbar, er war nicht durch Mehrheitsentscheidungen überstimmbar.

Wirtschaftlich gesehen konnte man unter Adenauer durchaus noch der Theorie folgen: Falls die Vereinigung in überschaubarer Zeit zustande kommt, muss man dafür sorgen, dass die wirtschaftlichen Beziehungen zwischen den beiden Staaten wie zwei Kabelenden funktionieren, die man nur wieder zusammenstecken muss. Doch beide Systeme hatten sich derart auseinander entwickelt, dass sie nicht mehr »zusammensteckbar« waren. Spätestens 1959 hat man gesagt: Wir hören jetzt auf, eine Wiedervereinigung vorzubereiten. Wir werden uns aber informiert halten, was drüben – durch das andere System bedingt – anders läuft.

Axel Springer hatte einen Dienst eingerichtet, der systematisch die Provinzpresse beobachtete und diese Beobachtungen der Regierung und dem Berliner Senat zu Verfügung stellte. Daraus ergab sich: Die Lage hatte sich so auseinander entwickelt, dass sie nicht mehr einfach zu vereinen ist. Zwar ist die wirtschaftliche Lage der DDR so alarmierend, dass sie eigentlich nach unseren wirtschaftlichen Kriterien zusammenbrechen müsste. Aber wenn man diese Berichte jedes Vierteljahr bekommt und feststellt, dass die DDR trotz alledem nicht zusammenbricht, fängt man an zu fragen: Woran liegt es eigentlich, dass dieser Laden immer noch existiert? Man kam zu dem Ergebnis: Das Regime und die Sowjetunion verhindern das. Unter diesem Gesichtspunkt hat es Brandt, als er 1969 Bundeskanzler wurde, dann aufgegeben, die akademischen Überlegungen anzustellen: Was könnte sein, wenn…, sondern hat einen jährlichen »Bericht zur Lage der Nation« eingeführt, die jeweils erste Regierungserklärung im Januar mit einer aktuellen Bilanz: Wie ist unsere Lage, wie ist unsere Erkenntnis über die Lage in der DDR? Das Ministerium für gesamtdeutsche Fragen, umbenannt »für innerdeutsche Fragen«, wurde beauftragt, die Fakten aufzuarbeiten.

In der Wirtschaft hatte die DDR zunehmend Erfolge. Die OECD[1] hat die DDR als das siebtstärkste Land in Europa bezeichnet, ein- oder zweimal sogar vor England im Lebensstandard und im Verbrauch. Die DDR stellte z.b. erstklassige Kühlschränke her und war in der Lage, qualitativ hochwertige Waren für westliche Ansprüche zu exportieren. Neckermann hat von den fabelhaft billigen Preisen der DDR-Waren enorm profitiert! Jedenfalls war das Bild, das wir von der DDR hatten, ziemlich irreal.

Tatsächlich gab es keinerlei Vorstellungen, Vorbereitungen und Pläne für jenen Augenblick, als die DDR tatsächlich zusammenbrach. Sie brach ja auch gar nicht zusammen, sie wurde umgewandelt, weil die Menschen die Furcht verloren hatten vor dem Regime. Die Deutsche Einheit ist vom Osten her gemacht worden, und zwar von den Menschen, die auf die Mauern gingen. Kein Mensch aus dem Westen hat versucht, die Mauer zu erstürmen. Wir hatten uns an sie gewöhnt. Wir lebten in Westberlin in gewisser Weise auch im Schutz der Mauer. Die Menschen im Westen haben nach Westen geguckt, und die Menschen im Osten haben auch nach Westen geschaut, sodass sich ihre Blicke nie getroffen haben. Die millionenfachen Besucher und ihre Gastgeber haben sich die Sonntagsgesichter gezeigt. Die Menschen im Osten haben den Mut gefunden, das Risiko – das aber schon begrenzt war, nach dem, was in Polen gelaufen war – auf sich zu nehmen und sind auf die Mauer geklettert. Der kleinere, schwächere Teil der Deutschen hat die Einheit erzwungen. Der westliche, stär-

---

[1] Die »Organisation for Economic Cooperation and Development« mit Sitz in Paris ist eine Internationale Organisation mit 34 Mitgliedsstaaten, die sich der Demokratie und der Marktwirtschaft verpflichtet fühlen. Die meisten OECD-Mitglieder gehören zu Ländern mit hohem Pro-Kopf-Einkommen.

kere Teil der Deutschen hat nie ungeduldig mit den Füßen gescharrt.

Der 9. November 1989

Es gab in keiner Hauptstadt der Welt Überlegungen derart: Was machen wir, wenn die Deutschen zusammenkommen? Der Moskauer Vertrag war ebenso für die Ewigkeit formuliert wie der Warschauer Vertrag, es gab weder Begrenzungen der Laufzeit noch Kündigungsartikel, auch nicht für den Grundlagenvertrag. Über die Verträge hinaus unterblieben jegliche Einwirkungsversuche auf die DDR.

Man konnte sich z.B. bis ganz weit in die 1980er Jahre hinein nicht vorstellen, dass die DDR ein Rückzugsgebiet für die RAF sein könnte. Das war ein Punkt, bei dem selbst mein persönlich gutes Verhältnis zu Politbüro-Mitglied Hermann Axen nichts nutzte. Der hat nie auch nur eine Andeutung gemacht, und ich sah keinen Grund, die Frage zu stellen: »Unsere Terroristen, die zu euch rüber gegangen sind, bewahrt ihr die eigentlich nur auf, oder habt ihr mit denen was vor?« Erst viel später kam heraus, dass RAF-Leute zum Teil aus der DDR in arabische Länder zur militärischen Ausbildung gegangen sind. Das blieb völlig unter der Decke, das war unter der Würde der »souveränen« und »friedliebenden« DDR. Ein weiteres Tabu-Thema war die Frage nach Waffenexporten. Die amtliche DDR hatte die Position: Man darf nicht darüber reden, dass wir, die wir die Friedensmacht an sich sind, Waffen an Drittländer verkaufen. Es war kein Thema.

Selbstverständlich hatten wir auch Kontakte zur evangelischen Kirche. Manfred Stolpe[2] als Vertreter der Evangelischen Kirche in der DDR besuchte uns immer mal wieder in Bonn und redete in großer Offenheit über die Lage in seinem Land – mit allen Parteien und fast immer mit dem Bundespräsidenten. Wir haben selbstverständlich vorausgesetzt, dass er seinen Oberen berichten musste, was er in Bonn gehört hatte, ja, wir haben erwartet, dass er das auch tut. Unsere Haltung war: Das ist ein verantwortungsbewusster Patriot auf der anderen Seite! Nach der Wende begannen dann die Angriffe auf Stolpe wegen seiner Nähe zur Stasi. Das war für uns in Bonn so unwahrscheinlich, töricht und empörend, dass es eine der ganz wenigen gemeinsamen Erklärungen von Brandt und Schmidt zur Ehrenrettung von Stolpe gab,[3] quasi einen demokratischen Orden für Mut, Untadeligkeit und Verdienste für die Annäherung zwischen den beiden deutschen Staaten. Selbstverständlich hatten wir auch immer wieder Kontakte mit Gewerkschaften.

1987 wurde vermittelt, das informelle Netz kritischer Gruppen sei so weit, dass innerhalb von acht Tagen aus allen Bezirken der DDR eine Konferenz zusammengerufen werden könnte. Aber niemand ging so weit zu sagen,

---

[2] Manfred Stolpe (geb. 1936) war von 1959 bis 1989 in verschiedenen Positionen der Evangelischen Kirche in der DDR tätig, unter anderem als Referent des General-Superintendenten und stellvertretender Vorsitzender des Bundes der Evangelischen Kirche in der DDR. Die Stasi-Unterlagenbehörde legte 2003 ein über 1.200 Seiten umfassendes Dossier zu Manfred Stolpe alias IM »Sekretär« vor. Das Bundesverfassungsgericht entschied 2005, dass eine Bezeichnung Stolpes als Inoffizieller Mitarbeiter nicht zulässig sei. Nach seiner eigenen Aussage hat Manfred Stolpe wissentlich niemandem durch seine Kontakte geschadet.
[3] Siehe Seite 245 im Anhang.

das zu einem politischen Instrument zu machen. Ein Aufstand schien unmöglich, und die Einheit war nicht in Sicht.

Am 9. November 1989 stand im Bundestag in Bonn nichts Besonderes mehr auf der Tagesordnung. Also ging ich früher nach Hause. Als ich am Abend den Fernseher anstellte und die Menschen auf der Mauer tanzen sah, war das erste Gefühl eines der Unwirklichkeit. Dann kam der Gedanke: Das ist der Anfang vom Ende der DDR, es spielt keine Rolle mehr, ob das noch zwei oder fünf Jahre dauert. Und ich dachte: Schade, dass mein Vater das nicht mehr miterlebt hat. Dann klingelte das Telefon, dran war Willy Brandt: »Weißte, was los ist?« »Ja.« »Da staunste, was?« »Ja.« »Hättste nicht gedacht, was?« »Nein.« Dann kam er auf den Anlass seines Anrufs: Walter Momper – Regierender Bürgermeister von Berlin – lud uns für den nächsten Tag ein, an der Kundgebung vor »unserem« Schöneberger Rathaus teilzunehmen. So habe ich den 9. November erlebt.

Die Sowjetunion war zu schwach geworden, ihr Imperium zu halten: Mit dieser DDR, der »samtenen Revolution« im November und Dezember 1989 in Prag,[4] Solidarność in Polen, den Friedensmärschen in Deutschland seit 1985 und einer Politik von Gorbatschow, der schon bei seinem Besuch in der DDR anlässlich von deren 40. Jahrestag am 7. Oktober 1989 erklärt hatte, dass die Sowjetunion beim nächsten Mal die Truppen in den Kasernen lassen und nicht wie 1953 intervenieren würde.

Ich hatte im Frühjahr 1989 von einem Berliner Freund den Hinweis bekommen, ich müsse unbedingt »Die Tro-

---

[4] Samtene Revolution bezeichnet den politischen Systemwechsel der Tschechoslowakei vom Realsozialismus zur Demokratie. Der Begriff wurde gewählt, weil der Wechsel, der sich innerhalb weniger Wochen vollzog, weitgehend gewaltfrei erfolgte.

ika« von Markus Wolf lesen. Hab ich gemacht, danach bin ich zu Brandt gelaufen: »Musst Du lesen! Wenn ein solcher Mann so etwas mit seinem Wissen schreiben kann, und das wird sogar im Osten gedruckt, dann kann die DDR über Nacht wie ein Kartenhaus zusammenfallen!« »Nun übertreib mal nicht«, entgegnete Brandt. »Na gut, dann innerhalb von Monaten«, erwiderte ich.

Trotzdem hat niemand wirklich geglaubt, dass die DDR *über Nacht* zusammenbrechen könnte und dass die Sowjetunion das geschehen lassen würde. Nach Gorbatschows letztem Besuch am 7. Oktober 1989 in der DDR wurden Brandt und ich von ihm gefragt: »Wer soll der Nachfolger von Erich Honecker werden?« Allein die Frage zu stellen, war eine Sensation!

Und ich hab gesagt: »Ich weiß das nicht, ich entscheide das nicht. Aber ich kann Ihnen sagen, wer es wird: Egon Krenz.« Da machte Gorbatschow eine ganz wegwerfende Handbewegung und sagte: »Nun wollen wir doch erst einmal sehen, wie die Kundgebung in Leipzig ausfällt.«[5] Bis dahin war es immer so gewesen, dass die Leipziger nach Moskau guckten, was der Kreml machte. Jetzt guckten die Moskowiter nach Leipzig, was sich da tut! Das war interessant!

---

[5] Die Proteste der reformorientierten Bürger in der DDR kamen in den während des Herbstes 1989 regelmäßig stattfindenden Montagsdemonstrationen zum Ausdruck. In Leipzig kam es zwei Tage nach den Feiern zum 40. Gründungstag der DDR am 7. Oktober zum wegweisenden Durchbruch für die friedliche Revolution in der DDR. Der Machtverfall der Staatspartei war nicht mehr aufzuhalten: Honecker trat am 18. Oktober zurück und wurde durch Egon Krenz ersetzt.

Wer hat von der Einheit profitiert?

Die deutsche Einheit ist für mich mit drei Namen verbunden: Konrad Adenauer, ohne dessen Bindung nach Westen unsere Ostpolitik nicht möglich gewesen wäre. Willy Brandt, dessen Ostpolitik die Voraussetzungen geschaffen hat, um bis zur deutschen Einheit zu kommen. Und Helmut Kohl. Der war zwar auch nicht mehr für die deutsche Einheit als die Mehrzahl der Bundesbürger, aber er hatte den Instinkt, zur rechten Zeit zuzugreifen und die deutsche Einheit zusammen mit Hans-Dietrich Genscher außenpolitisch zum Erfolg zu führen. Helmut Kohl war im Herbst 1989 also der richtige Mann am richtigen Platz.

Aber ohne die Entspannungspolitik von Willy Brandt in den 1970er Jahren wäre der Weg zur Einheit nicht möglich gewesen. Es ist der SPD oft vorgeworfen worden, »Wandel durch Annäherung« sei eine Politik gewesen, die die DDR unnötig lange am Leben erhalten hätte. Da kann ich immer nur sagen: Wir konnten die DDR gar nicht am Leben erhalten, wenn sie nicht durch die Sowjetunion am Leben erhalten worden wäre. Richard v. Weizsäcker hat einmal dem Sinne nach gesagt, er wisse nicht genau, ob die DDR erst stabilisiert, bevor sie destabilisiert wurde oder erst destabilisiert wurde, bevor sie sich auflöste. Was ist Ursache, was ist Folge – darüber kann man streiten. Wir mussten den Staat DDR anerkennen, wenn wir diese unangenehme Realität ändern wollten. Man muss den Status quo anerkennen, wenn man ihn ändern will, hat Kennedy gesagt.

1990 waren Wahlen. Ich hab damals zu einem schwedischen Freund gesagt: Der wird Kanzler, der die Einheit bringt. Und selbst wenn wir einen Mann finden könnten, der die Visionen von Willy Brandt mit den Machereigenschaften von Helmut Schmidt verbindet, kann er's nicht schaffen. Der Freund hat daraufhin gesagt: Das wäre ja auch entsetzlich, denn diese Kombination wäre Napoleon. Und davon hat Europa genug gehabt.

Wir haben damals den Wahlkampf nicht offensiv in die Hand genommen, sondern sind dem Vorschlag des SPD-Vorsitzenden Hans-Jochen Vogel gefolgt, wir sollten es so machen, wie es die Freunde von der SDP in der DDR[6] wünschten. Während Kohl mit Brutalität vorging, nach dem Motto: Wie man Wahlen gewinnt, weiß ich genau, der Generalsekretär Volker Rühe soll das mal machen. Und dessen Wahl-Slogan hieß in meiner Übersetzung: »Kommet her, alle, die ihr mühselig und beladen seid, wir werden euch erquicken.« Selbstverständlich war die Macht bei Kohl. Die DDR-Bürger wussten das und wollten so schnell wie möglich Bundesbürger werden. Das ganze Gerede oder auch Gejammere hinterher, sie seien angeschlossen worden, kann mich überhaupt nicht überzeugen. Die *wollten* doch angeschlossen werden!

Ich war einmal in dem alten Hotel hinter dem Berliner Friedrichsstadtpalast zum Frühstücken. Der Ober fragte mich: ein West-Ei oder ein Ost-Ei. Was? Ja, sagte er, es gibt Leute, die verlangen ausdrücklich ein West-Ei, die wollen auf keinen Fall ein Ost-Ei haben.

Noch schlimmer fand ich: Viele hatten und haben keinen Respekt vor der ganz anderen Qualität der Lebensleistung, die man nur in der DDR entwickeln konnte und auch entwickelt hat. Dass man darauf auch stolz sein

---

[6] Die Sozialdemokratische Partei in der DDR entstand in der Wendezeit der DDR. Sie wurde am 7. Oktober 1989 in Schwante bei Berlin gegründet und vereinigte sich am 26. September 1990 in Berlin mit der SPD.

konnte, was man in der DDR gemacht oder erreicht hat, war völlig fremd. Das war übrigens meiner Meinung nach auch das Ergebnis der fehlerhaften Bezeichnung »Wiedervereinigung«. Die Bundeswehr und die NVA sind doch nicht wiedervereinigt worden! Die NVA ist aufgelöst worden, und die alte wie neue Bundeswehr hat die Kasernen besetzt. Es war eine wirklich neue Vereinigung der beiden deutschen Staaten.

Ich gehöre zu denen, die 1989 von Anfang an als wichtigstes Ziel der deutschen Einheit die *innere* Einheit verlangt haben. Das hat Helmut Kohl auch noch in seiner ersten und zweiten Regierungserklärung gefordert, ich glaube, auch noch in der dritten Neujahrsansprache. Dann ist das langsam verschwunden. Warum? Ich nehme an, Kohl hat gesehen, dass sie nach den Fehlern, die wir gemacht haben, nicht zu *beschließen* ist. Investitionsprogramm, Transfer von Geld, Technologie und Strukturen – fabelhaft, hat ja auch was gebracht, ist ja auch was zu sehen. Aber das ist nicht identisch mit der inneren Einheit. Die ist verfehlt worden, weil wir die unterschiedliche Mentalität in beiden Teilen nicht gesehen haben. Ich beziehe mich da ein. Ich war der Auffassung, unsere Landsleute aus dem Osten haben doch millionenfach Westfernsehen gesehen, die mussten doch wissen, wohin sie kommen. Irrtum!

Unterm Strich waren die 40 Jahre der alten Bundesrepublik vor 1989 für mein persönliches Leben und meine Erinnerung genauso bestimmend wie für unsere Landsleute die 40 Jahre der DDR. Erinnerung, Mentalität, Bewusstsein und Erfahrungen sind in West und Ost bei der Mehrzahl der Deutschen – die allerdings immer weniger werden – unterschiedlich. Ich darf nicht den Menschen in Ostdeutschland mehr Bereitschaft zur Veränderung, zur Anpassung zumuten, als wir bereit sind einzugehen.

Eine Gesellschaft, die so wie die ostdeutsche kollektiviert erzogen worden ist, kann sich nicht einfach anpassen an eine West-Gesellschaft, die 40 Jahre lang leistungsorientiert und individualistisch erzogen wurde. Der Unterschied wird meiner Auffassung nach erst in dem Augenblick zu Ende sein, wenn die ältere Generation stirbt, die mittlere sich durchgewurschtelt hat und die jüngere – jünger als 30 – in die Selbstverständlichkeit des neuen Staates hineinwächst. Das wird dann Einheit.

Die einzigen, die wirklich von der Einheit profitiert haben, sind die Rentner. Die mittlere Generation hat es am schwersten: Sie musste sich ihren eigenen Weg bahnen und sich in einer für sie fremden Welt zurechtfinden. Für einen der Hauptverlierer dieser Einheit halte ich die ostdeutsche Intelligenz, die Elite, die eigentlich ohne Ansehen der Person »abgewickelt« wurde. Was sich da an den Hochschulen abgespielt hat, empfinde ich als eine Schande!

Wie sollen wir mit der DDR-Hinterlassenschaft umgehen?

Ich werde nie vergessen, dass Willy Brandt einmal mit Blick auf mehr als 40 Jahre Franco-Herrschaft[7] gesagt hat:

---

[7] Unter der Führung von General Francisco Franco (1892-1975) führten rechte Militärs im Juli 1936 einen Staatsstreich gegen die im Februar 1936 demokratisch gewählte republikanische Regierung Spaniens durch. Im November 1936 wurde Francos Regierung von den Nationalsozialisten und vom faschistischen Italien anerkannt und sowohl politisch als auch militärisch unterstützt. Die Franco-Herrschaft ist gekennzeichnet durch politisch motivierte Verbrechen, politische »Säuberungen« und die Errichtung von Konzen-

Wenn die Spanier das so gemacht hätten, wie wir es machen, hätte es einen neuen Bürgerkrieg in Spanien gegeben, denn da gingen der Krieg und die Verluste durch fast alle Familien. Und wenn wir so großzügig gewesen wären mit der SED, wie wir es mit den NSDAP-Mitgliedern gewesen waren, dann wäre das ja auch noch in Ordnung gewesen, faktisch eine Amnestie, wie sie Adenauer praktizierte.

Der wirklich große Fehler war, dass man den Eindruck erweckt hat, als ob die Stasi wichtiger gewesen wäre als der ganze Staat, die Partei und alles, was dazu gehörte, als ob es ein Stasi-Staat gewesen wäre. Und dass die Stasi-Akten benutzt worden sind, als ob es sich um Bibeltexte handelte. Kohl hat vor der Enquete-Kommission des Deutschen Bundestages gesagt: Wenn man ihn gefragt hätte, hätte er gewusst, was er mit den Stasi-Akten gemacht hätte. Ob verbrannt oder vergraben oder im Keller versteckt, auf jeden Fall hätte er die Stasi-Akten nicht benutzt. Ich bin auch dafür, dass man der Wissenschaft und jedem, der seine Akte sehen will, diese Einsicht auch ermöglicht. Ich bin um alles in der Welt nicht dafür, dass man die Geschichte vergisst. Im Gegenteil: Man muss sie behalten. Für mich gibt etwas viel Schlimmeres: Die industrielle Menschenvernichtung in Auschwitz wird man auch in 500 Jahren nicht vergessen, man wird sie kennen und diskutieren. Hoffentlich bleibt es eine Einmaligkeit. Aber ich darf doch nicht sagen: Weil Auschwitz als Teil der deutschen Geschichte unauslöschlich ist, müssen wir uns jedes Mal umgucken, wenn wir eine Entscheidung für die Zukunft fällen, ob wir das auch dürfen. Das wäre doch

trationslagern. Franco, als »der Führer« bezeichnet, führte im Jahr 1946 die Monarchie in Spanien ein, ohne einen König zu benennen. Er blieb bis zu seinem Tod Regent des Königreichs Spanien.

entsetzlich! Das würde doch bedeuten, dass man indirekt diesen Verbrechern von damals eine Art Mitspracherecht für heute und morgen zubilligt.

Man muss dafür sorgen, dass die Vergangenheit nicht die Zukunft belastet. Ich sage das nicht nur für das eigene Land, das muss gesunden wie alle anderen, die Engländer, die Franzosen, die Italiener und die Polen. Alle gehen ihren Weg, und Deutschland allein soll nicht seinen eigenen Weg gehen können in Kenntnis dessen, was unsere Geschichte an Belastungen mit sich bringt? Das finde ich unmöglich. Europa kann nicht gesunden ohne ein gesundes Deutschland.

Was ich bis heute schwer verstehen kann: Warum bekennt man sich nicht zu einem Datum wie den 9. November? Wir haben so viele Denkmäler für vergangene Kriege und Tote, Mahnmäler für unsere Vergangenheit – warum haben wir noch kein Denkmal für die einzige große, friedliche Revolution, die geglückt ist, nämlich die Überwindung der Mauer und die deutsche Einheit? Jetzt ist endlich beschlossen, es zu bauen. Am 9. November gäbe es mehrere Anlässe, sich zu erinnern.[8] Ich hätte es selbstverständlich gefunden, diesen Tag zum deutschen Nationalfeiertag zu machen.

Der 3. Oktober ergab sich aus dem Interesse von Kohl, den frühest möglichen Zeitpunkt zu wählen, den die Verfassung gestattet, um vorgezogene Wahlen abzuhalten, bevor die Bevölkerung der DDR merkt, welche katastro-

---

[8] Der 9. November wird auch als »Schicksalstag der Deutschen« bezeichnet. 9. November 1918: Novemberrevolution, Abdankung von Kaiser Wilhelm II., Ausrufung der »Deutschen Republik«; 9. November 1938: Reichspogromnacht, im Deutschen Reich kommt es zu organisierten Übergriffen gegen Juden und jüdische Einrichtungen.

phalen Folgen die Einführung der DM zu den spezifischen Bedingungen am 1. Juli 1990 jenes Jahres hatte.[9] Das hat funktioniert. Kohls Fähigkeit, das vorherzusehen, war fabelhaft – nicht besonders fein, aber legitim.

Blicke ich auf Deutschland…

Wir haben trotz aller Lücken und Hürden ungeheure Fortschritte gemacht. Auch wenn wir auf der anderen Seite in der mentalen Einigung nicht entfernt das erreicht haben, was wir uns vorgenommen hatten. Noch immer findet ein Exodus statt, noch immer ist nicht der Königsweg erkennbar, durch den wir die in der Verfassung vorgeschriebene Vergleichbarkeit der Lebensverhältnisse erreichen können. Wenn wir alle Programme, die es bisher gibt, auf den Tisch legen und so weitermachen, werden die Unterschiede in der Wirtschaftlichkeit und im Lebensstandard nicht verschwinden. Alles, was die Wirtschaft verlangt hat, hat sie von Kohl und von Schröder bekommen. Sie hat wenig von dem geleistet, was sie ihrerseits versprochen hat.

Aber wenn ich auf über 65 Jahre deutsche Geschichte zurückblicke, muss ich sagen: Wir haben ungeheures Glück gehabt. Was wir erreicht haben, haben wir ohne Krieg, ohne Blutvergießen zuwege gebracht. Deutschland ist nun wirklich die Mitte Europas geworden, und es muss

---

[9] Der Umtauschkurs DDR-Mark/DM wurde speziell gestaffelt und variierte je nach Alter und Gegebenheit. So durften Bürger ab 60 Jahren bis zu 6.000, Erwachsene bis zu 4.000 und Kinder bis 14 Jahren bis zu 2.000 DDR-Mark zum Kurs von 1:1 umtauschen. Darüber liegende Sparguthaben wurden zum Kurs von 2:1 gewechselt, Schulden ebenfalls halbiert. Löhne, Gehälter, Stipendien, Renten, Mieten und Pachten sowie weitere wiederkehrende Zahlungen wurden zum Kurs von 1:1 umgestellt.

keiner Angst haben vor uns. Nicht einmal Luxemburg. Europa hat sich nach Osten erweitert, das hat die Mittellage Deutschlands wieder verstärkt. Und wenn wir es schaffen, zu Polen und Tschechien das gleiche Verhältnis zu bekommen wie zu Frankreich, dann kriegen wir vielleicht das, was Brecht uns in seiner »Kinderhymne« gewünscht hat:

Anmut sparet nicht noch Mühe
Leidenschaft nicht noch Verstand
Daß ein gutes Deutschland blühe
Wie ein andres gutes Land.

Daß die Völker nicht erbleichen
Wie vor einer Räuberin
Sondern ihre Hände reichen
Uns wie andern Völkern hin.

Und nicht über und nicht unter
Andern Völkern wolln wir sein
Von der See bis zu den Alpen
Von der Oder bis zum Rhein.

Und weil wir dies Land verbessern
Lieben und beschirmen wir's
Und das Liebste mag's uns scheinen
So wie andern Völkern ihrs.«[10]

---

[10] Bertolt Brecht (1888-1956) hat seine Kinderhymne bewusst als anspielungsreiches Gegenstück zur Deutschlandhymne von Hoffmann von Fallersleben verfasst. Als eines von sechs Liedern aus einem Kinderliedzyklus wurde sie erstmals im Juni 1950 in der ostdeutschen Kultur-Zeitschrift »Sinn und Form« veröffentlicht.

Das 60jährige Bestehen des Grundgesetzes der Bundesrepublik Deutschland wurde 2009 mit großartigen Rückblicken gefeiert. Was mir gefehlt hat, war die Erinnerung an die Einschränkungen der Souveränität, die wir angeblich 1955 erhalten haben. Das gehört zu den Lebenslügen der alten Bundesrepublik.

Willy Brandt machte, kaum dass er nach seinem Wahlsieg 1969 in das Palais Schaumburg eingezogen war, damit Bekanntschaft: Ein hoher Beamter hatte ihm drei Briefe zur Unterschrift vorgelegt. Jeweils an die Botschafter der Drei Mächte in ihrer Eigenschaft als Hohe Kommissare gerichtet. Damit sollte er zustimmend bestätigen, was die Militärgouverneure in ihrem Genehmigungsschreiben zum Grundgesetz vom 12. Mai 1949 an verbindlichen Vorbehalten gemacht hatten. Als Inhaber der unkündbaren Siegerrechte für Deutschland und Berlin hatten sie diejenigen Artikel des Grundgesetzes suspendiert, also außer Kraft gesetzt, die sie als Einschränkung ihrer Verfügungshoheit verstanden. Brandt war empört, dass man von ihm verlangte, »einen solchen Unterwerfungsbrief« zu unterschreiben. Schließlich sei er als Bundeskanzler gewählt und seinem Amtseid verpflichtet. Da musste er sich belehren lassen, dass Konrad Adenauer diesen Brief unterschrieben hatte wie nach ihm Ludwig Erhard und Kurt Georg Kiesinger. »Also habe ich auch unterschrieben.« Er hat nie wieder davon gesprochen...

Als ich die so genannte Kanzlerakte einmal gegenüber dem früheren Bundespräsidenten Richard von Weizsäcker erwähnte, reagierte er zu meiner Überraschung erstaunt: Er hätte davon nichts gewusst. Es bedurfte keiner besonderen Absprache: Die beteiligten Deutschen wie die Alliierten hatten das gleiche Interesse, diese Manifestierung der begrenzten deutschen Souveränität nicht öffentlich zu machen. Helmut Schmidt kann sich nicht erinnern, dass ihm ein solcher Brief vorgelegt worden ist, und Helmut Kohl habe ich nicht gefragt.

Die Einschränkungen der deutschen Souveränität existierten völkerrechtlich, solange Deutschland geteilt blieb. Durch die Kapitulation am 8. Mai 1945 ging die Souveränität des Reiches auf die Sieger über. Deutschland erhielt sie erst mit Wirksamkeit des Zwei-plus-Vier-Vertrages, der praktisch der Friedensvertrag war, am 15. März 1991 zurück.

Was bedeutete das für die deutsche Politik? In demselben Jahr begann der Jugoslawien-Konflikt. Er wurde unsere erste und begrenzte Bewährungsprobe. Die neue Normalität reichte Bundeskanzler Schröder, den Einsatz deutscher Bodentruppen nach Belgrad definitiv abzulehnen. Sie reichte nicht, um uns aus dem Kosovo-Konflikt generell herauszuhalten.

In den Kosovo-Konflikt sind wir hineingezogen worden – keine Frage. Aber die Bundesrepublik war die einzige Regierung im Bündnis, die es gewagt hat, entgegen der beschlossenen Strategie des Bündnisses, nämlich Kampfeinsatz bis zur bedingungslosen Kapitulation, einen eigenen 5-Punkte-Plan zur Lösung des Konflikts vorzulegen. Sie hat die Russen wieder ins Boot geholt, die Akzeptanz der Chinesen gewonnen und ein Mandat der Vereinten Nationen bekommen. Das heißt, wir haben, indem wir einen guten Vorschlag gemacht haben, geführt, Verbündete gesammelt und sogar die Amerikaner dazu gebracht, sich der europäischen Methode, nämlich durch Verhandlungen einen Krieg zu beenden, anzuschließen.

Wenn wir etwas positiv verändern wollen, brauchen wir Unterstützung durch andere. Wir können aber auch negativ etwas verhindern, was unseren vitalen Interessen widerspricht. Es kann nichts Wesentliches und Wichtiges gegen unseren Willen passieren. Wenn wir nein sagen, ist das Ergebnis »nein«. Wir haben de facto eine negative Veto-Macht. Positive Vorschläge bedürfen einer mehrheitlichen Zustimmung unserer Partner.

Frieden ist nicht alles, aber ohne Frieden ist alles nichts

Wir haben hier das Sagen – die Macht der Sowjetunion

Dass die Sowjetunion die Führungsmacht war, haben wir in Bonn gewusst und anerkannt. Das war die Voraussetzung der Ostpolitik. Genau das war der Punkt, der die Sowjetunion beeindruckt hat. Diese Macht war dadurch garantiert, dass in der DDR die Elitearmee der Sowjetunion stationiert war. Als Solidarność stärker wurde, führte das in Moskau zu der verständlichen Sorge, dass, wenn die so weitermachen, die Verbindung zu ihrer Armee in Deutschland gefährdet werden könnte. Und dieses würde man sich nicht gefallen lassen. Also begann die Sowjetunion, Drohgebärden zu machen und hinter der polnischen Ostgrenze sichtbar aufzumarschieren. Die Folge war, dass wir in Bonn über unseren »back channel« ausrichten ließen: Wenn ihr einmarschiert, sind alle Ergebnisse der Entspannungspolitik zunichte. Wir bekamen dann über denselben »Kanal« die Antwort: Wir wollen gar nicht einmarschieren, sondern nur damit drohen, dass wir einmarschieren *könnten,* in der Hoffnung, nicht einmarschieren zu *müssen.* Das haben wir dann auch den Polen gesagt, die das verstanden haben.

Wir vertrauten dabei Mieczysław Rakowski, einem langjährigen Korrespondenten in Bonn. Nach Ausrufung des Ausnahmezustandes[1] reiste er in die einzelnen westeu-

---

[1] Am Sonntag, den 13. Dezember 1981, verkündete Wojciech Jaruselski den Ausnahmezustand des Landes. Wichtige Einrichtungen wurden von Militärs besetzt, fast alle Mitglieder der Solidarność interniert. Die Gewerkschaft wurde verboten. Die Periode des Kriegsrechts in Polen 1981-1983 gilt als gewalttätiger Höhepunkt der Unruhen in der Volksrepublik der späten 1970er und frühen 1980er Jahre.

ropäischen Hauptstädte, um zu erläutern, dass Ministerpräsident Jaruselski das Kriegsrecht in dem Augenblick
wieder aufheben würde, in dem die Drohung mit dem Einmarsch vom Tisch wäre. Dem war auch so. Wir waren im
Übrigen die einzigen, die Rakowski geglaubt hatten. 1988
wurde er Ministerpräsident seines Landes, in seiner ein-
jährigen Regierungszeit hatte er als erster – noch vor Gorbatschow – den Mut, in einem Warschauer-Pakt-Staat die
Alleinherrschaft der Kommunistischen Partei aufzugeben
und einen runden Tisch zu organisieren, an dem die Vertreter der Solidarność gleichberechtigt saßen.

Das hat zum Thema Macht und Sowjetunion unsere
seit dem 17. Juni 1953 gewachsene Überzeugung un-
terstrichen, dass man ein Land nicht gegen den Willen
der Sowjetunion aus dem Warschauer Pakt herausbre-
chen konnte. Das galt auch für Polen, allerdings haben
wir in Bonn – und das hat dann zu Spannungen geführt
– nicht geglaubt, dass die Solidarność die Schmerzgrenze
der Russen richtig einschätzen würde. Wir haben gedacht
und gesagt: Es kann doch nicht sein, dass man wegen der
Schnapspreise oder der neuen Zigarettenpreise einen Generalstreik macht – das würde ja nicht einmal in Deutschland funktionieren. Aber wir mussten im Nachhinein akzeptieren, dass die polnische Einschätzung richtig war, bis
zu welcher Belastungsgrenze die Sowjetunion *nicht* reagieren würde.

Weiter zum Thema Macht: Die Sowjetunion wusste natürlich, dass die Bundesrepublik keine militärische Macht
darstellte, vor der die Russen zittern mussten. Sie war die
stärkste konventionelle Macht in Europa, sie hatte Atombomben, und sie hat mit uns nur gesprochen, weil sie das

politische Gewicht der Deutschen für eine neue Europapolitik gewinnen wollte.

Die Gefährdungen für die Sowjetunion aus Richtung Osten wurden natürlich längst beobachtet. Sie haben zugelassen, dass über die chinesisch-russische Grenze Chinesen einsickerten, die für die Versorgungssicherheit dort wichtig und willkommen waren. Ein qualitativ neues Element entstand, als die Chinesen anfingen, eigene Atomwaffen zu entwickeln. Diese Atomwaffen waren für die Russen – wir haben darüber auch mit dem »Kanal«, nicht am Verhandlungstisch gesprochen – eine noch nicht wirkliche Bedrohung. Ihre Einstellung war: Wir haben unsere Erfahrung mit der Atombombe, sobald man die erste hat, glaubt man, man sei allmächtig. Wenn man die zweite und dritte hat, erst recht. Das ist die gefährliche Phase, bis man die Begrenztheit dessen, was man mit Atomwaffen machen kann, erkennt.

Die Russen waren in Sorge, ob die Chinesen schnell genug, klug genug und vorsichtig genug sein werden. Denn deren Atomraketen – so ihre Überlegung – konnten zum damaligen Zeitpunkt noch nicht einmal Moskau erreichen. Aber auch wenn das möglich sein sollte, würden sie nur dann gefährlich werden, wenn die Chinesen glaubten, sie könnten nun alles.

Inzwischen wissen wir, dass Chinas Machtbewusstsein – weitsichtig und weise – auch seine militärischen Grenzen kennt und seinen Machtzuwachs auf den Feldern von Politik, Wirtschaft und Geld pflegt. Das russische Machtbewusstsein ist geblieben, reduziert, wie das amerikanische auch.

Das atomare Schwert scharf halten

Von de Gaulle stammt der Ausspruch: Kein Land teilt die Entscheidung über den Einsatz einer Waffe, die über das Schicksal der eigenen Nation entscheidet. Das heißt: Frankreich wird niemals mit irgendjemandem eine atomare Gemeinschaft eingehen. Auch die Amerikaner haben ihre Fähigkeiten nicht mit den Engländern geteilt. Auch die Russen haben sich so verhalten, als die Chinesen anfragten, ob nicht eine atomare Zusammenarbeit möglich sei? Die Antwort war »Nein«. Beim Atomaren hört der Spaß auf.

Wenn Europa sich irgendwann zu einer gemeinsamen Sicherheitspolitik vereinigen sollte, dann wird es jedenfalls keine europäische Atomwaffe geben. Die Sonderrolle Frankreichs ist von der Entwicklung Europas unabhängig. Ich habe niemanden in Paris getroffen, der anderer Meinung gewesen wäre: Die Existenz der unabhängigen französischen Atomwaffe steht außerhalb jeder Diskussion. De Gaulle hat »seine« Atomwaffe mit seinem Misstrauen gegenüber den USA begründet. Er sei nicht sicher, ob Amerika sich im Falle eines Angriffs aus dem Osten entsprechend verhalten und damit seine eigene Existenz aufs Spiel setzen würde. Notfalls wollte De Gaulle Amerika in den Atomkrieg zwingen, denn die Russen würden nicht unterscheiden, von wo die Atomraketen kommen, die bei ihnen explodieren.

Ich hatte einen guten Freund im Pentagon, dem habe ich gesagt: Das ist die Rückversicherung des Generals, um die amerikanische Bündnistreue erzwingen zu können. Er erwiderte: Hör mal, wenn Du mein bester Freund bist, und wir gehen in einen Keller, und im Keller liegt Pulver und Du willst Dir eine Zigarette anzünden, werde ich Dir das

Feuerzeug aus der Hand schlagen. Gegenfrage: Heißt, das, ihr würdet durch entsprechende Schläge verhindern, dass Frankreich seine Atomwaffe einsetzen kann? Antwort: Ja – wir lassen uns nicht in einen Atomkrieg zwingen, durch wen auch immer, mit welchen Mitteln auch immer.

Als die Amerikaner 1961 feststellten, dass die Russen Atomwaffen nach Kuba schafften, hing alles am seidenen Faden. Es hätte nur aus Versehen eine Waffe eingesetzt oder ein U-Boot-Kommandant etwas falsch verstehen müssen. Beide Seiten, Kennedy und Chruschtschow, haben sich höchst verantwortlich und sehr mutig gezeigt, indem sie gesagt haben: Nein, wir haben jetzt in den Abgrund geblickt, wir wollen da nicht reinfallen. Chruschtschow hat seine Atomwaffen zurückgezogen, Kennedy hat akzeptiert, dass die amerikanischen Atomwaffen, die in der Türkei gegen die Sowjetunion stationiert waren, zurückgezogen wurden. Übrig blieb der interkontinentale Schirm, den die beiden Staaten über alle Staaten zwischen ihnen aufgespannt hatten.

Die strategischen Raketen wirkten deshalb besonders stabilisierend, weil beide Staaten die Zweitschlagsfähigkeit erworben hatten. Selbst wenn der eine anfängt, kann der andere noch tödlich für den ersten antworten. Das ist der Schirm, den es nach wie vor zwischen den beiden »Dicken« gibt. Russland ist kein »Dicker« mehr, aber es hält sein atomares Schwert scharf und die Zweitschlagsfähigkeit aufrecht – bis heute. Als die Sowjetunion Ende der 1950er Jahre über Interkontinentalraketen verfügte, war der Schock der amerikanischen Elite um keinen Deut geringer als nach dem berühmten »9/11«. Zum ersten Mal in der Geschichte war Amerika verwundbar geworden, die Strategie der »massiven Vergeltung« war nicht mehr glaubwürdig: dass sie im Ernstfall, wenn die Sowjets gen Hamburg marschierten, mit »großen Koffern« auf Moskau antworten und dann sowjetische Schläge gegen New York riskieren würden. Stattdessen haben sie auf die Strategie der »flexiblen Antwort« umgeschaltet: Wir entscheiden allein, ob, wo, wann und wie wir nuklear werden.

Die zweite Antwort der Amerikaner war: Wir müssen leider mit den »Schurken« in Moskau verhandeln. Nichts führt mehr daran vorbei, dass wir über interkontinentale, strategische Waffen und ihre Begrenzung verhandeln – was später zu SALT/Strategic Arms Limitation führte.[2]

Die dritte Antwort der Amerikaner lautete: Wir müssen wieder unverwundbar werden. Alle Administrationen, Republikaner wie Demokraten, haben etliche Milliarden Dollar eingesetzt, um durch eine neue Waffe im Weltraum, bei uns bekannt als »Krieg der Sterne«, zu garantieren, dass sowjetische Raketen abgeschossen werden, bevor sie in Amerika einschlagen können. Das wäre technisch möglich, aber praktisch unwirksam, weil die Sowjets sehr viel billiger die Zahl ihrer Sprengköpfe so erhöhen konnten, dass das Risiko immer noch untragbar würde, dass viele ihre Ziele erreichten. Die USA entwickelten ein neues Konzept durch ein Netz von Raketenabwehrsystemen, möglichst nah an der Sowjetunion, um abzuschrecken und zugleich sowjetische Ziele erreichen zu können, ohne dass es zu einer großen atomaren Auseinandersetzung kommt. Nachdem es den Warschauer Pakt nicht mehr gibt, sind diese Planungen auf Polen, die

---

[2] Die Verhandlungen zu den SALT-Verträgen I und II begannen 1969 in Helsinki und endeten 1980 damit, dass die Vertragspartner USA und Sowjetunion sich zu beiderseitig gleichen zahlenmäßigen Begrenzungen ihrer nuklear-strategischen Waffensysteme verpflichteten.

Tschechoslowakei, Rumänien und Bulgarien ausgeweitet worden. Russische Vorschläge, Raketenabwehr in gegenseitigem Einvernehmen zu vereinbaren, sind bis zur Stunde gescheitert. Das eröffnet die fatale Aussicht auf den Versuch, nach ihren dann wieder konfrontativen Interessen zu handeln.

Ein besiegtes Land hat nichts zu fordern

So weit war es noch lange nicht, als die Amerikaner Bundeskanzler Kohl mitteilten, sie planten, ab 1983 Mittelstreckenraketen in der BRD, in Frankreich und England zu stationieren.[3] Wir haben das überparteilich analysiert und sind zu dem Ergebnis gekommen: Das wird ein Spaltpilz in Europa. Die Franzosen werden ablehnen, die Engländer werden zustimmen, und was machen die Deutschen? Wenn wir nicht auch ablehnen, wird der deutsch-französische Motor für lange Zeit blockiert sein. Also hat Kohl entschieden, seinen Sicherheitsberater Horst Teltschik mit der Frage nach Washington zu schicken, ob die Amerikaner – für den Fall, dass wir zustimmen – bereit wären, die

---

[3] Der NATO-Doppelbeschluss vom Dezember 1979 bot einerseits dem Warschauer Pakt Verhandlungen über eine beidseitige Begrenzung sowjetischer und US-amerikanischer atomarer Mittelstreckenraketen an. Die französischen und ein Teil der britischen Atomraketen waren aus dem Verhandlungsangebot ausgeschlossen. Zugleich wurde als »Nachrüstung« und »Modernisierung« die Aufstellung einer neuen Generation US-amerikanischer Raketen und Marschflugkörper - Pershing II und BGM-109 Tomahawk - in Westeuropa angekündigt. Die Raketen wurden 1983 aufgestellt. 1987 vereinbarten die USA und die Sowjetunion den Rückzug, die Vernichtung und ein Produktionsverbot aller Raketen mit mittlerer und kürzerer Reichweite in Europa.

Technologie mit uns zu teilen. Das Ergebnis war abzusehen: Die Amis haben kalt abgelehnt. Die Bundesregierung hat daraufhin korrekt und salomonisch erklärt: Die Sache ist noch nicht entscheidungsreif. Es blieb, wie es war: Allein die Amerikaner verfügten über taktische Atomwaffen und statteten damit die Bundeswehr aus, die aber natürlich darüber nicht verfügen durfte.

Also wurde ein »Zwei-Schlüssel-System« erfunden: In meinem Wahlkreis Schleswig-Flensburg gab es ein Bataillon, das für die Verwendung atomarer Granaten vorgesehen war. Dafür wurde ein Lager geschaffen, in dem die Amerikaner die atomare Munition bewachten, damit die Deutschen nicht herankämen. Darum herum saßen die Deutschen und bewachten die Amerikaner, damit die ohne die Deutschen nichts anfangen. Im Alarmfall werden Waffen und Munition zusammengeführt, aber der amerikanische Kommandeur kann mit seinem Schlüssel das Geschütz nur feuerbereit machen, wenn der Deutsche eine entsprechende deutsche Weisung bekommen hat.

In der vorbereiteten Feuerstellung nördlich des Nordostseekanals hätten die Atomgranaten gerade Lübeck und Hamburg erreicht, also nicht einmal das östliche Aufmarschgebiet der DDR. Stimmung und Diskussion bei Offizieren wie Mannschaften kann man sich vorstellen. Helmut Schmidt, 1969 bis 1972 Verteidigungsminister, hat intern erklärt, sein letzter Befehl an die Bundeswehr wäre die Aufforderung zur Befehlsverweigerung gewesen. Franz Josef Strauß hat ebenso intern erklärt, er hätte den Befehl gegeben, die Amerikaner zu überwältigen. Das Ganze ist dann »nukleare Teilhabe« genannt worden, eine lügnerische Formel, die bis heute gebraucht wird und der die Amerikaner nie widersprochen haben. Sie kannten die Wirklichkeit.

Schmidt hat übrigens mit seinem amerikanischen Kollegen Melvin Laird erreicht, den Minengürtel zu beseitigen, der im Falle eines sowjetischen Angriffs einen atomar verwüsteten Streifen von der Ostsee bis zur tschechischen Grenze hinterlassen hätte. Diesen Erfolg haben beide einvernehmlich nicht öffentlich gemacht. Nichts erreicht hat er mit seinem Vorstoß, dass die Deutschen wenigstens konsultiert werden und notfalls sagen können: Setzt die Atomwaffen bitte nicht ein. Die Ablehnung der Amerikaner war einzusehen: Ein Vetorecht gegen den Einsatz atomarer Waffen konnten die USA keinem Land zugestehen, schon gar nicht den besiegten Deutschen.

Als Schmidt die wachsende Überlegenheit der Sowjetunion durch modernisierte Mittelstreckenraketen sah und forderte, wenn die nicht bereit sind, das kontrollierbar zu stoppen, dann brauchen wir auch welche, reagierten die Amerikaner zunächst mit Blick auf ihre strategischen Fähigkeiten ablehnend, sind dann aber zu dem Schluss gekommen: vielleicht gar nicht so dumm. Wenn wir in Europa Mittelstreckenraketen stationieren, die in der Lage sind, Moskau zu erreichen, dann sind die jedenfalls schlau genug, um zu sehen: Die strategischen Streitkräfte der Amerikaner sind gar nicht im Gefecht. Wir können einen atomaren Krieg, wenn er denn nicht zu verhindern ist, auf Europa begrenzen. Das war eine Überlegung, die praktisch einer Abkoppelung Amerikas von Europa gleichkam.

Wenn ich in Washington gesessen hätte, wäre ich auch interessiert gewesen, wenigstens Amerika zu bewahren, wenn nur Europa kaputt geht. Dennoch fand ich es nicht begeisternd, dass Amerika in der Frage der Sicherheit die bis dahin bestehende atomare Schicksalsgemeinschaft mit Europa auflöste.

Die Interkontinentalraketen brauchten von Amerika nach Russland und umgekehrt 30 bis 35 Minuten. Die Mittelstreckenraketen, die wir aufstellen sollten, brauchten nach Moskau sieben Minuten. Die Russen begannen, taktische Kurzstreckenraketen in der DDR zu stationieren, die es bis dahin dort nicht gab. Und die brauchten nur noch zwei Minuten, bis sie bei uns einschlugen. Zum ersten Mal entstand eine Situation, in der man sich vollständig und ausschließlich darauf verlassen musste, dass die Instrumente und die Menschen funktionierten. Bis dahin hatte man 35 bis 40 Minuten Zeit, um festzustellen: Ist das ein ernster Angriff oder ein Irrtum der Instrumente? Wir haben mehrfach erlebt – ich nehme an, das gilt auch für die andere Seite –, dass die Amerikaner ihre Interkontinentalraketen schon startklar gemacht und in Stellung gebracht hatten, bevor sich herausstellte, dass es sich um einen Irrtum handelte. Sie konnten ihre Raketen wieder einfahren. In unserem Fall war das aber nicht mehr möglich: Wenn die nur zwei Minuten brauchen, kann ich doch nicht warten, bis die einschlagen! Wer zuerst auf den Knopf drückt, damit die andere Seite ihre Waffen nicht abfeuern kann, hat einen großen Anfangsvorteil.

In dieser Zeit hatte ich wirklich schlaflose Nächte. Wir waren hilflose Objekte und mussten uns darauf verlassen, dass alles funktioniert.

Wir haben Glück gehabt: Es wurde nicht ausprobiert.

Helmut Schmidt hat übrigens wie ich auch versucht, die Amerikaner dazu zu bewegen, statt einer Land-Stationierung Cruise Missiles unter Wasser auf U-Booten zu installieren. Die Amerikaner behaupteten, das wäre technisch nicht möglich. Ein Jahr später ist genau das gemacht worden. Schmidt und ich hatten beide den Eindruck: Die Amis haben uns betrogen.

Im Ergebnis wäre Deutschland das einzige Land in Mitteleuropa gewesen, in dem Pershing-II-Raketen stationiert worden wären. Frankreichs Haltung war klar: Keine fremden Waffen, geschweige denn Truppen auf französischem Territorium. England hatte seine »special relationship«, die waren sowieso nicht einverstanden, und Italien wurde gar nicht gefragt. Das blieb auch so, bis die einzigen beiden Menschen kamen, die die Macht hatten und auch darüber verfügten: Bush senior und Gorbatschow. Die haben die Stationierung der Atomwaffen wieder abgeschafft. Die kleine Ausnahme blieben etwa 20 Atombomben, für die ein deutsches Luftwaffengeschwader vorgesehen ist, sie zu den von den Amerikanern bestimmten Zielen zu tragen. Ihre Flugzeuge sind bald veraltet. Die Forderung, die Amerikaner sollten diese Relikte des Kalten Krieges abziehen, hat sich auch die Regierung Merkel zueigen gemacht.

Die USA haben mit Barack Obama zum ersten Mal einen Präsidenten, der versucht, die amerikanische Politik völlig umzukehren. Alles, was ich bisher geschildert habe, geht aus von dem Ende des Zweiten Weltkriegs.

Damals war den Amerikanern klar, dass der nächste Feind die Sowjetunion und ihr Lager ist und sie sich bemühen müssen – militärisch, politisch und wirtschaftlich –, dafür zu sorgen, dass sie zum Schluss die einzigen bleiben, d.h. die wirkliche Weltmacht. Die amerikanische Politik war vom Ende des Zweiten Weltkriegs an konfrontativ organisiert und ausgerichtet gewesen. Alle Präsidenten sind dieser Linie gefolgt.

Diese Phase endete eigentlich erst mit Obama. Durch ihn wurde die Konfrontation beendet und die Kooperation begann. Dahinter steht eine Notwendigkeit: Amerika musste feststellen, dass es sich die Politik von Bush junior nicht mehr leisten kann, weder militärisch noch wirtschaftlich. Es geht nicht mehr. Man muss akzeptieren, dass China, Indien und Japan stärker geworden sind und de facto eine Multipolarität geschaffen haben, in der Amerika der erste unter Gleichen ist. Aber es geht nur noch durch gegenseitige Übereinkunft, und das ist eine Phase, die dauert, wenn wir Glück haben, länger als zwei Legislaturperioden eines Präsidenten. Ich wünschte mir, ich könnte länger leben und das noch verfolgen. Das ist nämlich sehr spannend!

Sozial-Demokratisches

Wenn ich mich unmittelbar nach dem Krieg parteipolitisch hätte engagieren wollen, wäre ich in die CDU Jakob Kaisers[1] eingetreten. Der Vorsitzende dieser Partei in der Sowjetischen Besatzungszone stand für den Erhalt der Deutschen Einheit und zwar selbstbewusst gegenüber den Siegern in Ost und West. Die Sowjetunion hatte andere Pläne und setzte ihn ab. Kurt Schumacher[2] fand ich zu scharf und aggressiv national. Beide Männer kamen aus dem Widerstand gegen die Nazis, fühlten sich *befreit* und nicht *besiegt*. Beide lehnten Adenauers Politik der Anpassung an die drei Westmächte ab. Meine Achtung vor Schumacher wuchs, als er bei den Militärgouverneuren die Finanzhoheit des Bundes im Grundgesetz durchsetzte, die Adenauer schon aufgegeben hatte. Er zeigte, welches deutsche Gestaltungsgewicht es schon vor der Gründung des Teilstaates gab – Schumacher hatte die Kraftprobe den drei Westmächten gegenüber gewagt, Adenauer nicht. Auch wenn 1948 die Wiederbewaffnung jenseits jeder Vorstellung lag: Ohne die Finanzhoheit der Länder wäre der we-

---

[1] Jakob Kaiser (1888-1961) galt als Führer der Linken innerhalb der CDU. Die Westbindungspolitik Adenauers lehnte er ab, favorisierte ein blockfreies Deutschland und einen nicht-marxistischen Sozialismus. Kaiser gehörte zu den Gründern der CDU-Sozialausschüsse und zu den führenden Köpfen des Kuratoriums Unteilbares Deutschland (1954 gegründet). 1949-1957 war Kaiser Minister für gesamtdeutsche Fragen.

[2] Kurt Schumacher (1895-1952) wurde als Sozialdemokrat von den Nazis verfolgt, war mehrmals im Zuchthaus und in KZ-Haft. 1945 politischer Beauftragter der SPD in den Westzonen. 1946 bis 1952 SPD-Parteivorsitzender, 1949-1952 Vorsitzender der SPD-Bundestagsfraktion.

nige Jahre später dringend gewünschte Aufbau der Bundeswehr kaum denkbar gewesen.

Als ich 1949 in Bonn arbeitete, gab es bald keinen Zweifel mehr: Die SPD war die einzige Partei, die der Wiedervereinigung oberste Priorität gab. Jakob Kaiser rang mit sich, wie er mir erzählte, ob er nicht bloßes Feigenblatt für die ganz anderen Absichten Adenauers würde, wenn er dem Kabinett als Bundesminister für Gesamtdeutsche Fragen beiträte. Unter den Journalisten wurde er »Kaiser ohne Reich« genannt.

Eigentlich hatte Ludwig Erhard[3] die erste Bundestagswahl gewonnen. Er, nicht Adenauer, hatte mit der Sozialen Marktwirtschaft die Schaufenster gefüllt. Am Anfang des neuen Staates stand die Währungsreform (am Anfang der Einheit stand rund 50 Jahre später auch die Einführung der D-Mark). Der Streit um viele Fragen von Wirtschafts- und Sozialpolitik verlor angesichts der Fülle lang vermisster Warenangebote an Bedeutung. Aber mich hat nicht die Vergesellschaftung von Banken interessiert, sondern die Deutschlandpolitik, die immer auch Außenpolitik war.

Es schien mir deshalb selbstverständlich, in die SPD einzutreten und Schumacher zu fragen – ich war damals Korrespondent für den RIAS in Bonn. Er beschied mich mit der sympathischen Anrede: »Junger Freund, mir ist es lieber, wenn Sie nicht eintreten. Bei den Rundfunkanstalten gibt es ein Quotensystem und da ist es besser, wenn Sie uns beim RIAS nicht zugerechnet werden.« Das war der erste Versuch.

---

[3] Ludwig Erhard (1897-1977) war 1949-1963 Bundeswirtschaftsminister, 1963-1966 Bundeskanzler, 1966-1967 Vorsitzender der CDU.

Zwei Jahre später fragte ich Brandt. Der sagte: »Sie machen sich falsche Vorstellungen, was man innerhalb einer Partei bewegen kann. Unter Umständen können Sie von draußen mehr erreichen.« Dann kam 1956 mein dritter Anlauf. Den Aufstand in Ungarn kommentierte der damalige SPD-Vorsitzende Erich Ollenhauer[4] so realitätsfremd, dass ich Brandt prophezeite: »Bei den Bundestagswahlen im nächsten Jahr wird Ihre Partei eine krachende Niederlage einfahren. Jetzt will ich eintreten.« Daraufhin lächelte Brandt milde und meinte: »Wem nicht zu raten ist, dem ist auch nicht zu helfen.« So bin ich im November 1956 Mitglied geworden, und zwar in Berlin und nicht in Bonn, dem Ort von Wohnung und Arbeit. Denn Berlin musste immer auch nach Osten sehen und wusste, dass es seine Existenz den Westmächten verdankte. Die beiden Regierenden Oberbürgermeister von Berlin, Ernst Reuter[5] und Willy Brandt wussten das und setzten sich für eine gemeinsame Außenpolitik der großen Parteien ein. Ich hielt dies auch für nötig, während in Bonn außenpolitisch erbitterte Konfrontationen die innenpolitische Auseinandersetzung vervollständigten

Im März 1957 gab ich – 35jährig – meine »Visitenkarte« vor einer Delegiertenversammlung in Berlin ab[6] und bekannte, dass ich ein gelernter und kein geborener Sozial-

---

[4] Erich Ollenhauer (1901-1963) war von 1946 bis 1952 stellv. SPD-Vorsitzender, 1952-1963 Parteivorsitzender und Vorsitzender der SPD-Bundestagsfraktion. 1963 Präsident der Sozialistischen Internationale.

[5] Ernst Reuter (1889-1953), ursprünglich KPD-Mitglied, wechselte 1922 zur SPD. Nach der Berliner Blockade 1948 wurde er zum Oberbürgermeister der Westsektoren gewählt und sorgte für eine enge Verknüpfung Westberlins mit der Bundesrepublik.

[6] Siehe Seite 208 im Anhang.

demokrat sei, also anders als Willy Brandt. Mit der Anrede »Genosse« hätte ich Schwierigkeiten, denn darin schwang mit, als ob man nicht nur ein Stück von sich selbst aufgibt, sondern sich vom Rest der Welt trennt und in eine Gemeinschaft eingeht, die eine geschlossene Gesellschaft darstellt. Was der Realität im Bismarck-Reich entsprach, hätte sich in der Wirklichkeit des 20. Jahrhunderts auf den Inhalt einer »politischen Familie« reduziert, in der ich nicht jeden Fremden einfach duzen konnte. Jede und jeder sollte es machen, wie er oder sie es wollte.

Meine Rede hatte den Titel »Sieg der Vernunft« und verwies darauf, dass die Partei zu lange gebraucht habe, »ehe sie innerlich und äußerlich bereit war, die durch die Bundesregierungen geschaffenen Tatsachen zur Basis ihrer eigenen Politik zu machen und voll zu akzeptieren... Schon aus staatspolitischen Gründen wäre es im höchsten Maße wünschenswert, zu einer von allen Parteien getragenen und respektierten Außenpolitik zu kommen.« Die SPD müsse »die ohnehin nur noch kümmerlichen Reste des Anscheins verlieren, im Grunde eine gemäßigt-marxistische Partei der Arbeiterklasse zu sein«. Dazu passte die Einschätzung: »Der Kommunismus als Ideologie hat sich überlebt. Er weiß es nur noch nicht oder glaubt es nicht.«

Die Grundlagen meiner Konzeption wurden durch die Themen Nation, Europa und Sicherheit bestimmt. »Solange Deutschland geteilt ist, sind wir keine Nation. Das Beste an dieser Teilung ist doch, dass die Deutschen weder in der Bundesrepublik noch in der so genannten DDR sich daran gewöhnt haben, ihre Staatsgebilde als Vaterländer zu empfinden. Auf die Nation verzichten, würde die Aufgabe der Wiedervereinigung sein. Es wäre der Selbstmord unseres Volkes und würde zum Verrat an der Demokratie; denn die Demokratie wird ausgespielt haben in unserem Volk, wenn sie gegenüber der Wiedervereinigung versagt.«

Für das Thema Europa machte ich auf die Gefahren aufmerksam, dass eine auf Westeuropa beschränkte Integration praktisch Westdeutschland unkündbar und unauflöslich binden würde und »damit ein stärkeres Hindernis zur Wiedervereinigung als die NATO ist, die, wie wir wissen, die nationale Selbstbestimmung der einzelnen Partner erhält... Die Europapolitik der SPD hat permanent dafür zu sorgen, dass man über der faktischen Beseitigung unserer Westgrenzen die Beseitigung der Zonengrenze nicht vergisst«.

Zum Thema Sicherheit gab es die allgemeine Überzeugung, dass der Sowjetunion bewusst war: Ein Angriff auf Berlin oder auf das Territorium der Bundesrepublik würde das amerikanische Eingreifen, d.h. den Dritten Weltkrieg, auslösen. »Unsere Sicherheit liegt in der amerikanischen Garantie, die in die vertragliche Form der NATO gebracht ist.« In weiterer Sicht sollte die NATO so lange Bestand haben, »bis ein besserer Mechanismus der gleichen Sicherheit sie ersetzt... Ein System kollektiver Sicherheit ist nur eine andere vertragliche Form für die amerikanische Garantie«.

Dieser Dreiklang Nation, Europa und Sicherheit hat mich über 55 Jahre lang nicht verlassen.

Meine Freundschaft zu Willy Brandt

Seit unserer ersten Begegnung im Schöneberger Rathaus Ende 1959 war zwischen Willy Brandt und mir allmählich eine Nähe entstanden, die sich in vielen Krisen, die er zu überstehen hatte, bewährte, sogar über seinen Tod am 8. Oktober 1992 hinaus. Noch immer frage ich mich zuweilen, was er heute wohl zu dem einen oder anderen Problem sagen würde.

Die erste Krise, die ich mit ihm gemeinsam erlebte, entstand in den Turbulenzen nach dem Bau der Mauer. Ausgerechnet während der Tragödien und Unsicherheiten um das Schicksal der Stadt, die Wut, Empörung und Hilflosigkeit seiner Menschen, führte Adenauer seinen Bundestagswahlkampf und nannte seinen Herausforderer »Brandt alias Frahm«. Die Form »alias« wird für Decknamen von Verbrechern benutzt und spielte gleichzeitig auf die uneheliche Geburt Brandts an. Diese bösartige Gemeinheit traf. Sie deprimierte einen Mann, der sich draußen seinen Namen gemacht hatte und einen »Wiedereinbürgerungsantrag« stellen musste. Es bleibt unverständlich, dass unser Land die Ausbürgerung durch die Nazis nicht mit einem Federstrich aufgehoben, ihre Opfer zurückgerufen und willkommen geheißen hat.

Die Gemeinheit konnte nicht einmal durch die Kritik der Springer-Presse am Bundeskanzler für seine Angriffe gegen den Mann gemildert werden, der die eingemauerte Stadt verteidigte. Die Verletzung ging so tief, dass Brandt mit seiner Frau überlegte, nach Norwegen zurückzukehren. Ich erinnere mich an viele, viele Stunden, die für Besseres verloren gingen, in denen überlegt wurde, gerichtlich gegen derartige politische Vergiftungen vorzugehen.

Die Wunden heilten nie und die Narben blieben.

Franz Josef Strauß[7] hatte posaunt, er wüsste, was Brandt während des Krieges gemacht habe. Wusste er das wirklich? Man werde wohl noch fragen dürfen... Er spielte damit auf die norwegische Uniform an, die Brandt kurze Zeit zu seiner Tarnung getragen hatte. Kann man verstehen, dass Brandts Verletzlichkeit virulent wurde, als es um die Große Koalition ging – eine Regierung der Versöhnung? Dabei musste die Union die Kröte Wehner schlucken und die SPD die Kröte Strauß.

Und dann wurde die Regierung der Versöhnung von dem Emigranten Brandt und dem NSDAP-Mitglied Kiesinger[8] gesalbt. Es fiel Wehner zu, dem das leichter gelang als Brandt, mit Kiesinger zu sprechen. Dass die Große Koalition nach außen gut funktionierte, war der verlässlichen Zusammenarbeit ihrer beiden Fraktionsvorsitzenden Rainer Barzel und Helmut Schmidt zu verdanken, die nur diejenigen Punkte zur Entscheidung ins Kabinett brachten, auf die sie sich verständigen konnten. Brandt hatte gedrängt werden müssen, überhaupt in die Regie-

---

[7] Franz Josef Strauß (1915-1988) war 1945 Mitbegründer der CSU, 1961-1988 CSU-Vorsitzender, 1953-1955 Bundesminister für besondere Aufgaben, 1955-1956 Bundesminister für Atomfragen, 1956-1962 Bundesminister der Verteidigung, in der Großen Koalition Finanzminister. Von 1978-1988 war Strauß Bayerischer Ministerpräsident.

[8] Kurt Georg Kiesinger (1904-1968) war von 1958 bis 1966 Ministerpräsident von Baden-Württemberg, 1966 bis 1969 Bundeskanzler und Bundesvorsitzender der CDU. Kiesinger war der erste deutsche Bundeskanzler, der mit einer Großen Koalition regierte. In seine Amtszeit fielen die Einführung der Notstandsgesetze und die Hauptphase der Außerparlamentarischen Opposition (APO). Aufgrund seiner früheren NSDAP-Mitgliedschaft verkörperte er eine unheilvolle Kontinuität deutscher Geschichte.

rung zu gehen und dann auch noch als Außenminister und Vizekanzler.

Das Ringen um den Nichtverbreitungsvertrag[9] dauerte Jahre und sollte die wirtschaftliche Nutzung der Kernenergie sichern, aber jede Hintertür zu einer deutschen Beteiligung an Atomwaffen verschließen. Ein deutscher Finger durfte niemals einen Atomknopf drücken können – darüber gab es auch im Kalten Krieg zwischen Ost und West keine Meinungsverschiedenheiten. Nachdem unsere zivilen wirtschaftlichen Interessen gewahrt waren, wollte der Außenminister die Bundesrepublik an die Spitze der nichtatomaren Staaten setzen und die deutsche Absicht ankündigen, den Nichtverbreitungsvertrag zu unterzeichnen, den Strauß zu einem »Super-Versailles« gestempelt hatte. Brandt war schon in Genf, als er ein Telegramm erhielt, in dem Kiesinger ihm praktisch diese Ankündigung verbot. Brandt explodierte: »Wie komme ich dazu, mir von einem alten Nazi Vorschriften machen zu lassen«? Seine Wunde war nicht verheilt, er wollte hinschmeißen und hat sich davon nur durch ein Argument abbringen lassen: Kein Mensch zu Hause würde nachvollziehen können, wenn der Außenminister wegen eines Vertrages, den die große Mehrheit nicht verstand, sein Amt sechs Monate vor der Bundestagswahl 1969 aufgibt. Wirklich Zähne knirschend korrigierte er seinen Redetext und verkündete: »Wenn ich bei der Wahl auch nur eine einzige Stimme Mehrheit be-

---

[9] Der Nichtverbreitungsvertrag oder Atomwaffensperrvertrag ist ein internationales Abkommen, das das Verbot der Verbreitung von und die Verpflichtung zur Abrüstung von Kernwaffen sowie das Recht auf die friedliche Nutzung der Kernenergie zum Gegenstand hat. Er wurde seit 1968 von den damals fünf Atommächten USA, Russland, Frankreich, Großbritannien, der Volksrepublik China und mittlerweile von 184 Staaten ohne Atomwaffen unterzeichnet.

komme, werde ich es machen und zugreifen. Das lasse ich mir nicht noch einmal gefallen.« Ergebnis: Brandt unterschrieb den atomaren Nichtverbreitungsvertrag in den ersten Tagen seiner Kanzlerschaft, und die deutsche Wirtschaft konnte sich undiskriminiert entwickeln und sogar atomare Kraftwerke exportieren.

Dass Brandt durch seine hingebungsvolle Arbeit für die Stadt und das Land nicht vor Schmähungen und Verdächtigungen geschützt war, nicht einmal durch den Friedensnobelpreis, ließ ihn empfindlich reagieren. Er zeigte sich abweisend gegen ungefragte Ratschläge und Menschen, die meinten, ihn irgendwie »schieben« zu können. Wer ihm zu nahe kommen wollte, konnte auch seiner inneren Freiheit zu nahe kommen, auf die er stolz war und die er gegebenenfalls oder »gefühltenfalls« durch Abkapseln schützte. Wer ihm mit Sensibilität begegnete, konnte sicher sein, mit gleichem Respekt behandelt zu werden.

Als großes Erlebnis empfand ich im Rathaus, dass der Chef bei wichtigen Entwürfen nicht einfach strich, änderte, korrigierte, sondern Fragezeichen setzte oder durch sein »R« den Wunsch nach Rücksprache deutlich machte. Der Angestellte und das gewählte Stadtoberhaupt »auf gleicher Augenhöhe« – dieser Ausdruck war noch nicht geläufig – hat meiner Bewunderung die Zuneigung hinzugefügt. Daran änderte gar nichts, dass er bei Routinevorlagen meine langen verschachtelten Sätze, auf die ich stolz war, gnadenlos zerhaute. Er wäre ein großartiger Redakteur geworden. Kleine Wiederholungen, die ich umgekehrt strich, stellte er wieder her: Sie erhielten den größten Beifall. Ich habe viel gelernt von ihm.

In vielen Jahren der Zusammenarbeit und der Gespräche kannten wir die Gedanken des anderen so gut,

dass ich, wenn er anfing zu reden, wusste, wie es weitergehen würde. Wir haben über Themen gesprochen, die
für Reden oder Briefe wichtig waren, und ich habe die
Gedanken dann formuliert.[10] Er wusste, dass ich wusste,
wann ich fragen musste und nicht mehr selbst entscheiden
konnte. In einem Falle habe ich eine Botschaft von ihm
an Honecker aufgeschrieben, ohne dass ich sie ihm vorher zeigen konnte, weil er nicht erreichbar gewesen war.
Als er wieder da war, habe ich ihm »seine« Botschaft gezeigt. Nach der Lektüre hat er gesagt: »So scharf wäre ich
nicht gewesen.«

Was übrigens die ominöse Anrede angeht, so habe ich
niemals die Formel »Genosse Brandt« benutzt. Es dauerte fast fünf Jahre, ehe Brandt mir seine Hand mit der
Bemerkung auf die Schulter legte: »Wir könnten uns eigentlich duzen.« Das kam mir anfangs schwer über die
Lippen. Aber auch danach haben wir, in welchen Ämtern
auch immer, in der Öffentlichkeit stets das »Sie« benutzt.

Die Troika Brandt–Wehner–Schmidt

Die »Troika« gab es nicht. Sie ist eine Erfindung der Medien, keiner der Drei hat die Bezeichnung benutzt. Sie
kannten die Verschiedenheiten von Herkunft, Charakter
und Interessen. Das verbot ihnen das Bild der russischen
Troika, die ja schließlich einen Lenker verlangt, der die
Peitsche schwingt. Nur in einer Hinsicht traf der Vergleich der Unvergleichbaren: In der Lage der Bundesre-

---

[10] Ein Beispiel ist Willy Brandts Rede am 22.12.1963 in der von
Ernst Reuter begründeten Sendung »Wo uns der Schuh drückt«, in
der sich der jeweilige Regierende Bürgermeister von Berlin an die
Bevölkerung wandte (siehe Seite 233-235 im Anhang).

publik gab es nur diese Drei, die den Schlitten SPD ziehen konnten, und zwar in eine Richtung. Dafür braucht es eine Eigenschaft, die in der diskussionsverliebten SPD nicht selbstverständlich ist: Disziplin.

Willy Brandt kam von einer sehr viel linkeren Position, als Helmut Schmidt sie je hatte. In der Emigration hatte er in Norwegen wie in Schweden, Ländern mit einer demokratischen Monarchie, gelernt, dass durch Argumente und nach einem Überzeugungsprozess auch eine Arbeiterpartei die Gesellschaft prägen kann. Toleranz fördert solidarische Beschlüsse. Es gibt mehrere Wahrheiten, und der Weg zu einer gefestigten eigenen Überzeugung führt durch Zweifel. Dass Brandt in seiner ersten Regierungserklärung als Bundeskanzler (1969) seine innenpolitischen Absichten unter die Überschrift stellte: »Mehr Demokratie wagen«, ist zuweilen kritisch ablehnend aufgenommen worden. Ich habe es erst wieder gehört nach den schrecklichen Morden auf einer Insel vor Oslo. Der norwegische Ministerpräsident hat darauf mit diesem Satz reagiert. In Deutschland wurde er mit Skepsis, aber auch mit Bewunderung aufgenommen. Ich bin überzeugt, mehr Demokratie zu wagen gehörte zu den Selbstverständlichkeiten von Brandts skandinavischen Erfahrungen.

Er wollte überzeugen und nicht befehlen. Dabei blieb er zielbewusst, wo er zögerte, aber dann mit seltenem Mut entschied. Als wir die Mehrheit im Frühjahr 1972 verloren hatten und eine ganze Reihe eigener Genossen Brandt drängten, mit der Ost- und Entspannungspolitik langsamer, milder und vorsichtiger zu verfahren, erklärte er: »Wenn man überzeugt ist, dass es richtig und nötig ist, dann muss man es auch machen. Besser mit wehenden Fahnen untergehen, als in den Knien einzuknicken.« Am Ende dieses

Jahres stand der größte Wahlerfolg in der Geschichte der SPD. Dass er seine menschlichen Schwächen nicht verbarg, wurde seine Stärke, mit der er viele Menschen gewann.

Helmut Schmidt wollte gerne Bundeskanzler werden, aber hatte nicht mehr geglaubt, sein Ziel zu erreichen. Nachdem Brandt sein Rücktrittsschreiben an den Bundespräsidenten abgeschickt und zu Schmidt in seinem Amtszimmer gesagt hatte: »Helmut, Du musst es nun machen«, ging ich mit dem Designierten, aber noch nicht Ernannten, die Treppe im Palais Schaumburg hinunter, Schmidt etwas gebückt, als fühle er die Last der Bundesrepublik schon auf seinen Schultern. Seine Bemerkung, »Ich weiß nicht, ob ich das kann«, beantwortete ich: »Du weißt, dass Du es kannst und wirst es auch fabelhaft machen.« Es hat keinen Kanzler gegeben, vorher und nach ihm nicht, der so gut vorbereitet auf dieses Amt gewesen ist. Und dennoch: Selbst nach dem Innensenator, der 1962 die Flutkatastrophe in Hamburg meisterte, dem Fraktionsvorsitzenden in der Zeit der Großen Koalition, dem Verteidigungs- und dem Finanz- und Wirtschaftsminister hat die Ebene des Regierungschefs eine andere Dimension. Ich habe das bei Brandt erlebt, obwohl er schon Vize-Kanzler und Außenminister gewesen war. Schmidt bewunderte Brandt, der Amt und Parteivorsitz zugleich und mit vorzeigbaren Wahlerfolgen geschafft hatte, und merkte durchaus, dass ihm Respekt gezollt wurde, aber nicht die Verehrung, die Brandt genoss. Umgekehrt nahm Brandt sich während der Jahre von Schmidts Kanzlerschaft sehr zurück; er spürte, dass es bei Wahlen eben auf den Kanzler ankommt und nicht auf den Parteivorsitzenden. Unbestreitbar musste die Partei den Wahlkampf führen; unbestreitbar musste der Kanzler den Wahlkampf führen.

Aber zur Entscheidung stand die Kanzlerschaft. Die loyale Zusammenarbeit zwischen dem Erich-Ollenhauer-Haus und dem Kanzleramt funktionierte zwischen »Ben Wisch«, Hans-Jürgen Wischnewski[11] und mir vorzüglich.

Bis zum Schluss war klar: Schmidt hätte nicht acht Jahre Kanzler sein können, wenn Brandt ihm nicht den Rücken freigehalten hätte, oder sogar ernsthafte Schwierigkeiten hätte machen wollen. Jedenfalls haben beide Disziplin gehalten im gemeinsamen übergeordneten Interesse. Dennoch kann ich vor jeder Art von Doppelherrschaft nur warnen.

Die kommunistische Vergangenheit Herbert Wehners war unvergessen. Was er in Moskau getan hat, um zu überleben, konnten ihm nur Menschen vorwerfen, die in vergleichbarer Situation den Weg des Märtyrers gewählt hätten. Nachdem Wehner in Schweden »abgesprungen« und in die alte Bundesrepublik gekommen war, hat Kurt Schumacher ihn »geprüft« und für glaubwürdig erklärt. Das Urteil dieses Anti-Kommunisten war unbezweifelbar und wirkte wie ein demokratisches Gütesiegel.

Brandt hat die Unterhaltung mit Wehner nicht vergessen, die beide am Ende eines Wahlkampfes in einem Lübecker Lokal hatten. Brandt empfand Wehners Urteil über den Parteivorsitzenden Erich Ollenhauer als Schock: »Der Kerl muss weg.« Wie kann man über den eigenen Parteivorsitzenden so reden? Was ist das für ein Mensch, der offenbar glaubt, er könne Figuren verschieben?

1960, im Schöneberger Rathaus, hörte ich die Reaktion von Brandt auf Meldungen der Agenturen über die

---

[11] Hans-Jürgen Wischnewski (1922-2005) war 1966-1968 Bundesminister für wirtschaftliche Zusammenarbeit, 1968-1972 Bundesgeschäftsführer der SPD und 1979-1982 stellvertretender SPD-Parteivorsitzender.

berühmte Bundestags-Rede, mit der Wehner die SPD auf den Boden der von Adenauer geschlossenen Verträge in der Europäischen Gemeinschaft und in der NATO gestellt hatte. Brandt fand es unerhört: »Das entspricht nicht der Beschlusslage der Partei. Außerdem hat mich niemand gefragt.« Und, am schlimmsten: »Wehner hat recht!« In der Tat war das die Voraussetzung für die Regierungsfähigkeit der SPD im Bund und praktisch eine Vorbereitung auf die Große Koalition. Brandts Einfluss, sich nicht schieben zu lassen, blieb unausgesprochen. Die Ernennung zum Bundesminister für Gesamtdeutsche Fragen bedeutete für Wehner die offizielle volle Rehabilitierung in der Koalition der Versöhnung. Politisch hatte er keine Illusion: Die CDU würde seine Vergangenheit nie vergessen. Selbst als er die ungleich mächtigere Position des Fraktionsvorsitzenden während der Regierung Brandt/ Scheel erhielt, blieb das so.

Wehner wusste, dass er alle Eigenschaften eines Bundeskanzlers hatte, außer der, es werden zu können. Weil er sich intelligenter als Brandt, Schmidt und Honecker wähnte, sah in der Begrenzung seiner einzigartigen Position die Möglichkeit, moderieren zu können, um es höflich auszudrücken.

Als er zum ersten Mal eine Einladung zu einem Besuch bei Honecker bekam, besprachen Brandt und ich die Einzelheiten mit dem »Onkel«, wie wir ihn nannten, und stellten ungläubig fest, dass er richtig Angst hatte, ihm könnte etwas zustoßen, ein »Unfall« oder etwas ähnliches. Unsere Beruhigungsversuche ließen ihn ausbrechen: »Ihr habt keine Ahnung! Da gibt es Sachen, die sind nicht zu vergeben und nicht zu vergessen«! Ich kann bis heute dieses »Ihr« nicht vergessen. Das bedeutete doch: »Ihr Sozis könnt gar nicht verstehen, was Kommunisten mit einem machen können, der abgesprungen ist.« Wehner kooperierte mit allen anderen politischen Parteien, pflegte aber auch seinen eigenen »back channel«. Der Bundeskanzler war sich jedenfalls nicht sicher, ob er alles erfuhr, was da lief.

Ausgerechnet in Moskau, wohin er ungefährdet nur durch Brandts Politik hatte fahren können, beleidigte und diffamierte Wehner seinen Vorsitzenden. »Der Herr badet gerne lau« war nur die Spitze des Eisbergs. Was er intern sagte, erfuhren wir über unseren bewährten Kanal mit der Warnung, Wehner wolle Brandt stürzen. Er hielt ihn für verbraucht und kaum noch beeinflussbar, Schmidt dagegen für unverbraucht und leichter lenkbar. Sein Ziel war, der SPD die Regierung zu sichern und damit seine Position zu festigen, der einzige zu sein, der am besten mit und nicht für Honecker arbeiten konnte.

Ich hatte Wehner bewundert, mit welcher Kraft und Unbedingtheit er die beschlossene Politik durchsetzte und hätte mir manchmal gewünscht, Brandt hätte ein Stück davon gehabt. Es war bewegend zu sehen, wie er später Anlaufstelle für Menschen in Not wurde und aufopferungsvoll half, als hätte er etwas gut zu machen, nachdem er den Gott, der keiner war, verloren hatte. Und es war tragisch zu sehen, wie dieser brillante Kopf unaufhaltbar und langsam erlosch.

Es gab nie einen Wehner-Plan für das Ziel der deutschen Einheit. Es gab seine scheinbar unerschöpflichen Fähigkeiten, die Macht für die Partei zu erringen und zu erhalten. Also blieb seine Rede im Juni 1960 der einzige selbständige Akt, der die deutsche Politik bewegt hat. Die ungleichen Drei, die nicht Troika sein wollten, sahen die Schwächen der anderen und zugleich ihre Stärken. Menschlich-persönliche Sympathien füreinander, sofern überhaupt vorhanden, kamen erst nach dem Dienst für die gemeinsame Sache.

Der Erhalt des Friedens steht ganz oben. Unsere Werte – Freiheit, Gerechtigkeit und Solidarität – müssen im Wandel der Zeiten immer neu definiert werden. Aber ohne die scheinbar sekundäre Eigenschaft geistiger und menschlicher Disziplin geht es auch nicht.

Zur Rolle der SPD in Europa

Während des Kaiserreichs spielte die SPD eine dominierende Rolle in Europa. Sie führte in ihren Reihen die Auseinandersetzungen, ob die Arbeiterbewegung den revolutionären oder den evolutionären Weg zur Macht für die Veränderung der Gesellschaft beschreiten sollte. Die Spaltung in der deutschen Partei, die mit dem Beginn des Ersten Weltkriegs begann, setzte sich international fort.

Von 1917 und dem Erfolg Lenins bis zur Implosion der Sowjetunion 1991 dauerte dieser klassische Kampf. Er wurde kurzzeitig zurückgefahren, weil das während des »Dritten Reiches« nützlich schien, aber nicht einmal während des Zweiten Weltkrieges wurde er eingestellt. Die Bolschewiken bezeichneten die Sozis verächtlich als Schwächlinge, die sich den Ergebnissen von Wahlen unterwerfen; die Umwandlung der Gesellschaft verlange die Behauptung der Macht, auch als Diktatur des Proletariats. Der Vorwurf des Sozialdemokratismus gehörte zu den gefährlichsten Anschuldigungen, denen Abweichler oder

Kritiker in den Ländern des regierenden Kommunismus ausgesetzt waren.

Gorbatschow erklärte sich bei meiner ersten Begegnung mit ihm, wenige Wochen nachdem er Nummer eins im Kreml geworden war, überzeugt, dass der Leninismus, nachdem er von den Verbrechen Stalins befreit würde, seine Attraktivität in voller Stärke wiedergewinnen werde. Brandt wurde bei seinem ersten Besuch mit einer ganzen Riege erstklassiger wissenschaftlicher Dogmatiker konfrontiert, die ihn nach seinem Programm zur Umwandlung der Gesellschaft fragten. Seine Antwort, die SPD passe sich den jeweiligen Entwicklungen und Möglichkeiten an, provozierte die Frage nach Karl Marx. Brandt bezeichnete ihn als einen interessanten Philosophen, der seinen Platz als solcher behalten werde, auch wenn er die Erfindung der Elektrizität noch nicht kennen konnte. Brandt bekannte, das »Kapital« nie vollständig gelesen zu haben. Dieser klassische Sozialdemokrat war unangreifbar, hat die Dogmatiker wohl nicht bekehrt, aber viele nachdenklich gemacht.

An drei Gesprächen zwischen Brandt und Gorbatschow habe ich teilgenommen (1985, 1988 und 1989) und konnte verfolgen, wie aus einem Mann ohne Scheuklappen und Voreingenommenheiten gegenüber Sozialdemokraten einer wurde, der sozialdemokratische Standpunkte übernahm, nicht stillschweigend, sondern ausdrücklich. Alle Agenturen verbreiteten Gorbatschows Satz: »Wir brauchen Demokratie wie die Luft zum Atmen.« Ich dachte, das sei das Ende des ideologischen Kampfes, wenn der Papst der Kommunisten theoretischen Machtverlust durch Wahlen für denkbar hält.

Die Weltgeschichte hat in den letzten 20 Jahren eine epochale Wende vollzogen. Nachdem der Kommunismus im Geltungsbereich des Warschauer Paktes seine Unfähigkeit bewiesen hatte, sich zu reformieren, wird jetzt diskutiert, ob der Kapitalismus fähig ist, sich zu reformieren. Die dekadente Gier hat in dem Wahn, Geldvermehrung dauerhaft von der Produktion trennen zu können, eine Blase künstlichen Geldes geschaffen. Als sie platzte, mussten die Staaten einspringen und die Banken retten, um Schlimmeres zu verhüten. Bisher hat die Politik es nicht geschafft, den Gemeinnutz der Gesellschaft über den Eigennutz der Finanzwirtschaft zu stellen.

Was als Krise im System begann, ist eine Krise des Systems geworden.

Mehr Gerechtigkeit wird nicht durch den Markt geschaffen, die Kluft zwischen arm und reich muss kleiner werden. Jeder Mensch muss von seiner Arbeit leben können. Das sind sozialdemokratische Positionen. Endlich hat das auch die Vorsitzende der CDU geklärt – getreu dem Motto von Willy Brandt: »Man muss auf der Höhe der Zeit bleiben, wenn man etwas bewegen will.«

55 Jahre in der Partei

Die Eigenschaften von Selbstdisziplin, Solidarität und Gerechtigkeit gehören zu den sozialdemokratischen Werten. Sie können zu Mitteln bloßer politischer Verwaltung ohne Inhalt werden. Der Kern des Programms der deutschen Sozialdemokratie ist es, eine Gesellschaft zu schaffen, in der jedes Mitglied seine Fähigkeiten in Würde entfalten kann. Das verlangt im Wandel der Zeiten Kampf um die notwendige Anpassung unter dem übergeordneten Ziel des Friedens.

Dazu gehört auch der soziale Friede.

Gerhard Schröder war bis dato der letzte Kanzler gewesen, der die völlig richtige Erkenntnis hatte, dass wir als Staat über unsere Verhältnisse gelebt haben und deshalb eine Reform machen müssen, um das zu korrigieren. Dieser Auffassung war ich übrigens auch. Mit der einzigen Einschränkung, dass, als die Diskussion über die Agenda 2010[12] anfing, ich einem Staatssekretär aus dem Finanzministerium, das damals von einem Herrn Clement[13] geleitet wurde, in meinem Büro folgendes gesagt habe: Ich habe von ökonomischen Dingen keine Ahnung, aber ich glaube, etwas von sozialdemokratischen Grundsätzen zu wissen. Und das heißt: Wenn man – aus welchen Gründen auch immer – den Gürtel enger schnallen muss, muss die Gerechtigkeit größer geschrieben werden. Sonst nimmt man die Menschen nicht mit. Es kann ja sein, dass alles stimmt mit der Agenda 2010, dann werde ich zufrieden sein. Es

---

[12] Konzept zur Reform des deutschen Sozialsystems und Arbeitsmarktes unter Bundeskanzler Schröder. Die Bezeichnung Agenda 2010 verweist auf den Sondergipfel 2000 in Portugal, bei dem die europäischen Staats- und Regierungschefs beschlossen haben, die EU bis 2010 zum »wettbewerbsfähigsten und dynamischsten wissensbasierten Wirtschaftssystem der Welt« zu machen.

[13] Wolfgang Clement (geb. 1940) war von 1998 bis 2002 SPD-Ministerpräsident von NRW und 2002-2005 Bundesminister für Wirtschaft und Arbeit. Eine Woche vor der Landtagswahl 2008 in Hessen warnte Clement die Leser der »Welt am Sonntag« davor, die SPD mit Andrea Ypsilanti zu wählen. Daraufhin schloss die Landesschiedskommission NRW Clement aus der Partei aus, das Oberste Parteischiedsgericht der SPD wollte sich dem nicht anschließen und erteilte Clement lediglich eine Rüge. Am nächsten Tag, dem 25. November 2008, trat Clement aus der Partei aus und unterstützte im Bundestagswahlkampf Guido Westerwelle (FDP).

kann aber auch sein, dass es nicht ausreicht und wir noch härter reduzieren müssen. Doch dann muss die Gerechtigkeit erst recht groß geschrieben werden.

Ich bin ganz sicher, dass man auch in schwierigen Zeiten die Zustimmung der Bevölkerung bekommt, wenn die einsieht: Es geht gerecht zu. Diejenigen, die mehr haben, müssen auch mehr leisten oder mehr Lasten tragen. Ich bin heute so gut wie sicher, dass Wolfgang Clement damals keinerlei Sinn dafür hatte. Wenn man seine Entwicklung hinterher sieht, merkt man das auch. Mit Schröder habe ich über diese Fragen nie gesprochen. Es kann keine Zweifel darüber geben, dass der Mangel an Gerechtigkeit die SPD 2005 die Wahlen gekostet hat. Und die Vorlage dafür war, dass Lafontaine mit seinen propagandistischen, programmatisch nicht untermauerten und populistischen Forderungen uns schrecklich geschadet hat.

Wenn wir das nicht korrigieren, und zwar glaubwürdig korrigieren, nämlich die Einsicht in den Fehler, Gerechtigkeit bei sozialen Einschnitten unterschätzt zu haben, werden wir auch nicht mehr hochkommen.

Unter der Führung von Kurt Beck ist das Hamburger Grundsatzprogramm[14] in klarer Unterscheidbarkeit zur CDU ausgearbeitet worden. Zusammen mit den 20 Punkten von Frank-Walter Steinmeier ist das die programmatische Basis, von der die SPD glaubt: das isses. Wir hätten die 20 Punkte popularisieren müssen, denn sie sind erst überzeugend, wenn man sie erklärt. Aber dazu war keine Zeit mehr. Das Wahlprogramm, das Steinmeier daraus ent-

---

[14] Im Hamburger Grundsatzprogramm (2007) gilt die Soziale Demokratie als Ziel »einer Gesellschaft der Freien und Gleichen, in der unsere Grundwerte verwirklicht sind…« und in der »alle Menschen ein Leben ohne Ausbeutung, Unterdrückung und Gewalt, also in sozialer und menschlicher Sicherheit führen können«.

wickelt hat, ist eigentlich nur das Durchbuchstabieren des Hamburger Programms.

Wir brauchen nichts Neues. Wenn Kleinigkeiten zu korrigieren sind, dann macht man das auf einem Parteitag. Aber an der Grundlinie der Partei gibt es nichts zu korrigieren.

Wenn man alle Programme eindampft, bleibt eine Zielbeschreibung der SPD, eine Gesellschaft zu schaffen, in der jedes ihrer Mitglieder seine Fähigkeiten in Würde entfalten kann. In dieser Verdichtung sind Freiheit, Gleichheit und Solidarität enthalten und Frieden als unentbehrliche Voraussetzung.

Willy Brandt als Parteivorsitzender und Helmut Schmidt als Bundeskanzler hatten mich im Dezember 1976 für das Amt des Bundesgeschäftsführers – so nannte man den Generalsekretär noch – im Grunde dienstverpflichtet. Der Bundesgeschäftsführer ist derjenige, der die Interessen der Partei wahren muss, hat mich Holger Börner als Vorgänger belehrt. Alle anderen verfolgen meist auch persönliche Ambitionen. Ich habe dieses wichtige Amt im Dienste der Partei nie angestrebt. Es verlangt das Gegenteil von Intrigieren, also Integrieren. Das blieb meine Leitlinie in dem natürlicherweise nicht spannungsfreien Verhältnis zwischen der Spitze der Partei und der Regierung.

Ich habe in den 55 Jahren meiner SPD-Mitgliedschaft nie an Austritt gedacht. Der Stolz auf die SPD ist ungebrochen. Ich kenne ihre Schwächen und schwer verständliche, sogar empörende Fehler, die sie in ihrer Geschichte gemacht hat. Insgesamt hat sie eine Linie gefunden und durchgehalten, die dem Ziel Willy Brandts entspricht, sie in der Regierungsverantwortung links von der Mitte zu sehen. Junge Menschen, die mich danach fragen, mache ich darauf aufmerksam, dass man nicht einmal mit allem, was die eigene Frau macht, einverstanden ist. Die Grenze der Toleranz ist das eigene Gewissen. Ich habe schon mehrfach gedacht und einmal sogar gesagt: »Eine Sch… partei«. Aber wenn ich die kollektive Differenziertheit betrachtete, mit der die Delegierten die Kandidaten für die Parteigremien wählten, habe ich mindestens so oft gedacht: »Eine herrliche Partei.«

Es war ein Rückschlag, dass die Einführung der Frauenquote zunächst abgelehnt wurde. Die Union hat sie noch immer nicht geschafft und ich verfolge mit Sympathie die Bemühungen, interessierten Menschen zu ermöglichen, ihre Ideen für die Programmatik der Partei deutlich zu machen, auch wenn sie nicht Mitglied werden wollen.

Bereits als Bundesgeschäftsführer der SPD habe ich das versucht. Damals waren die Kräfte der Beharrung stärker. Eine Volkspartei hat viele Facetten. Doch stolz sein können wir darauf: Ohne die Ost- und Entspannungspolitik wäre die Einheit und die Veränderung der Landkarte Europas mit der Befreiung unserer östlichen Nachbarn so nicht denkbar gewesen. Das bleibt unser geschichtliches Verdienst.

Der Führungsanspruch

Die SPD würde ihre Geschichte verlieren, wenn sie den Anspruch auf Führung des Landes aufgeben würde. Sie steht einer CDU gegenüber, die das ebenso sieht. Beide Parteien sind »natürliche« Gegner. Wenn sie mit jeweils kleineren Partnern die Bundesregierung bilden, im Erfolgsfall wiedergewählt oder sonst abgewählt werden, schaffen sie eine dauerhafte Stabilität unserer Republik. Eine große Koalition muss die Ausnahme bleiben, gerechtfertigt durch Ausnahmesituationen, jedenfalls auf Bundesebene.

Nach den Jahrzehnten, in denen es nur drei Parteien im Bundestag gab, fiel der SPD die Aufgabe zu, die Grünen und nach der Einheit auch die LINKE zu »parlamentarisieren«. Es hat Zeit gebraucht, ehe es die Grünen von ihrer außen- und sicherheitspolitischen Distanz, um es milde zu sagen, zu einem grünen Außenminister brachten. Joschka Fischer[15] hat das Verdienst, seine Partei zu einer Zustimmung für außenpolitische Einsätze der Bundeswehr geführt zu haben, zunächst in Jugoslawien, dann in Afghanistan. Keine Partei wird regierungsfähig auf Bundesebene, die nicht die Grundlage der Verträge akzeptiert, die alle Bundesregierungen als berechenbare und solide Partner ausweisen, also im Wesentlichen die Vereinten Nationen, die EU und die NATO. Das gilt selbstverständlich auch für die LINKE. Dieser Grundsatz wird auch auf die »Piraten« anzuwenden sein, falls sie zu einer Fraktion im Bundestag werden. Innen- und gesellschaftspolitische Koalitionsfähigkeit allein reicht nicht zur Regierungsfähigkeit.

---

[15] Josef Martin (»Joschka«) Fischer (geb. 1949) war von 1998 bis 2005 Außenminister und Stellvertreter von Bundeskanzler Gerhard Schröder und vom 1. Januar bis 30. Juni 1999 auch Präsident des Rates der Europäischen Union. Nach der Bundestagswahl 2005 zog sich Fischer aus der aktiven Politik zurück, arbeitet derzeit u.a. als Lobbyist für den Energieberater RWE.

Die großen Fragen
im 21. Jahrhundert

Wer sich vor hundert Jahren vorgenommen hätte, die großen Fragen des frischen 20. Jahrhunderts zu analysieren, wäre vielleicht von dem erstaunlicherweise wenig beachteten Faktum ausgegangen, dass die Wirtschaftskraft der USA schon größer als die aller etablierten europäischen Großmächte geworden war. Die Phantasie hätte wahrscheinlich nicht ausgereicht, das Ende des Zarenreichs zu prophezeien und sich die blutige Gründung der Sowjetunion und noch weniger ihr Ende vorzustellen. Der Kalte Krieg, der die zweite Hälfte des 20. Jahrhunderts geprägt hat, war unvorstellbar, ebenso das Ende des Kolonialismus.

Rundfunk und Fernsehen, die Spaltung des Atoms zum Zwecke der Energieerzeugung und zur Entwicklung revolutionärer Waffen, Satelliten im nahen Weltraum, die Landung auf dem Mond, der Computer, das Internet und das Handy – diese und andere Ergebnisse einer Explosion des Wissens waren nicht einmal zu ahnen.

Alles spricht dafür, dass die Geschwindigkeit, mit der die Menschheit neues Wissen gewinnt, nicht nachlässt, sondern eher zunimmt, vor allem auf den Gebieten der Physik, Chemie und Biologie. Wenig spricht dafür, dass die Menschheit ihre Uraltinstinkte so weit beherrscht, dass diese Entwicklung beherrschbar bleibt. Alles spricht für die Behauptung der Naturwissenschaftler, dass die Summe des Nichtwissens größer ist als die imponierende Summe des bereits erreichten Wissensstandes.

Der Mensch wird weiter forschen und den atemberaubenden Qualitätssprung wagen, den Menschen und die Natur zu verändern, Irrtümer der Evolution zu korrigieren. Es mag spannend werden zu verfolgen, was passiert, wenn Korrekturen sich als Fehler erweisen. Kann man dann die Reparaturen reparieren? Es kann zur größten Herausforderung des Jahrhunderts werden, ob die Menschheit zur Selbstkontrolle dessen fähig ist, was wissenschaftlich möglich wird, um ihre Selbsterhaltung zu garantieren.

Das Internet als »Atom des 21. Jahrhunderts«

Das grenzenlose Internet ist zum Atom des 21. Jahrhunderts geworden und bisher nicht »kontrollierbar«. Es kann unser tägliches Leben bis zu einem Punkt erleichtern, an dem wir es nicht mehr entbehren wollen. Es ist aber auch ein Mittel globaler Kommunikation geworden.

Die Revolutionen in der arabischen Welt waren gestützt und begleitet durch das Internet, die junge Generation wurde auf diesem Weg ermutigt, gegen Verkrustungen und Ungerechtigkeiten ihrer Gesellschaften zu rebellieren. In Amerika mündete die Internet-Rebellion in die Forderung, die Wallstreet zu erobern. Die deutsche »Occupy«-Bewegung ist klein, aber Sprecher des Deutschen Bankenverbandes räumten bereits »zu viele Fehler« ein, fürchten inzwischen den »Umschlag zum Misstrauen in die Marktwirtschaft« und müssen die Mahnung des Staates ertragen, »zu einer anständigen Grundgesinnung« zurückzukehren.

Erleben wir einen Prozess, durch den der Kapitalismus seine Reformfähigkeit erweist? Wird der Skandal, den ein amerikanischer Beobachter anprangert, dass eine neue Eigenschaft des iPhone diskutiert wird, während gleichzeitig die Brücken verrotten, zu einer Umkehr führen? Das Internet hat das tägliche Leben bequemer und angenehmer gemacht. Erst langsam wird bewusst, dass es der Kriminalität neue Chancen eröffnet, dass Missbräuche von keinem Staat kontrolliert werden können.

Wir können nicht verhindern, dass das Internet für kriegerische Zwecke missbraucht wird. Das nennen wir dann Cyber-War. Beispiele dafür gibt es bereits: Russland hat dieses Mittel für zwei oder drei Tage gegenüber Estland benutzt; Amerika und/oder Israel haben es benutzt, um Computer im Iran zu infizieren und das Atomprogramm um vier bis fünf Jahre zurückzuwerfen.

Ich nenne das Internet das »Atom des 21. Jahrhunderts«, weil es gleichermaßen unbeherrschbar ist. Schon bei der Entwicklung des Atoms wurde sichtbar: Bis heute wissen wir nicht, wie wir z.B. mit den strahlenden Rückständen fertig werden. Der Mensch hat eine Technik geschaffen, die er bisher weder im zivilen noch im militärischen Bereich beherrschen kann. Der Phantasie sind keine Grenzen gesetzt. Im positiven Fall handelt es sich um ein Mittel, so wirksam, dass es die Abschaffung aller Atomwaffen ermöglicht, weil es wirksamere Mittel gibt, um Macht auszuüben, mit der Hoffnung, Konflikte wieder gewinnen zu können. Das ist aber zugleich die negative Seite.

Denn alle Probleme, die uns überschaubar mindestens bis zur Mitte des 21. Jahrhunderts begleiten werden, sind global: Rohstoff- und Energieknappheit, Klimaveränderung, Zunahme der Weltbevölkerung, Armut und soziale Ungleichheit. Vernunft und Logik drängen, sie durch Zusammenarbeit zu lösen, sie mindestens durch globale Regeln und regionale Vereinbarungen, also kooperativ beherrschbar zu machen. Jedenfalls nicht konfrontativ. Wir können nur hoffen, dass der Kern der europäischen Idee, die Macht dem Recht unterzuordnen, sich durchsetzt.

Der europäische Traum

Die europäische Bewegung ist durch einen genialen Franzosen zustande gekommen, Jean Monnet.[1] Der kam nach einer längeren Emigration nach Amerika mit der Idee zurück, man sollte die schwer getroffenen, lädierten Resteuropäer zu einer Zusammenarbeit bringen, die auf dem Prinzip basiert: Aufgabe von nationalen Wirtschaftsrechten zugunsten der Rechte einer europäischen Organisation. Das traf sich mit der Verteidigungssituation, nämlich der Bildung der NATO zur Verteidigung gegen den konventionell überlegenen Osten. Monnet argumentierte, dass die Menschen kurz nach dem Zweiten Weltkrieg nur dann bereit zu einer Verteidigung sein würden, wenn im zivilen Leben ihr Lebensstandard erkennbar steigt. Deshalb müssten wir erst eine wirtschaftliche Vereinigung bilden, die sichtbare Fortschritte bei gleichzeitiger Aufgabe von Souveränitätsrechten zugunsten einer Gemeinschaft erzielt. Monnet begann mit dem Kern der damaligen Wirtschaftskraft: Kohle und Stahl.

Und 1950 wurde die erste europäische Gemeinschaftsorganisation entwickelt, nach dem französischen Außen-

---

[1] Jean Monnet (1888-1979) war 1919-1923 stellvertretender Generalsekretär des Völkerbundes, 1950-1952 Präsident der Pariser Schuman-Plan-Konferenz, 1952-1955 Präsident der Hohen Behörde der Montanunion.

minister Robert Schuman[2] »Schuman-Plan« genannt. Mit der Perspektive, das zu erweitern.

Die Strategie war in ganz Europa überparteilich. Monnet war in allen Ländern willkommen, hat im Grunde überall überparteiliche Zustimmung und Unterstützung gefunden. Das wurde in dem Augenblick kompliziert, in dem man zu dem Ergebnis kam, wir können Europa nicht ohne die Deutschen verteidigen. Also war die Frage nach der Wiederbewaffnung der Bundesrepublik gestellt.

Ich weiß nicht mehr, wer die Idee hatte, eine Europäische Verteidigungsgemeinschaft (EVG) zu entwickeln. Die EVG sollte eine europäische Armee der sechs Gründungsstaaten der EWG schaffen – voll integriert, verteidigungsfähig und selbständig agierend – selbstverständlich unter dem Oberbefehl der Amerikaner. Adenauer war davon überzeugt, dass das machbar wäre. Andere waren überzeugt, dass die Franzosen da nicht mitmachen. Ich hatte zufällig Gelegenheit, 1954 die französische Debatte im Parlament zu verfolgen. Es waren die Sozialisten, die es so auf den Punkt brachten: Wir fühlen uns jetzt sicher, wir brauchen keine Armee. Aber wenn wir in eine Situation geraten sollten, die Söhne Frankreichs wieder zu den Waffen rufen zu müssen, dann werden sie bereit sein, für Frankreich zu sterben, aber nicht für Europa. Das war das entscheidende Argument dafür, dass die französische Nationalversammlung die Europäische Verteidigungsge-

---

[2] Jean-Baptiste Nicolas Robert Schuman (1886-1963), 1946 französischer Finanzminister, 1947 Ministerpräsident von Frankreich. Am 9. Mai 1950 veröffentlichte Schuman die historische Erklärung für die Neukonstruktion Europas. Seine Idee einer Europäischen Gemeinschaft fand in Frankreich zu der Zeit keine Resonanz, sodass er sein Amt niederlegen musste. Schuman gilt als Vorkämpfer der deutsch-französischen Verständigung.

meinschaft ablehnte und dem Antrag irgendeines Generals von der Rechten zustimmte, das ganze Projekt von der Tagesordnung zu nehmen. Das muss man sich einmal vorstellen: Ein Geschäftsordnungsantrag erledigte die europäische Verteidigungsgemeinschaft! Das war tragisch. Wenn man damals der EVG zugestimmt hätte, gäbe es heute längst ein geeintes Europa mit einer selbständig handelnden Verteidigungseinheit.

Nun gab es gar keinen anderen Weg, als die Bundesrepublik direkt in die North Atlantic Treaty Organisation (NATO) aufzunehmen. Denn die deutschen Soldaten wurden gebraucht. Aber es mussten erst die Bedingungen für die Aufnahme der Deutschen in die NATO geklärt werden; nach dem Vertrag wurden sie gleichberechtigt, aber praktisch sollten sie es eben nicht sein. Dafür wurde das Konstrukt der Westeuropäischen Union (WEU) erfunden. Die legte die Bedingungen, unter denen Deutschland in die NATO kommen würde, fest – sprich: geringere Rechte und Kontrollierbarkeit unter Einschluss Englands. Dies ist der einzige Fall nach dem Krieg, in dem sich England an den Kontinent und sein Schicksal gebunden hat. Das war für Frankreich wichtig, denn die Franzosen wollten mit den neu zu bewaffnenden Deutschen nicht alleine sein. Das blieb so bis zum Juni 2011: Nach 56 Jahren wurde die WEU aufgelöst. Das war längst überfällig. Damit war Großbritannien wieder herausgelöst aus der unwiderruflichen Bindung an den Kontinent.

Als im Mai 1949 das Grundgesetz in Kraft trat, hat man keine Sekunde daran gedacht, dass man die Deutschen militärisch einmal brauchen würde. Wir hatten auch gar keine Lust. Als man die Bundeswehr aufbaute, weil der Westen sie brauchte, hat man überlegt: Wir bauen eine Armee auf, die ausschließlich zu Verteidigungszwecken da ist. Sie soll also nur funktionieren, wenn Deutschland oder der Westen angegriffen wird.

Das war selbstverständlich akzeptabel. Aber die Amerikaner sagten, doppelt genäht hält besser, und haben eine Zusatzklausel gewünscht: nicht nur ausschließlich im Verteidigungsfall, sondern auch nicht zur Unterstützung eines Angriffskrieges. Die deutsche Antwort: Selbstverständlich, wir wollen ja nicht angreifen. Wir konnten uns auch nicht vorstellen, dass die USA einen Angriffskrieg führen würden: Jugoslawien, Afghanistan und Irak. So steht es jetzt in unserer Verfassung und schafft Interpretationsprobleme, weil die Bundeswehr eigentlich nicht einsatzfähig ist in einem Krieg, den die Amerikaner beginnen und den wir als Angriffskrieg definieren *müssen*, weil es ohne UN-Mandat passiert. Die einzige Organisation der Welt, die eine Ermächtigung zu einer kriegerischen Handlung geben kann, sind die Vereinten Nationen. Die deutsche Bundeswehr steht nur zur Verfügung für den Fall eines Mandats der Vereinten Nationen.

Wann wird Europa mit einer Stimme sprechen?

Die Deutschen waren die einzigen, die Europa wirklich wollten. Wir hatten unsere Vergangenheit und haben gehofft, die Verbrechen der nationalen, nationalistischen Vergangenheit im rettenden Hafen Europas loswerden zu können. Wir wollten wirklich die volle Integration Europas. Wir mussten aber feststellen, dass wir allein dastanden. Die Erklärung ist ganz einfach: Keiner unserer westlichen Nachbarn, die alte Sechsergemeinschaft der EWG, hatte mit seiner Nation und der Idee der Nation negative

Erfahrungen gemacht, sie fühlten sich in ihrer nationalen Identität sehr gut aufgehoben. Die Deutschen wirkten fast komisch, als Außenminister Joschka Fischer einen letzten Versuch unternahm und das Konzept eines föderierten Europas entwickelte. Ergebnis: Unter den 24 Mitgliedern blieben die Deutschen allein. Alle anderen haben »Nein« gesagt und darauf bestanden, Europa im Nebeneinander der Nationalstaaten zu entwickeln. Daraufhin sind wir eingeschwenkt. Auch die Bundesrepublik Deutschland erstrebt jetzt ein Nebeneinander der Nationalstaaten in Europa. Dabei haben wir noch nicht einmal eine nationale Identität wie die anderen und noch nicht einmal öffentlich diskutiert, welche Rolle das vereinte Deutschland in der europäischen Entwicklung spielen soll.

Nicht weniger kompliziert ist die Stellung Großbritanniens. Seit sechs Jahrzehnten beobachte ich mit wachsender Bewunderung die Fähigkeit der britischen Regierungen, der konservativen wie der von Labour, die Integration zu behindern. Großbritannien sprang auf den Zug auf, wenn der sich in Bewegung gesetzt hatte, um ihn besser bremsen zu können.

Zu diesem Zweck ging es sogar in die Brüsseler Behörde. Gleichzeitig waren die britischen Regierungen immer für die Erweiterung der Mitgliedstaaten. Das ist bis zum heutigen Tage so geblieben. England wusste, dass es mit jedem neuen Mitglied schwerer wurde, das Ganze zu regieren. London hat damit einen gemeinsamen Markt geschaffen und hat die politische Handlungsfähigkeit, insbesondere als die osteuropäischen Staaten hinzukamen, wirksam erschwert. Denn: Die Einmütigkeit war die Voraussetzung jeder Entscheidung. Der Ruf nach einer Verfassung brachte eine Konstruktion in Lissabon hervor, die natürlich nicht Verfassung genannt werden durfte und die ja auch fast gescheitert ist.

Als der Lissabon-Vertrag[3] beschlossen wurde, gab Ministerpräsident Tony Blair[4] offiziell zu Protokoll, dass er sich an alles, was auf dem Gebiet der Verteidigung und Außenpolitik geschieht, nicht gebunden fühlt. Seine Nachfolger haben das »opting out« wiederholt. Der jetzige Ministerpräsident David Cameron hat das noch übertroffen mit der sein Land bindenden Erklärung, künftig keinen Schritt zur weiteren Integration der EU zu unterstützen. Er sieht sich sogar einer überparteilichen Gruppe gegenüber, die den Austritt aus der Europäischen Union (EU) wünscht. Es ist keine Rede mehr davon, dass Großbritannien sich dem Euro anschließt. Das von der EU beschlossene und wiederholt bekräftigte Ziel, dass Europa zu einem handlungsfähigen Pol in der multipolaren Welt wird, ist jedenfalls nicht mit den Briten erreichbar.

Bei den Verhandlungen in Moskau im Februar 1970 hatte mich Gromyko gefragt: »Wann muss man damit rechnen, dass Europa mit einer Stimme spricht?« Darauf habe ich geantwortet: »Wiedervorlage in 20 Jahren, Herr Minister.« »Meinen Sie das ehrlich?« »Ja.« Das hab ich Brandt in Bonn erzählt, und er sagte: »Du bist ein Defätist.« Er konnte sich gar nicht vorstellen, dass es so lange

---

[3] Völkerrechtlicher Vertrag zwischen den 27 Mitgliedsländern der EU, der am 13. Dezember 2007 in Lissabon unterzeichnet und am 1. Dezember 2009 in Kraft trat, nachdem Irland durch ein Referendum die Unterzeichnung zunächst blockiert hatte. Der Vertrag reformierte den EU-Vertrag und den »Vertrag zur Gründung der Europäischen Gemeinschaft« (EG-Vertrag).

[4] Tony Blair (geb. 1953) war 1994-2007 Vorsitzender der britischen Labour-Partei, die er zur New Labour Party umbaute, und 1997-2007 Premierminister des Vereinigten Königreiches. Im Juni 2007 wurde er zum Sondergesandten des Nahost-Quartetts ernannt.

dauern würde. Jetzt sind nicht 20, sondern 42 Jahre vergangen, und noch niemand kann sagen, wann Europa handlungsfähig sein und mit einer Stimme sprechen wird. Stattdessen steckt Europa in einer tiefen Finanzkrise. Ob sie regelbar wird, um eine Art von Wirtschafts- und Handelskooperation bis 2020 zu schaffen, ist offen.

Was sagen die USA dazu? Als höfliche Leute lachen sie nur hinter verschlossenen Türen. Sie wissen, wie auch der Rest der Welt, dass es nicht lohnt, zu warten, bis Europa seine zu oft zugesagten Hausaufgaben macht. Amerika macht, was es für richtig hält. Das gleiche gilt für den Rest der Welt. Für die ist Europa eine Lachnummer.

Der Sicherheitsberater von Jimmy Carter, Zbigniew Brzezinski, hat 1996 ein wichtiges Buch geschrieben: »Amerika, die einzige Weltmacht«. Nach dem Ende des Kalten Krieges und dem Zusammenbruch der Sowjetunion sind seiner Meinung nach die USA als einzige Weltmacht übrig geblieben. Nach dem Blick auf die Konsequenzen für die amerikanische Politik in Asien, den Mittleren und Nahen Osten kommt er auf Westeuropa zu sprechen: Westeuropa ist sicherheitspolitisch ein Protektorat. Niemand hat dagegen protestiert. Praktisch fühlen wir uns als Protektorat.

Ein vereintes Europa in einer multipolaren Welt steht nicht auf der internationalen Tagesordnung. Dabei wäre Europa der einzige Pol ohne territoriale Ambitionen, ohne jemanden zu bedrohen, mit einer beträchtlichen Wirtschaftskraft, einem hohen Lebensstandard und einem immer noch unvergleichlich dichten sozialen Netz. Dieser European Way of Life könnte ein attraktives Modell für andere sein.

Das erfordert eine Emanzipation von Amerika.[5] Wie jeder junge Mensch, der volljährig wird, sich von seinen Eltern emanzipiert, ohne deshalb zum Feind seiner Eltern zu werden, gilt das auch für Amerika. Es gibt eben unterschiedliche Interessen zwischen einer Weltmacht und Europa, eingeschlossen Deutschland. Das wird die wirtschaftlichen Verflechtungen nicht stören, die zwischen Amerika und Europa enger sind als zwischen anderen Kontinenten. Das wird auch nicht einen handlungsfähigen Kern verhindern, zu dem Frankreich und Deutschland und in überschaubarer Zeit auch Polen gehören werden.

Alle, die willens und fähig sind, sich zu beteiligen, wären willkommen.

---

[5] Siehe hierzu das Interview von Alexander Cammann und Thymian Bussemer mit Egon Bahr im Anhang, Seite 251ff.

Die Europäische Chance

Europa war einmal die Region mit der größten Ansammlung von Waffen und Rüstungsproduktionen, überwölbt von einem atomaren Schirm, den Washington und Moskau aufgespannt und bis heute aufrecht erhalten haben. Daraus ist ein Gebiet geworden mit einer militärischen Struktur, die niemanden bedroht.

Anders gesagt: Europa ist unwichtiger geworden. Für unseren Kontinent gilt im übertragenen Sinne der Satz: wohl dem Land, das keine Helden braucht. Gleichzeitig sind Amerika und Russland schwächer geworden. Es geht gar nicht anders: Sie müssen sich den Regionen in Asien zuwenden, in denen es die größte Ansammlung von Problemen gibt und wo jedes Land so viel rüstet, wie es sich finanziell leisten kann – ohne begrenzende Abmachungen zur Rüstungskontrolle, ohne vertrauensbildende Maßnahmen. Vom Nahen und Mittleren Osten, über Afghanistan, Indien, China, Nordkorea und Japan erstreckt sich eine Region mit vielen potenziell explosiven Problemen. Wenn die beiden Großen sich dem zuwenden müssen, liegt es in ihrem gemeinsamen Interesse, in ihrem Rücken Sicherheit und Stabilität garantiert zu wissen.

Barack Obama kam geschichtlich zur richtigen Zeit mit seiner Erkenntnis, dass Amerika die Politik der Konfrontation zu Moskau abbauen muss, die es seit dem Ende des Zweiten Weltkrieges entwickelt hat. Er will sie durch eine Politik der Kooperation ersetzen und hat damit viele Baustellen gleichzeitig eröffnet. Zahlreiche in Jahrzehnten geschaffene Probleme konnten in der relativ kurzen Zeit seiner Amtsführung gar nicht gelöst werden. Der einzige Punkt, in dem er bisher einen Erfolg erzielen konnte, ist die Reduktion strategischer Atomwaffen um ein Drittel, die er mit Medwedew[6] verabredet hat. Das entspricht auch dem russischen Interesse an garantierter Stabilität in Europa, die nicht ohne Russland unter Mitwirkung Amerikas erreichbar ist. Die Idee des Europäischen Hauses ist nicht neu. Aber sie bleibt nicht nur unvollendet, sondern ist gefährdet, solange die Pläne einer Raketenabwehr nicht einvernehmlich geregelt sind. Das betrifft nicht nur Polen und Tschechien, sondern auch Rumänien und Bulgarien. Gegenwärtig vermitteln die Republikaner in den USA den Eindruck, als sei es ihr ausschließliches Ziel, die Wiederwahl Obamas zu verhindern. Wenn aber keine kooperative Regelung erreicht wird, fällt Europa zurück in den Zustand der Konfrontation.

Das würde eine neue Rüstungsspirale, auch für Polen, auch für Deutschland auslösen, die alles zerstören könnte, was die Entspannung geschaffen hat. Dann müsste nicht nur Europa beginnen, neu nachzudenken.

»Wandel durch Annäherung« – noch aktuell?

Vor kurzem bekam ich eine Einladung nach Taiwan, mit der Bitte, dort über »Wandel durch Annäherung« zu referieren. Das hat mich insofern nicht überrascht, als Taiwan in jahrzehntelanger Konfrontation mit China bisher keine Lösung gefunden hat, welchen rechtlichen Status

---

[6] Dimitri Anatoljewitsch Medwedew (geb. 1965) ist seit 2008 Präsident Russlands, vorher 1. Stellvertreter Ministerpräsident unter Wladimir Putin. Am 24. September 2011 schlug Medwedew auf dem Parteitag der Kreml-Partei »Einiges Russland« Putin als seinen Nachfolger für die Präsidentschaftswahlen 2012 vor. Medwedew ist zudem Vorsitzender beim Gaskonzern Gazprom.

die Insel haben soll: eigenständig oder unter der Hoheitsgewalt der Republik China. Der Taiwan-Konflikt ist nur ein Beispiel dafür, dass Kooperation der einzige zukunftsfähige Weg ist.

Alle erkennbaren Probleme, denen sich die Welt gegenüber sieht, sind nicht militärisch lösbar. Sie reichen vom Erhalt unserer Umwelt, der Knappheit an Wasser, der Bevölkerungsexplosion bis zur Klimaerwärmung.

»Wandel durch Annäherung« war das ungewöhnlich erfolgreiche Rezept für Europa. Die Frage, wie weit es noch gültig und anwendbar ist, liegt nahe.

Ihr inhaltlicher Hintergrund war die Überzeugung Willy Brandts: »Frieden ist nicht alles, aber ohne Frieden ist alles nichts«. Die Formel »Wandel durch Annäherung« war die *Methodik,* sich dem zuzuwenden, von dem ich etwas will oder den ich brauche, um etwas zu erreichen. Die Voraussetzung war, dass wir auf der anderen Seite Interesse und Bereitschaft finden oder wecken können, gemeinsame Lösungen zu suchen.

Das kann man heute in Europa voraussetzen. Auf den Rest der Welt ist das Rezept nicht automatisch übertragbar.

Es beginnt bei den Menschenrechten. Wir wussten, wie es in der Sowjetunion mit ihnen bestellt war, und haben über ihre unterschiedlichen Wertungen nicht gesprochen, sondern im Einzelfall versucht, Menschen zu helfen. Das erforderte auch, zur Schonung der anderen Seite keine Erfolgsfanfaren zu blasen. So konnte geholfen werden und sogar der gefährdete Solschenizyn[7] das Land verlassen.

---

[7] Alexander Issajewitsch Solschenizyn (1918-2008), russischer Schriftsteller, Dramatiker und Träger des Nobelpreises für Literatur. Sein Hauptwerk »Der Archipel Gulag« beschreibt die Verbre-

Bemühungen um Sacharow wurden in dem Augenblick gestoppt, als Präsident Carter verkündete, er werde sich des Falles persönlich annehmen. Bekanntlich hat ihn erst Gorbatschow aus der Verbannung entlassen. Große Mächte haben nun mal die Eigenschaft, sich öffentlich nicht provozieren zu lassen. Wenn ich ihr Prestige verletze, kann es sogar sein, dass das, was nutzen soll, zum Schaden des Verfolgten wird.

Das erinnert an den bekannten chinesischen Künstler Ai Weiwei[8] – zu den weltweiten Protesten gegen seine Behandlung hat China geschwiegen.

Meine Erfahrung ist: Bitte keine Politik des Exports von Demokratie und unseren anderen Werten. Ich habe dankbar registriert, dass kein Kommunist je versucht hat, mich zu bekehren. Ich habe das auch unterlassen. Zu dem Wort des Alten Fritz,[9] jeder solle nach seiner Fasson selig werden, gehört der Respekt vor anderen Kulturen, anderen Religionen und anderen Traditionen. Das gilt übrigens auch gegenüber unerbetenen Ratschlägen, wie die Länder Nordafrikas mit ihrem Islam umgehen. Die Hoffnung auf eine friedliche Welt verlangt neben dem Stolz auf den

---

chen des stalinistischen Regimes bei der Verbannung und Ermordung von Millionen von Menschen im Gulag.

[8] Ai Weiwei (geb. 1957), chinesischer Konzeptkünstler, Bildhauer und Kurator. Nach regimekritischen Äußerungen im Rahmen der Proteste in China 2011 war er zunächst für zwei Monate an einem unbekannten Ort in Haft, wurde auf Kaution freigelassen und sollte dann 1,7 Millionen Euro Steuern nachzahlen, die er angeblich hinterzogen hatte. Das Geld kam durch private Spender zusammen, nun bezichtigen ihn die chinesischen Behörden der Pornografie.

[8] Friedrich II. (1712-1786) wurde Friedrich der Große bzw. Alter Fritz im Volksmund genannt, er war ab 1740 König in und ab 1772 König von Preußen.

eigenen Weg die Demut gegenüber allen, die eine andere politische Struktur und einen anderen Weg gehen wollen.

Mein persönlicher Ausblick

Die Welt wäre einfach, wenn die Erfahrungen früherer Generationen vererbt werden könnten. Praktisch musste ich immer wieder lernen, wie schnell Erkenntnisse über das Zusammenleben der Menschen mit ihrer offenbar unveränderbaren Struktur und das Zusammenleben von Staaten verblassen oder sogar verloren gehen. Dagegen zu arbeiten gleicht der Arbeit des Sisyphos, die erfolglos bleibt und dennoch immer wieder versucht wird. Das ist offenbar nicht zu ändern.

Mit etwas Abstand – vielleicht altersbedingt – ist der Segen zu erkennen, dass die nachfolgenden Generationen es anders und besser machen wollen. Ohne sie gäbe es keinen Fortschritt. Sie lassen sich glücklicherweise nicht beirren von Bedenkenträgern und verstaubten Traditionen. Schließlich tragen sie die Verantwortung für ihre Welt, in der die heutigen weisen Alten nicht mehr leben. Das bestimmt mein Verhältnis zu den Jungen. Sie sollten mehr Mut zu Neuem, Revolutionärem, Systemänderungen und weltumfassender Sicht haben. Die heutigen Mittel dazu hatte meine Generation nicht, als sie jung war.

Aber wir hatten Glück. Denn Glück gehörte dazu, um mit dem Minimum an Selbstbestimmung, das es während der Naziherrschaft und im Krieg gab, zu überleben. Glück gehörte dazu, dass unser geteiltes Volk ohne blutige Konflikte seine Einheit erreichen konnte.

Nachdem wir in der Völkerfamilie nun zum Subjekt geworden sind, das verantwortlich für sein Schicksal handeln kann, sollten wir unsere Selbstbestimmung vollenden, indem wir auf einen Zustand hinwirken, in dem Europa, zusammen mit Russland und unter der Mitwirkung Amerikas, zu einem unverwechselbar attraktiven Kontinent des stabilen Friedens in der interpolaren Welt wird.

Das ist mein Traum. Seit ich erlebt habe, dass ein Traum verwirklicht werden kann, bin ich überzeugt, dass wir das können, wenn wir wollen. Und Glück haben.

Sommer 2015
Egon Bahr im Gespräch
mit Hans Modrow

Seit der Erstveröffentlichung des Buches »Ostwärts und nichts vergessen« sind rund drei Jahre vergangen. Obama wurde wiedergewählt. 2017 zieht sein(e) Nachfolger(in) ins Oval Office ein.

Ich habe Hans Modrow im April 2015 im Willy-Brandt-Haus zu einem Gespräch über die aktuelle politische Weltlage getroffen. Hans Modrow kenne ich seit Jahren. Er galt schon als Bezirksvorsitzender der SED in Dresden als Reformer. Nur vier Tage nach der Öffnung der Mauer am 13. November 1989 wurde er der letzte von der SED benannte Ministerpräsident der DDR, bis ihn Lothar de Maizière nach den Erdrutschwahlen vom 18. März 1990 im April ablöste.[1]

BAHR: Unmittelbar nach dem Ende des Zweiten Weltkrieges waren die USA auf Konfrontation eingestellt. Sie allein besaßen die Atombombe, und so sollte es bleiben. Seit die Sowjetunion Ende der fünfziger Jahre mit Raketen Amerika erreichen konnte, begann der Wettlauf der Giganten. Sie konnten sich gegenseitig lähmen, aber nicht mehr »besiegen«. Ziel und Hoffnung Amerikas, wieder unverwundbar zu werden, bleibt bis heute unerfüllt.

---

[1] Das Gespräch wird hier in Auszügen wiedergegeben.

Ein halbes Jahr vor der Wahl Obamas zum Präsidenten hatte eine sicherheitspolitische und überparteiliche Elite mit den Namen Henry Kissinger, George Shultz, William Perry und Sam Nunn dem nächsten Präsidenten eine neue amerikanische Politik in Richtung einer atomwaffenfreien Welt vorgeschlagen. In Deutschland haben Richard von Weizsäcker, Helmut Schmidt, Hans-Dietrich Genscher und ich diese Linie unterstützt und angemerkt, dass die amerikanischen Pläne für Raketenabwehr in Polen berücksichtigt und die immer noch 20 amerikanischen Atombomben in Deutschland abgeschafft werden sollten.

Nach seiner Wahl hatte Obama zugegeben: Einerseits strebe er die amerikanische Bereitschaft zu einer Welt ohne Atomwaffen an. Andererseits räumte er ein, dass die Politik von der Realität überholt worden sei und die Risiken eines atomaren Angriffs gestiegen seien. »Wenn wir glauben, dass die Verbreitung von Nuklearwaffen nicht vermeidbar ist, dann geben wir vor uns selbst zu, dass der Einsatz von Kernwaffen unvermeidbar ist«. Mit dieser unbestreitbaren Logik hat Amerika seine atomaren Fähigkeiten weiterentwickelt. Das trifft auch für Moskau zu, gilt 2015 immer noch und ist durch die neuen Atommächte noch komplizierter geworden.

Ganz nüchtern bedeutet das: In den 45 Jahren seit der Veröffentlichung des Palme-Berichts »Gemeinsame Sicherheit« ist die Theorie der Abschreckung lebendig geblieben, obgleich nicht anwendbar. Außerdem haben wir es mit den Unterschieden zwischen Europa und Asien zu tun. In Europa gibt es eingespielte Mechanismen zwischen Washington und Moskau. In Asien sind beide Mächte mit

Faktoren konfrontiert, deren Gewicht es ihnen erlaubt, so viel zu rüsten, wie sie bezahlen können, ohne dass sie einen vergleichbaren Einfluss wie in Europa haben.

In unserem alten Kontinent waren wir schon einmal 1997 so weit, durch einen gemeinsamen Nato-Russland-Rat ein wichtiges Element gemeinsamer Sicherheit zu beschließen. Heute wären wir froh, wenn aus diesem ein Stück Gemeinsamkeit wieder hergestellt würde.

Die Analyse zeigt eine erstaunliche Ähnlichkeit zwischen Kennedy und Chruschtschow auf der einen und Obama und Putin auf der anderen Seite. Es sollte keinen Krieg zwischen ihnen geben: Weder Berlin noch Deutschland und Europa seien das wert, angesichts gemeinsamer geostrategischer Probleme. Das wurde die Grundlage eines stabilen Status Quo – Frieden trotz Kubakrise –, während die Deutschen unterhalb der unkündbaren Siegerrechte ihre Interessen entwickelten, was zur deutschen Einheit führte. Zwischen Obama und Putin gibt es ein vergleichbares Verständnis: Kein Krieg zwischen uns.

Die geostrategischen Gebiete sind sich erstaunlich ähnlich geblieben: Syrien, Israel, Irak, Iran, Afghanistan und der Weltraum. Beim Weltraum hilft Moskau sofort. Denn wenn es fünf Tage nach der Explosion einer amerikanischen Rakete zum Start einer russischen Nachschubrakete kommt, bedeutet das doch praktisch: sofort.

Für unseren alten Kontinent haben die letzten Jahre gezeigt, dass ohne die politische Beteiligung zumindest von Deutschland und Frankreich eine Regelung nicht denkbar ist und ohne die Mitwirkung der OSZE[2] nicht realisierbar wäre. Bleiben die beiden Großen. Sie haben ihre Verantwortung der Wirklichkeit entsprechend durch die Kontakte zwischen Obama und Putin und ihren Außenministern deutlich gemacht. Mit ihren militärischen und politischen Fähigkeiten bleiben sie nun einmal die entscheidenden Faktoren in oder über Europa.

Daneben haben wir es mit dem persönlich gespannten Verhältnis zu tun. Nachdem Obama Russland als Regionalmacht bezeichnet hat – was für Putin absolut unannehmbar ist –, muss der russische Präsident beweisen, dass ohne ihn und gegen ihn keine Ukraineregelung möglich ist. Wichtig ist, dass sie keinen Krieg führen wollen und werden. Also reduziert sich die Auseinandersetzung auf eine Art von »friedlichem Krieg«. Putin ist sicher, länger Chef im Kreml zu bleiben als Obama im Weißen Haus. Diese zeitliche Perspektive zielt auf das Jahr 2017, die kürzere Perspektive darauf, das Abkommen Minsk II[3] vollständig bis zum Ende dieses Jahres zu erfüllen. Dazu können die Amerikaner mehr beitragen als die Russen. Über ein Scheitern zu spekulieren lohnt nicht.

Bleibt das einzige neue Element der geostrategischen Lage, der Islamische Staat. Dafür benutzt Obama das Wort Krieg, und Putin bezeichnet sich als seinen Verbündeten. Das ist aufregend; denn es schließen sich mehr Islamisten östlich von Russland bis zur chinesischen Grenze als aktive Helfer und Helferinnen dem Islamischen Staat an als

---

[2] Organisation für Sicherheit und Zusammenarbeit in Europa.
[3] Abkommen vom 12. Februar 2015 zwischen Russland, Deutschland, Frankreich und der Ukraine. Verabschiedet wurde ein 13-Punkte-Plan für Frieden in der Ostukraine

aus allen westeuropäischen Staaten. Putin als der natürliche und mögliche Verbündete im Kampf gegen den Islamischen Staat ist bisher noch kein politischer Faktor.

Es könnte sein, dass der gemeinsame Kampf gegen den Islamischen Staat schneller Wirklichkeit wird als die »Gemeinsame Sicherheit« durch Abschaffung aller Atomwaffen.

Die Anschläge auf die Türme in New York und gegen das Pentagon nutzte die NSA[4] zu einer nicht für möglich gehaltenen weltweiten Ausweitung ihrer Kompetenzen unter der rechtfertigenden Überschrift »Kampf gegen den Terrorismus«.

Nun hat die Wissenschaft ein neues Feld geschaffen, die Digitalisierung elektromagnetischer Strahlen. Sie gestattet grenzüberschreitend Schläge, gegen die es keinen Schutz gibt. Obama hat zugegeben, er könne nicht einmal wissen, woher solche Schläge kämen und gegen wen man eine Vergeltung ansetzen könnte. Cyber-War ist die neue Kriegsführung, dieselbe Technik, die bei friedlicher Nutzung die grenzenlosen Annehmlichkeiten unseres zivilen Lebens mit seinen Kommunikationen hervorgebracht haben. Sie sind gar nicht mehr abzuschaffen. Die grenzenlose Elektronik kann nicht in eine Kiste des Vergessens gesperrt, also »entfunden« werden. Das Internet existiert.

Die Aufgabe, zwischen Gefahr und Segen unterscheiden zu können, ist also global geworden, wie sie in dieser Dimension nicht überbietbar ist. Um die Gefahr für alle

---

[4] National Security Agency.

auszuschalten, könnte überlegt werden, dass Staaten mit den Fähigkeiten zum Cyber-War Experten beauftragen, einen Regelung auszuarbeiten, die Sicherheit für alle erreicht. Eine kleine Gruppe von Gehirnen, ausgestattet mit Wissen, Misstrauen und Intelligenz, bekäme die Aufgabe, nicht gegeneinander, sondern miteinander ein Ergebnis zu erzielen, bei dem alle Beteiligten sagen: Es wird allen kontrollierbare Sicherheit bringen. Das Ergebnis würde aus potenziellen Gegnern Partner eines gemeinsamen Interesses machen.

Es wäre ein Nebenprodukt, dass die NSA nicht mehr gegen den Terrorismus kämpfen müsste, sondern auf Industriespionage beschränkt wäre, die bekanntlich nie endet. Nach dem Vertrag mit dem Iran über die friedliche Nutzung seiner Atomenergie braucht Amerika die in Polen geplanten Raketen gegen den Iran nicht mehr.

MODROW: Ich stimme Dir zu, wenn Du von Ähnlichkeiten in der Beziehung zwischen Kennedy und Chruschtschow von damals und zwischen Obama und Putin heute sprichst; wenn Du für beide Situationen die Haltung zugrunde legst: Kein Krieg zwischen uns! Bei allen Ähnlichkeiten gehe ich aber bei meiner Analyse stärker von den Unterschieden aus. Es gab 1961 zwei Supermächte und zwei gleichstarke Militärblöcke. Nun spricht Obama, wie auch immer wir das interpretieren, von Russland als einer Regionalmacht. Die Maßnahmen, die gegen Russland verhängt wurden, sprechen aber eine andere Sprache. Die militärische Auseinandersetzung eskaliert aufgrund einer vorgeschobenen und nicht stichhaltigen Bedrohung des Westens, die Sanktionen laufen ab wie ein Wirtschaftskrieg. Unterschiedliche Interessen in Europa beeinträchtigt gemeinsames Handeln. Deutsche Außen- und Wirtschaftspolitik sollte sich nach dem ständigen allgemeinen Gerede über Verantwortung auf Maßnahmen zur Vertrauensbildung konzentrieren.

Als ich am 30. Januar 1990 mit Gorbatschow in Moskau sprach, ging es um einen Stufenplan für ein vereintes und militärisch neutrales Deutschland. Gorbatschow erklärt heute, er habe dann ein Deutschland in der NATO akzeptiert und dafür die Zusage vom Westen erhalten, dass die NATO sich nicht nach Osten erweitern werde. Ob es in Archiven dafür eine Bestätigung gibt, scheint zweifelhaft. Die Erweiterung der NATO nach Osten ist eine Tatsache. Die Geschichte lehrt: Demütigungen und Kriegsbedrohungen setzen in den Völkern Russlands ungeahnte Kräfte frei. Ich stimme darin Horst Teltschik, viele Jahre außenpolitischer Berater Helmut Kohls, zu: Wer über Russland redet und vergisst, dass Napoleon aus Russland geschlagen nach Hause ging; wer vergisst, dass die deutsche Wehrmacht vor Moskau ihre erste große Niederlage hinnehmen musste, kann nur falsche Lehren aus der Geschichte ziehen. Die Auswirkungen des Krieges gegen die Sowjetunion in Gestalt verbrannter Erde habe ich als junger Kriegsgefangener vor Moskau erlebt.

Bleiben die Sanktionen – und die sollten beendet werden. Deutschland wird für 2016 die Präsidentschaft der OSZE übernehmen und sollte im Vorfeld mit eigenen Schritten zur Aufhebung der Sanktionen beginnen.

Da Obama vor Ende seiner Amtszeit noch ein eigenes außenpolitisches Profil kenntlich zu machen versucht, siehe Kuba und sein Afrika-Besuch, ist er möglicherweise auch zur Entschärfung der Sanktionen gegen Russland bereit. Die amerikanische Wirtschaft ist schließlich viel weniger davon betroffen als die europäische. Also gibt es hier auch größere Interessen in Europa.

BAHR: Zur Beendigung der Sanktionen habe ich kürzlich in Moskau den Standpunkt vertreten: Anders als 1969, als wir die Ostpolitik starteten, brauchen wir heute die Hilfe Washingtons nicht, um die Verbesserung der Beziehungen zwischen der Bundesrepublik und Russlands zu beginnen. Deutschland ist inzwischen vereint und kann in dem uns gesetzten Rahmen selbstständig handeln. Was Souveränität angeht, kennen wir natürlich die Unterschiede: Obama hat seine neue Doktrin in Westpoint verkündet: Die USA wollen Krisen durch Verhandlungen regeln und ihre Streitkräfte nur einsetzen, wenn sie angegriffen werden. Mit anderen Worten: Er will aus der zweiten Reihe führen und weist damit seinen Verbündeten größere Verantwortung zu. Die haben wir nun. Sie gilt auch gegenüber Russland.

1969 ist niemand auf die Idee gekommen, für jeden Schritt Bedingungen zu stellen oder gar mit Sanktionen zu drohen. Heute gibt es sogar die abwegige Idee, Moskau müsse seine Vergangenheit aufarbeiten, ehe es wieder glaubwürdiger Partner werden könnte.

George Bush, der weise Ältere, erklärte nach dem Ende des Kalten Krieges »Russland muss sich nach seinen Traditionen entwickeln«. Ich füge hinzu, Demokratie gehört nicht dazu. Russland wird allein bestimmen, welche Schritte es zur Demokratie geht. Es wird eine Demokratie *à la russe* sein. Was kann der Westen anbieten: die monarchistischen Modelle in London oder Tokio? Oder die erfolgreichste Ein-Parteien-Herrschaft in Singapur? Ich habe auch noch keine Erwägung gehört, Sanktionen gegen China oder Saudi-Arabien zu verhängen, weil sie unseren demokratischen Vorstellungen nicht entsprechen.

2015 ist Deutschland der politisch und wirtschaftlich stärkste Faktor in Europa geworden, aber militärisch, zur Beruhigung für unsere vielen Nachbarn, sind wir keine Bedrohung. Wir können also wie zu Beginn der Entspannungspolitik sondieren und einseitig Sanktionen gegen Russland abbauen. Wir wollen, wie damals, eine festgefahrene Situation ändern und könnten bei einer positiven Resonanz auch alle Sanktionen beenden. Das liegt in unserer Kompetenz und entspricht unserem Interesse, auch dem unserer Wirtschaft. Das wären Vorleistungen. Sie erinnern an das Wort von Brandt: »Manchmal muss man sein Herz am Anfang über die Hürde werfen«. Das war damals schwerer als heute.

Was auch immer dabei herauskommen wird: Es kann nichts an dem Kurs der Bundesregierung verändern, die Beziehungen zu dem unentbehrlichen Amerika wie zu dem unverrückbaren Russland zu pflegen. Weil wir kein Protektorat mehr sind, kann dieses Stück Selbstbestimmung Europas mit der Emanzipation von Amerika beginnen.

Die rechtliche Grundlage der amerikanischen Anwesenheit in Europa ist die NATO. Seit Helsinki (1975) hat Moskau anerkannt, dass Sicherheitsfragen in Europa nicht ohne und gegen die USA zu lösen sind. Für uns ist die NATO maßgeschneidert: Sie verbindet Sicherheit für und vor Deutschland. Vor Deutschland insofern, als die NATO verhindert, dass die Deutschen wieder verrücktspielen – was wir gar nicht wollen. Also beruhigt die NATO unsere Nachbarn von Lissabon bis Moskau. Nachdem Putin die Unabhängigkeit der drei baltischen Staaten nicht in Frage stellt, ist sein Plan, einen Wirtschaftsraum zwischen Atlantik und Wladiwostok zu entwickeln, eine logische Folgerung. Sie könnte sogar für Washington interessant werden. Deutschland kann sich jedenfalls frei fühlen, Putin dabei zu unterstützen. Diese Politik würde zur Stabilisierung unseres Kontinents beitragen. Sie entspräche übrigens auch der Realität eines Europas der Vaterländer, wie sie Charles de Gaulles gedacht hat; Nationen müssen Ja sagen können zum Vaterland, hat Brandt formuliert. Zur Ukraine und Krim würde er wie Kissinger, Kohl, Genscher und Gorbatschow die Auffassung vertreten, das die Ukraine nicht Mitglied der NATO werden sollte und für die Krim keine völkerrechtliche Anerkennung, aber die Respektierung angebracht wäre, wie sie für die gesamte Entspannungspolitik gegenüber der DDR gegolten hat.

MODROW: Ich nähere mich der Frage zu Russland über einen ganz anderen Weg. Es gibt von Wilhelm Pieck, dem früheren DDR-Präsidenten, einen Ausspruch: »Von deutschem Boden darf nie wieder Krieg ausgehen!« Und Willy Brandt formulierte es ähnlich. Auf der einen Seite ein Kommunist, auf der anderen Seite ein Sozialdemokrat, beide hatten die gleiche Überzeugung.

Was würde Willy Brandt zur aktuellen Situation denken und sagen? Ein gutes Beispiel ist die Frage, was machen wir mit 300.000 Gewehren der Bundeswehr, die nichts taugen? Und wozu brauchen wir diese Gewehre überhaupt? Innerhalb der Bevölkerung gibt es einen breiten Konsens, dass sich Deutschland nicht an Kriegseinsätzen beteiligen sollte. Das Parlament stimmt mit dem Volk nicht überein. Meines Erachtens würde Willy Brandt sagen: »Guckt mal, wie das Volk denkt, und nicht nur, wie wir denken, die wir im Parlament sitzen und entscheiden.« Durch ihn hätte es die Möglichkeit eines anderen Dialogs, eines anderen Streits bei diesen Fragen im Parlament gegeben.

BAHR: Wie siehst du die aktuelle Situation in Griechenland?

MODROW: Als ehemaliges Mitglied des Europäischen Parlaments habe ich auch Griechenland besucht. Meine Linke Fraktion veranstaltete Seminare mit Abgeordneten der uns nahen Partei. Das war wohl 2001 und das Land machte einen stabilen Eindruck. Probleme gab es in der Landwirtschaft und politische Meinungsverschiedenheiten mit dem Nachbarn Mazedonien.

Die Krise 2008 hat Griechenland in der EU wohl am schwersten getroffen. Die politisch herrschenden Parteien und ihre Austeritätspolitik hatten das soziale Gefüge vom Lohnniveau bis zum Gesundheitswesen ausgehöhlt und teilweise zerstört. Eine ungeheure Schuldenlast ist entstanden, die gewaltige Zinslast und Rückzahlungen über Jahrzehnte fordert. Die Wirtschaft befindet sich im freien Fall und nichts geschieht um diesen Fall abzufangen und Wachstum zu ermöglichen. In einer solchen Situation fanden im Januar 2015 Wahlen mit einem Sieg der linken Kräfte der Partei Syriza statt. Die Konservativen wurden abgewählt und die Sozialdemokraten der Pasok konnten keinen Boden gewinnen. Das Wahlprogramm von Syriza mit dem Versprechen der Austeritätspolitik ein Ende zu bereiten und ihr charismatischer Führer Tsipras mit seinem Finanzminister Varoufakis gaben dafür den Ausschlag.

Dem dann einsetzenden Druck des IWF[5], der EZB[6] und der Eurogruppe setzten sie ein Referendum mit einer Zustimmung von 61 % gegen die Maßnahmen der Eurozone und Fortsetzung von deren Politik unter dem Begriff Reformen entgegen.

Ungeachtet des Referendums wird nun der Druck von außen weiter ausgeübt. In Griechenland vollziehen sich Prozesse eines politischen und gesellschaftlichen Wandels mit großen Rückwirkungen auf die gesamte EU, besonders die Eurozone. In Frankreich kann Hollande keine Wahl gewinnen, wenn er, wie von Deutschland gefordert, Merkel und Schäuble folgt.

Den Grexit verhindert, soziale Talfahrt ausgelöst, der Wirtschaft Schubkraft genommen und politisches Vertrauen zerstört – das kann nicht der Weg einer Europäischen Union sein.

Es geht nicht um die Größe und das Gewicht des Landes. Es geht um die Signale, die von einer solchen Entwicklung für die EU insgesamt ausgehen. Das fordert die europäischen Sozialdemokraten genauso heraus wie die europäische Linke.

---

[5] Internationale Währungsfonds.
[6] Europäische Zentralbank.

BAHR: Die Methode »Wandel durch Annäherung« scheint aktuell zu bleiben. Ein Beispiel ist die beginnende Aussöhnung zwischen den USA und Kuba. Wie bewertest Du diesen Schritt?

MODROW: Zunächst gibt es ein Treffen zwischen Raúl Castro und Barack Obama, das so meine ich, die Fortsetzung einer Entwicklung ist, die sich bereits bei der Trauerfeier für Nelson Mandela 2013 anbahnte. Mit einem Mal stehen Obama und Castro an einem Punkt der Welt, wo etwas begonnen hat, wo etwas geschehen ist, das die Welt doch sehr bewegt hat.

Alle in Lateinamerika sind sich einig, dass die Kubaner an der amerikanischen Konferenz in Panama teilnehmen. Und so wollte Obama vorher ein Zeichen setzen und einen Schritt auf Kuba zugehen. Ihm muss klar gewesen sein, dass er mit der Blockade durch die USA nicht mehr gewinnen kann. Die Solidarität mit Kuba wächst vor allem in Lateinamerika, die Staaten der EU stehen nicht mehr einheitlich gegen Kuba und große Teile der Latinos in den USA tragen den alten Kurs der Blockadepolitik auch nicht mehr mit. Bis zur Aussöhnung ist es gewiss noch ein weiter Weg, ein Anfang könnte es aber werden.

Nicht zuletzt könnte die geänderte Position des amerikanischen Präsidenten auch der Verpflichtung durch die Verleihung des Friedensnobelpreises an ihn 2009 geschuldet sein. Das ist auch Raúl Castro klar. Er stellt nicht in Frage, dass dahinter auch persönliche Motive des Menschen Obama stehen und nicht nur der Politiker. So sieht auch Raúl Castro seine Chancen und sagt in Panama: »Ich darf hier acht Minuten sprechen, aber sechsmal waren wir nicht dabei, also habe ich sechs mal acht Minuten!« Und das hat er dann auch durchgehalten. Vieles ist zwischen den USA, Kuba und Lateinamerika noch ungeklärt, aber eine wichtige Öffnung für ein ganz allmähliches Miteinander und gegen politische Konfrontation hat begonnen.

Ich habe die Solidarität und Zusammenarbeit mit Kuba vor 1990 erlebt. Als im Januar 1990 bei der Beratung des Rates für Gegenseitige Wirtschaftshilfe (RGW) das Ende der Integration zu erkennen war, sagte der Vertreter Kubas, Carlos Rafael Rodriguez, zu mir, nun bleibt Kuba allein. In der dann folgenden Sonderperiode hatte ich 1993 eine Begegnung mit Fidel Castro. Immer ging es um die Blockade und die Gegensätze der USA mit Kuba sowie den Zerfall der Sowjetunion. Mit der Wiederaufnahme der diplomatischen Beziehungen zwischen den USA und Kuba beginnt nun endlich ein neuer Abschnitt. In der Zeit scharfer Gegensätze haben Willy Brandt und Du die neue Ostpolitik entwickelt, die ein wichtiges Element im Prozess der Vereinigung der beiden deutschen Staaten wurde. Für Kuba sehe ich eine ganz andere Herausforderung. Die Entwicklung in Lateinamerika braucht eine Stabilität Kubas, zu der auch Reformen gehören. Wer sich hier nur für die Interessen der USA engagiert, stellt sich gegen Solidarität und Hoffnungen, die in Lateinamerika mit Kuba verbunden sind.

Ich hoffe, dass die deutsche Außenpolitik nicht so langsam und vorbehaltsstark bleibt, wie sie über Jahrzehnte gewesen ist. Der deutsche Außenminister war nicht der erste in der Reihe der Kuba-Besucher, selbst der Präsident Frankreichs war schon vorher da. Deutschland könnte nun aber Zeichen neuer Qualität setzen. Mehr als 70.000

Kubaner sprechen deutsch und haben, wenn man die Ausbildung und das Studium in der DDR ohne Vorbehalte anerkennt, diese Qualifikation in Deutschland erworben. Das Eintreten für Normalität und Menschenrechte könnte mit einem Beitrag zur Überwindung der Blockade gegen Kuba, mit Schubkraft der EU für Normalität, der Beseitigung der Zustände in Guantanamo und der Rückgabe an Kuba verbunden sein. In diesem Sinne könnte auch Kuba ein Schritt zu mehr Vertrauen und guter Partnerschaft der Bundesrepublik Deutschland mit Lateinamerika und der gesamten Karibik sein.

*»Meine Mutter war Halbjüdin – ich hatte eine jüdische Großmutter.«
Egon Bahr in Torgau an der Elbe, wo die Familie zehn Jahre gelebt hatte.*

»In Bonn war eine politische Lernzeit zu absolvieren…« Als Journalist 1952 im Gespräch mit Bundespräsident Theodor Heuß.

»1950 bin ich vom RIAS – Radio im amerikanischen Sektor – abgeworben worden.« In den 1950er Jahren beim Interview mit Erich Ollenhauer (SPD).

»Im Laufe der ersten Wochen riefen plötzlich Senatoren an, die hätte ich vorher nie ans Telefon gekriegt!« Der Pressesprecher der Berliner Senats im Jahr 1960.

»Brandt schrieb einen Brief an Kennedy: Die Stimmung in Berlin sei explosiv.« Mit Willy Brandt 1961 in Washington.

»Wer in Deutschland gewinnen wollte, musste in Amerika gewinnend sein.« 1961 zu Gast beim US-Justizsenator Robert Kennedy.

»1962 hatten die Verantwortlichen in Washington und Moskau in den Abgrund eines atomaren Krieges geblickt.« Robert und Edward Kennedy an der Berliner Mauer.

»Mit John F. Kennedy und Willy Brandt waren sich zwei Politiker einer neuen, jungen Generation begegnet.« 1962 zu Gast im Weißen Haus.

»Eine wichtige Etappe war 1963 Tutzing«. 1965 überreicht der Leiter des Politischen Clubs der Evangelischen Akademie, Roland F. Messner, ein Andenken.

»Wir rangen bis zum Schluss«: Austausch der Paraphierungsdokumente des BRD-DDR-Grundlagenvertrags mit Michael Kohl am 8. November 1972.

»›Back channel‹ auf sowjetisch!« Im Gespräch mit Valentin Falin, in den 1960er Jahren Autor fast aller Reden von Außenminister Gromyko, und anderen.

»Der Weg nach Osten«: Die Verhandlungen über die Ostverträge werden auch im Urlaub zusammen mit Conrad Ahlers und Willy Brandt auf Sylt vorbereitet.

»Ein historischer Moment«: Unterzeichnung des Moskauer Vertrages am 12. August 1970. »Back channel«-Verhandler Gromyko und Bahr bleiben im Hintergrund.

»Das Jahr 1972 wurde turbulent.« Am 9. Februar mit Helmut Kohl in der Pause einer Sitzung über die Billigung der Ostverträge im Bundesrat.

»Ich wurde 1976 von Willy Brandt und Helmut Schmidt für das Amt des SPD- Bundesgeschäftsführers im Grunde dienstverpflichtet.« – Parteitag 1984 in Essen.

»Ich habe einmal sogar gesagt: ›Eine Sch... partei‹. Wenn ich betrachtete, wie Delegierte die Parteigremien wählten, gilt mindestens so oft: ›Eine herrliche Partei‹.«

»Selbstdisziplin, Solidarität und Gerechtigkeit gehören zu den sozialdemokratischen Werten«. Auf dem Evangelischen Kirchentag 1988 in der DDR in Erfurt.

»Solange Deutschland geteilt ist, sind wir keine Nation«: Mit Ibrahim Böhme (SDP) und Willy Brandt 1990 beim Vereinigungsparteitag von SPD und SDP in Berlin.

»Ohne die Entspannungspolitik Brandts wäre die Einheit nicht denkbar gewesen. Das bleibt unser geschichtliches Verdienst.« Im Gespräch mit Valentin Falin 1989.

»Der Erhalt des Friedens steht ganz oben.« Der Abrüstungsexperte wird vom DDR-Verteidigungsminister Eppelmann im Juli 1990 zum »Berater der NVA« ernannt.

»An drei Gesprächen zwischen Brandt und Gorbatschow habe ich teilgenommen.« Besuch 1989 in Moskau.

»Wie das Bild von Gorbatschow einmal sein wird, bleibt abzuwarten. Zwischen Tragik und Gerechtigkeit ist viel Platz.« Treffen im Jahr 1992.

»Es dauerte fast fünf Jahre, ehe Brandt mir seine Hand auf die Schulter legte: ›Wir können uns eigentlich duzen.‹« Willy Brandt gratuliert 1992 zum 70. Geburtstag.

»Berlin ist eine interessante Stadt, es ist ›meine‹ Stadt.« Klaus Wowereit und Walter Momper übergeben im März 2002 die Ernennungsurkunde zum Ehrenbürger.

»Toll, solche Entscheidungen wie die von Walter Scheel 1969 gibt es heute nicht mehr oft in der Politik!« Treffen anlässlich Scheels 60-jähriger FDP-Mitgliedschaft 2006.

»Mut zu Neuem, Revolutionärem, Systemänderungen und weltumfassender Sicht.« Mit Friedrich Schorlemmer und Günter Grass im November 2010 in Lübeck.

»Die Welt wäre einfach, wenn die Erfahrungen früherer Generationen vererbt werden könnten.« Straßenumbenennung im Geburtsort Treffurt am 15. Juli 2004.

Anhang

Sieg der Vernunft

Rede vor der 1. Kreisdelegiertenversammlung der Wahlperiode 1957/1958 des Kreises Zehlendorf der SPD, Berlin am 23. März 1957.

Im Dezember 1956 war Egon Bahr in die SPD eingetreten, im März 1957 hielt er seine erste große Rede vor der SPD-Kreisdelegiertenversammlung in Berlin-Zehlendorf. Sie ist vor der anstehenden Bundestagswahl im September 1957 zu sehen, bei der es der CDU/CSU das erste und einzige Mal gelang, die absolute Mehrheit der Stimmen und Mandate zu erringen und Konrad Adenauer als Bundeskanzler bestätigt wurde. Für die SPD trat der Partei- und Fraktionsvorsitzende Erich Ollenhauer an (Anmerkung der Herausgeberin).

Vor einem Jahr hat an dieser Stelle ein alter Genosse berichtet, wie und warum er vor 60 Jahren zum Sozialisten geworden ist. Es war die Absicht, dass nun in diesem Jahr ein junger Genosse etwas Ähnliches versuchen sollte. Nun ist das mit der Jugend bekanntlich gar nicht so einfach, nicht nur, dass sie angeblich immer anders will als die so genannten Alten; es ist ja auch die Frage, wie weit die Jugend reicht. In der CDU gehört man ja bis zu seinem 65. Lebensjahr zu der »Jungen Union« und vor ein paar Tagen hörte ich von Betroffenen im Zusammenhang mit der Kandidatenaufstellung für die Bundestagswahlen bittere Worte der Klage darüber, dass die 70-Jährigen der jungen Generation den Weg versperren. Der das sagte, war 51. Bei uns ist das anders. An diesen Maßstäben gemessen fühle ich mich jung genug, um nicht nur vorsichtig, zurückhaltend und diplomatisch zu sprechen. Ich bin froh, ein offenes Wort unter Genossen sagen zu können.

Eugen Umrath hat vor einem Jahr gesagt, dass die Entwicklungsgeschichte der Natur von Darwin und die Marx'sche Analyse des Menschen, der menschlichen Geschichte als Ergebnis der gesellschaftlichen Verhältnisse, ihn, den Katholiken, entscheidend beeinflusst hatten. Hier, auf dieser Erde und in ihrer Umgestaltung liegen unsere Aufgabe und ihre Lösung; dies war sein Weg zum Sozialismus. Was im Namen des Sozialismus inzwischen alles geschehen ist, in diesen 61 Jahren, wissen wir. Dennoch hat das Wort eine magische Kraft behalten.

Wenn man zehn Menschen auf der Straße fragen würde, was sie darunter verstehen, so bekäme man sicher zehn verschiedene Antworten. Aber der Kern jener verschiedenartigen und oft nebulösen Vorstellungen ist der, dass der Sozialismus das Leben des Menschen auf dieser Welt leichter und lohnender machen will. Der Mensch als der Mittelpunkt des Kampfes; der Sozialismus ist kein Selbstzweck, das wird für immer eine der wesentlichen Abgrenzungen zum dialektischen Materialismus bleiben. Damit ist aber auch schon gesagt, dass Sozialismus kein Zustand ist, sondern ein Leitbild für die Entwicklung einer gerechten Gesellschaftsordnung.

Wenn wir von den Kämpfen um die Anerkennung und die Legalisierung der Partei vor der Jahrhundertwende und vor dem Ersten Weltkrieg hören, dann wird niemand den alten Genossen seine Achtung und seine Bewunderung versagen können. Worum sie ringen mussten, ist heute eine Selbstverständlichkeit, und das ist ihr Verdienst. Es gibt keinen stärkeren Beweis für die Überzeugungskraft einer Idee, als dass die Gegner sie akzeptieren, akzeptieren müssen. Keine Partei glaubte zwischen 1945 und 1948 auf soziale oder sozialistische Vokabeln und Thesen verzichten zu können. Das ging von der CSU über das Ahlener Programm bis zur FDP.

Die sozialdemokratische Partei hat es nicht nötig, ihr Herkommen, ihre Geschichte und ihre Entwicklung zu verleugnen. Das bedeutet nicht etwa die Forderung nach ideologischen Scheuklappen. Es gibt kein ideologisches Dogma, das unumstößlich wäre. Der Marxismus ist keine Heilslehre; er ist eine Methodik des Denkens, eine Methode der permanenten kritischen Analyse, die uns auch heute noch nützlich ist. Als Kurt Schumacher 1945 seinen politischen Kampf wieder aufnahm, da wirkte er durch die Leidenschaft, durch die Lauterkeit seiner Person, er wirkte nicht weniger durch seine scharfe Vernunft, die sich der Werte von gestern bewusst war und das Notwendige für heute suchte, um die Visionen für morgen verwirklichen zu können.

»Viele Menschen haben geglaubt«, so sagte Kurt Schumacher 1946, »die Zugehörigkeit zur sozialdemokratischen Partei bedinge von vornherein ein bestimmtes Bekenntnis zu einem marxistischen Dogma. Daran hat die Partei niemals gedacht. Genauso wenig, wie sie in einer Feindschaft zur Religion steht. Eine solche Partei muss viele Meinungen für viele Arten von Menschen kennen, unverzichtbar für sie ist nur der Wille ihrer Mitglieder, Sozialist, Demokrat und Träger der Friedensidee zu sein. Darüber hinaus kann der Wert des Sozialdemokraten nicht durch das Motiv bestimmt werden, aus dem heraus er zur Partei gestoßen ist. Mag der Geist des kommunistischen Manifestes oder der Geist der Bergpredigt, mögen die Erkenntnisse rationalistischen oder welchen philosophischen Denkens auch immer ihn dazu bestimmt haben oder mögen es die Motive der Moral sein: für jeden, für die Motive seiner Überzeugung und deren Verkündigung ist Platz in unserer Partei. Ihre geistige Einheit wird dadurch nicht erschüttert.« Es geht um den Menschen und nicht um das Dogma. Der Sozialismus ist kein stupider Kollektivismus und keine dumpfe Vermassung, sondern die geistige und ökonomische Befreiung der menschlichen Persönlichkeit, damit sie politisch und moralisch auch frei werde. Diese geistige und politische Welt, die um einen Sieg der Vernunft rang und ringt, war es, die mich zu der Partei geführt hat, verbunden mit der sehr privaten Auffassung, dass die Mitbestimmung der Politik nun einmal durch Parteien in der Demokratie möglich ist, dass sich niemand der Verantwortung für das allgemeine Wohl entziehen sollte und dass es schließlich langweilig und sinnlos wird, nur von außen zu meckern.

Es ist kein Widerspruch, wenn ich vorhin Traditionsbewusstsein für nötig hielt. Wir haben die Tradition zu ehren, aber nicht in ihr zu erstarren, und wir haben zu lernen, wie und in welchem Geiste und mit welchem Gefühl der Zusammengehörigkeit und der Verbundenheit damals ein unvergleichlich härterer Kampf geführt wurde. Ich habe den Eindruck, dass das Wort »Genosse« in jenen Zeiten einen anderen, einen stolzeren Klang hatte als heute, wo es für manchen zu einer gewohnten Sonderform der Anrede geworden ist. Zusammengehörigkeit und Kampfgeist, das wollen wir nicht nur von den alten Genossen lernen; es wäre ein Unglück, wenn die Partei den Geist verlöre, der sie groß gemacht hat und der die Voraussetzung ist, wenn sie erfolgreich Politik machen will. ...

»Die Geschichte der Sozialdemokratie ist eine Geschichte der Kollektivvorurteile und der Kollektivverleumdungen gegen sie«, hat Schumacher einmal gesagt, und diese Periode der Geschichte ist offensichtlich noch nicht abgeschlossen. Sie zu beenden ist eine unserer Hauptaufgaben. Im Übrigen wird man sich vielleicht um neue Begriffe bemühen müssen, denn wir leben in einer Übergangszeit, in der die bisher benutzten Vokabeln zu vorbelastet sind. Sie haben den Charakter von fälschenden Schlagworten angenommen. Hier ist eine breite Aufklärungsarbeit nötig. Die Bundesregierung zum Beispiel hat bei dem Vertrag über eine europäische Atomgemeinschaft das Privateigentum an spaltbarem Material verlangt. Die SPD wollte den staatlichen Besitz und die staatliche Verantwortung dafür. Die Bundesregierung blieb natürlich bei ihrer Meinung und setzte sich dennoch international nicht durch. Die Amerikaner beispielsweise sind sozialistisch genug, um den Privatbesitz spaltbaren Materials durch Gesetz zu verbieten. Die Bundesregierung schloss gegen den Rat ihres Wirtschaftsministers einen Vertrag über einen gemeinsamen europäischen Markt, durch den zwangsläufig ein Abbau der von ihr bisher betriebenen Liberalisierungspolitik vorgenommen wird – darum ist Erhard nämlich dagegen – zugunsten einer von oben dirigierten Planung, die immer als wirtschaftliche Todsünde bezeichnet wurde, und ausgerechnet der Wirtschaftsminister erhält die Unterstützung der sozialdemokratischen Bundestagsfraktion für die von ihm verlangte Ermächtigung der Zollsatzsenkungen zum Zwecke der Preisregulierung, also einer dirigistischen Methode, die er für nötig und richtig hält, die Mehrheit seiner Partei aber nicht.

An diesen wenigen Beispielen wird schon deutlich, dass die bisherigen Begriffe weitgehend ihre Eindeutigkeit verloren haben. Es ist offensichtlich, dass hier Zwangsläufigkeiten eingetreten sind, für die das gewohnte Denkschema nicht mehr ausreicht. Der äußere Zwang hat uns schon so weit gebracht, vernunftentsprechend zu handeln, ohne dass es bisher eine unbestrittene und entsprechende Weiterentwicklung der Theorie gäbe.

Es gibt in Westdeutschland eine sehr interessante Entwicklung. Es gibt unrentable Wirtschaftszweige und Wirtschaftszweige, die unrentabel zu werden drohen und nur noch geringen Profit abwerfen. Die Vertreter dieser Gruppen der Volkswirtschaft haben es sich angewöhnt, eine Unterstützung des Staates als eine Selbstverständlichkeit zu betrachten. Ich brauche nur an den »Grünen Plan« zu erinnern, wo es die CDU keineswegs mit der Rentabilität, dem freien Wettbewerb hält, sondern durchaus der Meinung ist, dass der Staat mit den Steuergroschen der Gesamtheit nicht nur helfend, sondern auch dirigierend eingreift, und die Idee der Überführung der Kohle in Gemeineigentum stößt im südlichen Ruhrgebiet, wo es mindere Qualitäten gibt, auch bei Unternehmern weder auf Entrüstung noch auf eine heutige Ablehnung. Beim Stahl ist das ganz anders, er rentiert sich. Das Volkswagenwerk rentiert sich auch und soll ja nun privatisiert werden.

Aber man muss endlich einmal die Tendenz festhalten, dass es offenbar für selbstverständlich gehalten wird, wenn der Staat, das heißt die Allgemeinheit, für die Unrentabilität geradestehen soll. Die Reprivatisierung der Bundesbahn hat niemand verlangt. Da gilt das sonst so beliebte amerikanische Vorbild nicht. Es ist nicht einzusehen, warum sich nur die Sozialisierung des Defizits einbürgert. Das Staatseigentum war jedenfalls noch nie so groß wie jetzt unter der Regierung der CDU.

Ich fürchte, dass es uns, aber noch viel mehr den Rittern der freien Wirtschaft, nicht erspart bleiben wird, uns binnen kurzem mit noch ganz anderen Entwicklungen der modernen Wirtschaft und der Gesellschaftswandlung auseinanderzusetzen. Wir leben in einer Übergangsperiode, in der – wie der Streik in Schleswig-Holstein gezeigt hat – zwar noch harte Kämpfe um die Gleichberechtigung der Arbeiterschaft, also einer Klasse im klassischen Sinne, ausgefochten werden, in der sich aber schon ein völliger Strukturwandel der Gesellschaft ankündigt. Die Technisierung im Allgemeinen und die beginnende Automation der Fertigung im Besonderen führen zu einer immer weiter auseinanderklaffenden Unterschiedlichkeit in der Produktivität des Einzelnen.

Es ist eine Lüge, wenn die Forderungen der Arbeiterschaft nach erhöhten Löhnen verantwortlich gemacht werden für das Steigen der Preise. Es ist eine gefährliche Lüge zudem. Das Verhältnis von Löhnen zu Preisen täuscht, wenn man die Kurve des Produktivitätsanstiegs stillschweigend und wahrscheinlich wissentlich vergisst. Ich möchte ein Beispiel anführen, das zwar extrem ist, aber das Prinzip zeigt. Im größten deutschen Braunkohlerevier westlich von Köln arbeitet der Bagger, der von sechs oder sieben Arbeitern bedient wird. Er leistet eine Arbeit, für die früher 20.000 Arbeiter benötigt wurden, das heißt die Produktivität der sieben entspricht der Produktivität der 20.000. Wenn diese sieben nun nur vier Stunden arbeiten und in der zweiten vier-Stunden-Schicht noch einmal sieben Arbeiter dazukommen, dann erreichen 14 Arbeiter die Produktivität der 20.000. Sie bekommen – wir sagen natürlich – nicht den Lohn der zwanzigtausend; aber selbst wenn ihr Lohn verdoppelt würde oder verdreifacht, dann brauchtes deshalb die Preise der Braunkohle sicher noch längst nicht zu steigen. Ich sagte, dass dieses Beispiel extrem ist; aber im Prinzip würde die fortschreitende Technisierung, die fortschreitende Produktivität nur den Profit vergrößern, den Mehrwert, wenn die Löhne gleich bleiben.

Diese Steigerung der Produktivität ist natürlich nicht in allen Wirtschaftszweigen im gleichen Umfang und im gleichen Tempo möglich. Irgendeiner vollautomatischen Fertigung in einem metallverarbeitenden Betrieb steht zwar die Technisierung auch in der Landwirtschaft gegenüber, aber die Dreschmaschine arbeitet eben nicht fünfzig Wochen lang in zwei Schichten, sondern sie wird nur zwei, höchstens drei Wochen im Jahr gebraucht. Die Produktivität einer Hebamme ist nur bedingt steigerungsfähig – trotz Würmeling –, und auch die Lehrer können nicht beliebig viel mehr Schüler unterrichten, im Gegenteil; die Tätigkeit der beiden letztgenannten Berufsgruppen wird aber nicht etwa entbehrlich oder überflüssig oder weniger wertvoll durch die naturgegebene Begrenzung ihres Arbeitsquantums. Das bedeutet, dass wir in zunehmendem Maße eine Schicht bekommen, deren Arbeitslohn mit ihrer Produktivität ständig steigen kann, während die übrige Schicht auf ihrem Arbeitsentgelt festgenagelt bleibt, wenn es nur an ihrer Leistung gemessen wird. Wir bekommen auf diese Weise, wenn man will, zwei neue Klassen, deren Unterschiedlichkeit in Verdienst- und Lebensstandard immer mehr auseinanderklaffen müsste, und wir werden uns mit dem Gedanken vertraut machen müssen, dass wir einen Ausgleich zwischen denen finden, deren Einkommen aufgrund ihrer wachsenden Produktivität steigt, und denen, deren Wertschöpfung gleich bleibt und die dennoch für die Gemeinschaft unentbehrlich sind. ...

(I)ch glaube ..., dass es unbestreitbar ist, dass wir uns schon mitten in einer gewaltigen Gesellschaftsumschichtung befinden und dass uns in diesem Prozess der Begriff des Pauperismus im kommunistischen Manifest, die Zwangsläufigkeit der Verarmung der arbeitenden Klassen im kapitalistischen Staat wohl kaum noch weiterhelfen kann. Der richtig verstandene Sozialismus von heute braucht diesen Problemen gegenüber, die der Marxismus nicht sehen konnte, kühlen Verstand. Er muss für das Interesse jedes Einzelnen im Rahmen der Gemeinschaft eingesetzt werden.

Das unverrückbare Ziel der sozialdemokratischen Partei, ihres Kampfes zur Beseitigung der Ungerechtigkeit führt sie damit notwendigerweise zu einer Volkspartei im weitesten Sinne; denn die gesellschaftliche Ungerechtigkeit von morgen hat schon begonnen. Es gilt in unserem Volke das Bewusstsein dafür zu wecken, dass die sozialdemokratische Partei zum natürlichen Verbündeten für viele wird, die ihr heute noch misstrauisch gegenüberstehen. ...

Die kollektiven Vorwürfe gegen die SPD nähern sich ja wieder dem Slogan von den vaterlandslosen Gesellen, nachdem wir eine ganze Zeit lang als europafeindliche Nationalisten bezeichnet wurden. Die Wahrheit zeigt nur, dass die Deutschen noch immer nicht aus der Verkrampfung im Verhältnis zur Nation herausgekommen sind. Nun ist diese Verkrampfung kein Wunder, hat doch die Nation mehr als einmal als Feigenblatt herhalten müssen für diejenigen, die dazu meist noch aus Egoismus ihre Macht wirtschaftlich oder sogar militärisch ausdehnen wollten. Man einigte sich darauf, sie Imperialisten zu nennen. Die Sozialdemokratie ist zu allen Zeiten gegen jede Art von Imperialismus gewesen, und dabei wird es bleiben. Im Namen der Nation sind die größten Verbrechen gegen andere und gegen das eigene Volk begangen worden. Nationalismus und Imperialismus sind Zwillinge. Sie haben verschiedene Namen und sind dennoch kaum zu unterscheiden. Es ist nur natürlich, wenn wir immer, sobald das Wort Nation auch nur fällt, hellhörig werden und misstrauisch.

Aber wenn ein gebranntes Kind auch das Feuer scheut, so wird es doch künftig nicht auf warme Nahrung verzichten können. Solange Deutschland geteilt ist, sind wir keine Nation. Das Beste an dieser Teilung ist noch, dass die Deutschen weder in der Bundesrepublik noch in der so genannten DDR sich daran gewöhnt haben, ihre Staatsgebilde als Vaterländer zu empfinden. Auf die Nation verzichten würde Aufgabe der Wiedervereinigung sein. Es wäre der Selbstmord unseres Volkes, und es würde, von uns aus gesehen, zum Verrat an der Demokratie, denn die Demokratie wird ausgespielt haben in unserem Volke, wenn sie gegenüber der Wiedervereinigung versagt.

Das Wort Vaterland wurde durch Carlo Schmid wieder in das politische Vokabularium eingeführt, das die Bonner Etikette zulässt. Er benutzte es, als man Hermann Ehlers zu Grabe trug, und es ist, finde ich, ein Verdienst, es gehörte damals jedenfalls Mut dazu. National zu sein heißt bis zur Wiedervereinigung nichts anderes, als ihr den ersten Platz nicht nur in unseren Worten sondern auch in unseren Taten zuzuweisen. Es ist eine Tatsache, dass die Sozialdemokraten in dieser Vaterlandsliebe von keinem übertroffen werden. Im Übrigen wäre eine Führung der SPD auf dem Wege zur nationalen Einheit die beste Garantie gegen jeden neuen Nationalismus. Kurt Schumacher hat in keiner Minute der Nachkriegszeit unter den Minderwertigkeitskomplexen oder den Ressentiments der Besiegten gelitten; er hat sich immer – und zu Recht – befreit gefühlt und hat eine entsprechende Sprache geführt und eine entsprechende Politik verfolgt. Die Ablehnung einer Kollektivschuld Deutschlands stammt von ihm zu einer Zeit, als seine Forderung nach deutscher Gleichberechtigung im Ausland noch als nationalistische Unverschämtheit bezeichnet wurde. »Wir deutschen Sozialdemokraten sind nicht britisch, nicht russisch, nicht amerikanisch und nicht französisch«, sagte er. »Wir sind die Vertreter der deutschen Nation und als bewusste Internationalisten bereit, mit allen internationalen Faktoren zusammenzuarbeiten, aber wir wollen uns nicht von einem dieser Faktoren ausnutzen lassen.« »Wir sind unbequem, aber reell«, so sagte es Ollenhauer kürzlich in Amerika. In Wahrheit hat die sozialdemokratische Partei seit dem Ende des Krieges in dem Kampf um die Selbstbestimmung eine Politik des nationalen Aufbaus betrieben. Ich erinnere an Ernst Reuter, der zunächst gegen eine dogmatische Vertragstreue unserer westlichen Freunde kämpfen musste; ich erinnere an den jahrelangen Kampf im Bundestag für die Gleichberechtigung in einer Verteidigungsgemeinschaft, in der uns die Rolle des Fußvolkes zugedacht war. Unter Berufung auf das unaufgebbare Naturrecht, einen einheitlichen Staat zu bilden, im Bewusstsein, dass dieses Recht erarbeitet und erkämpft werden muss, um es zu verwirklichen, streben wir der Wiedervereinigung zu und werden auf diese Weise den Begriff, den oft missbrauchten Begriff der Nation entgiften. Dabei muss jedem hart auf die Finger geschlagen werden, der revisionistische, chauvinistische, imperialistische Rückfälle in eine nationalistische Überheblichkeit zeigt. Wir sind nicht besser als die anderen Völker, aber wir wollen, wie sie, geeint in freier Selbstbestimmung leben können. ...

Dass der Beitritt der Bundesrepublik zur NATO Deutschland die Wiedervereinigung bringt, ist eine Behauptung der Regierung gewesen, von der bisher nur das Gegenteil bewiesen ist. Die NATO ist nur der Mechanismus unserer Sicherheit, genauer gesagt, der Sicherheit der Bundesrepublik. Nicht einmal Berlins; denn die Berliner Sicherheit hängt nicht an der NATO. Berlin liegt nicht im Zuständigkeitsbereich der NATO. Aber gerade am Beispiel Berlin erkennt man, wo und wie unsere Sicherheit real begründet ist. Sie liegt nicht in der Zahl der hier in den Westsektoren stationierten amerikanischen Soldaten und Panzer, sie liegt nicht in den zwei französischen Bataillonen, die es noch im Bundesgebiet gibt, und sie liegt nicht in den vier englischen Divisionen, die um 27.000 Mann verringert werden. Sie liegt in der Überzeugung der Sowjets, dass ein Übergriff oder ein Angriff auf dem Territorium Berlin oder auf das Bundesgebiet das amerikanische Eingreifen, das heißt den dritten Weltkrieg auslösen würde. Unsere Sicherheit liegt in der amerikanischen Garantie, die in die vertragliche Form der NATO gebracht ist. Das System kollektiver Sicherheit, das die SPD vorgeschlagen hat, ist nur eine andere vertragliche Form für die amerikanische Garantie. Ein anderer Mechanismus – aber die gleiche Sicherheit. Der Nordatlantikpakt bringt kein Gramm mehr Sicherheit als der von uns vorgeschlagene Sicherheitspakt. An seiner Funktionsfähigkeit zweifeln heißt, an der Bündnistreue der Amerikaner zweifeln. Das muss endlich einmal gesagt werden gegenüber all den Verdächtigungen, dass der SPD die Sicherheit zu wenig wert wäre und dass sie damit jongliere. Das bedeutet nämlich automatisch, dass die NATO gelten muss, bis ein besserer Mechanismus der gleichen Sicherheit sie ersetzt, und das kann zu verschiedenen denkbaren Zeitpunkten des Übergangs von der Bundesrepublik zur Wiedervereinigung der Fall sein. ...

Heute ist nicht mehr davon die Rede, dass es mit den Russen erst zu reden lohnt, wenn wir stark genug sind. Heute ist nämlich erwiesen, dass wir diese Stärke nie erreichen werden. Sie wird nicht einmal sehr angestrebt. Wer weiß, was noch vor zwei Jahren zu erreichen gewesen wäre, wenn man den damals auch von den Sowjets vorgeschlagenen Weg einer Verdünnung der militärischen Zonen in Deutschland, einer Rüstungsbegrenzung und eines teilweisen Abzugs der Besatzungsmächte gegangen wäre? Heute ziehen die Besatzungsmächte de facto ab, heute wird verdünnt, und die Sowjets bekommen dieses Geschenk, ohne dass sie etwas zahlen müssen. Die Regierung ist ihrer eigenen Politik der Stärke nicht treu geblieben. Sie geht den von ihr versprochenen Weg gar nicht, die Wiedervereinigung über die Politik der Stärke zu erreichen. Sie hat sich mit dem Weg der verdünnten Stärke begnügen müssen und behauptet, er führe immer noch zur Wiedervereinigung. Aber was tut die Regierung für die Wiedervereinigung? ...

Der sowjetische Ministerpräsident hat an den Herrn Bundeskanzler einen Brief gerichtet, dessen Inhalt vereinfacht, aber nicht verfälscht, so lautet: Lassen sie uns unsere Beziehungen normalisieren, die Beziehungen zwischen der Bundesrepublik und der Sowjetunion mit konsularischen Rechten, mit Handel, mit Kultur und was dazu gehört. Ohne Wiedervereinigung natürlich. Und die Antwort des Herrn Bundeskanzlers lautete eigentlich nur: einverstanden. Der Herr Bundeskanzler hat nämlich den Verhandlungskatalog, den ihm der sowjetische Ministerpräsident angeboten hat, akzeptiert, und er hat nicht einmal den Versuch gemacht oder sich auch nur die vorsichtige Anregung erlaubt, das Thema der Wiedervereinigung vielleicht doch mit dem Handel und den guten Beziehungen, kurz mit den Verhandlungen überhaupt, zu verknüpfen. Nach dem Briefwechsel zwischen den beiden Regierungschefs kann man nur feststellen, dass die Interessen beider heute offenbar identisch sind: dass jedenfalls keiner von beiden zurzeit über die Wiedervereinigung Verhandlungen wünscht. Und das ist eine Tatsache! Und ich sehe nicht ein, warum man das nicht sagen soll. Aussprechen, was ist, auch wenn es dem anderen wehtut, das verstehe ich unter einem harten Wahlkampf, der nur dann unfair geführt würde, wenn man behaupten wollte, der Bundeskanzler habe nie die Wiedervereinigung gewollt. Ob das so ist, wissen wir nicht. Wir können nur das Ergebnis seiner Politik feststellen, und das genügt. ...

Die Regierung hat acht Jahre bewiesen, wie man die Wiedervereinigung nicht erreicht. Und sie hat acht Jahre lang immer wieder erklärt, warum sie gerade wieder keine Zeit hat und warum man Geduld haben muss. Sie hat eine Situation geschaffen, in der das Ausland bezweifelt, ob die Deutschen die Wiedervereinigung überhaupt noch wollen. Die Regierung hat in der zentralen Frage unseres Volkes total versagt.

Nun wird uns immer gesagt, dass zum Reden zwei gehören und dass die Sowjets doch an der Wiedervereinigung offensichtlich kein Interesse hätten. Ich muss gestehen, dieser Einwand wirkt meist umso tiefer, als die Regierung damit etwas ausspricht, was jedermann glaubt, dass nämlich ein Interesse der Sowjetunion an der Wiedervereinigung nicht vorhanden ist. Wir können hinzufügen, dass es dieses Interesse auch nie geben wird. Was um alles in der Welt soll die Sowjetunion veranlassen, ein Interesse daran zu gewinnen, uns die Zone nebst 16 Millionen Menschen zu geben? Der Zustand, so wie er ist, ist für die Sowjetunion angenehm. Er wird geradezu ideal, wenn der Westen das nicht vorhandene Interesse der Sowjetunion an der Wiedervereinigung als Entschuldigung benutzt, nichts zu tun. Das Wesen der Politik, besser das Wesen der Diplomatie aber besteht gerade darin, nicht identische Interessen einander ähnlich zu machen. Wir müssen uns so verhalten, dass das sowjetische Interesse sich eben ändert. Aber wer unter Berufung auf das Fehlen des sowjetischen Interesses an der Wiedervereinigung nichts tut, handelt in Wahrheit im sowjetischen Interesse. Es ist schon sehr erstaunlich, dass die Regierung ausschließlich ihre Wiedervereinigungsblöße durch die sowjetischen Feigenblätter des mangelnden Interesses decken will. Wir drängen die Sowjets nicht einmal.

Die grundsätzliche Frage lautet: Was haben wir der Sowjetunion für die Wiedervereinigung anzubieten?

Die Vergangenheit der SPD und der gesunde Menschenverstand und unser Wille verbieten eine Schaukelpolitik zwischen Ost und West. Ohne den Rückhalt und ohne die Freundschaft mit unseren westlichen Nachbarn im weitesten Sinne lässt sich überhaupt keine deutsche Außenpolitik machen, die keine Koketterie mit dem Selbstmord sein will. Allerdings darf man dabei nicht vergessen, dass auch Beschwörungen geografische Tatbestände östlich von uns nicht verändern. Wir wollen in Frieden und, wenn möglich, in Freundschaft auch mit den Völkern Ost-Europas leben. Diese Politik hat eine staatspolitische und eine ideologische Seite. Die ideologische Belastung wird sich in Zukunft verringern. Der Kommunismus, der dialektische Materialismus, ist keine Gefahr mehr, er hat sich durch seine Widersprüche zwischen Dogma und Wirklichkeit selbst entmachtet. Es gibt bekanntlich nach seiner Lehre keine Revolutionen der Mehrheit mehr, wenn die Mehrheit, sprich die Arbeiterklasse, die Macht erst einmal hat. Polen und Ungarn haben die kommunistische Wirklichkeit im Kern getroffen. Er ist keine geistige Gefahr mehr, mindestens für lange Zeit in Deutschland. Eine starke Sozialdemokratie lässt den Kommunismus ohnehin zu einer Spöttergruppe werden. Die Einheit der Arbeiterklasse ist in der Bundesrepublik ohne die Kommunisten verwirklicht worden, soweit sie sich überhaupt verwirklichen lässt. Sie existiert in der Form einer bewährten und mächtigen Gewerkschaftseinheit.

Im Falle der Wiedervereinigung wird die Einheit der Arbeiterklasse durch die faktische Auflösung der SED erreicht werden. Wir haben in dieser Beziehung Mangel an Selbstvertrauen nicht nötig. Ein Bündnis mit denen, die einmal »Werte Genossen« zu uns sagen und in ihrem Machtbereich unsere Genossen hinter Kerkermauern halten, wäre Verrat an denen, die für uns leiden. Der Kommunismus als Ideologie hat sich überlebt. Er weiß es nur noch nicht, oder er glaubt es nicht. Sollte jedoch irgendein Volk den Kommunismus freiwillig zur Grundlage seiner Staatsreform machen, so soll uns das recht sein. Wir leiden nicht an Kreuzzugsversuchungen. Wenn der Kommunismus in den Dienst einer Nation gestellt wird, muss er ohnehin die weltrevolutionäre Geschlossenheit verlieren. Es ist schon jetzt zu beobachten, dass Aktionen und Äußerungen aus dem Osten oft und zunehmend nur unter nationalpolitischen Gesichtspunkten zu verstehen sind, auch wenn sie ideologisch getarnt sind. Der Bolschewismus ist weitgehend nur noch das Mittel, die russische Vorherrschaft über andere Völker zu begründen. Sobald die Interessen dieser Völker ihren Menschen bewusst werden, werden sie zu Anti-Bolschewisten, nicht zu Anti-Sozialisten. Das ist die Lehre von Ungarn und Polen. Von den Bolschewiki aber verlangen, sie sollten ihrem erklärten Ziel der Welteroberung abschwören, wäre das Gleiche, als wollte man vom Katholizismus die Aufgabe seines Dogmas verlangen, die allein seligmachende Lehre zu sein. Der auf Ausschließlichkeit gerichtete Bekehrungswille bleibt mindestens als Ziel; wesentlich ist, dass er nicht militant wird und dass er – und hier meine ich nur noch den Bolschewismus – nicht imperialistisch wird. Wer auf ernsthafte Verhandlungen warten will, bis die Bolschewiki abschwören, erspart ihnen harte Verhandlungen für immer.

Die Staatsinteressen Russlands haben, als es hart auf hart ging, die ideologischen Interessen Russlands jedenfalls übertroffen. Dieser Prozess wird weitergehen. Er ist auch unsere Hoffnung, weil in seinem Verlauf die Sozialdemokratie für den Kreml akzeptabler wird. Im Augenblick und bisher haben die Sowjets lieber mit Bürgerlichen verhandelt und sie unterstützt. Was nun das staatliche Verhältnis zwischen Deutschland und Russland angeht, das ideologisch keimfrei sein muss, so wird es nötig sein, das russische Interesse an der Wiedervereinigung zu beleben. Man muss den für den Russen idealen Zustand beseitigen, dass man so auf sie schimpft, dass sie Grund zum weltpolitischen Schmollen haben, und ihnen gleichzeitig gibt, was sie an Handel wünschen.

Nachdem man weder die EVG noch die NATO noch die Truppenverminderungen auf den Verhandlungstisch gelegt hat, bleibt in absehbarer Zeit ein weiterer Preis. Wenn man die deutsche Gleichberechtigung bejaht im Verhältnis zu seinen Verbündeten, muss man die Ausrüstung der Bundeswehr mit Atomwaffen bejahen. ... Deutschland ist heute ungefährlich. Das würde in dem Augenblick anders, in dem es Atommacht würde. Wir haben kein Interesse daran, Atommacht zu werden. Die Sowjetunion kann nur das gleiche Interesse haben: Wir haben jedoch ein großes Interesse an der Wiedervereinigung. Auf dieser Ebene zeichnet sich eine neue Möglichkeit für erfolgversprechende Verhandlungen ab. Gesamtdeutschland könnte statt eines freiwilligen Verzichts sich verpflichten und verpflichtet werden, für immer auf Atomwaffen und ihre Herstellung zu verzichten. Damit würde im Zeitalter der nuklearen Auseinandersetzungen das wiedervereinigte Deutschland garantiert ungefährlich für den Osten überhaupt. Und diese Garantie seiner Sicherheit in Europa, verbunden mit der Garantie, dass Deutschland durch Austritt aus der NATO kein Aufmarschgebiet sein kann, müsste der Sowjetunion die Aufgabe der Zone wert sein.

Obwohl die Wiedervereinigung durch den garantierten und kontrollierten Verzicht auf deutsche Atomwaffen wenigstens versucht werden müsste, dürfen wir es uns nicht ersparen, wenigstens zu versuchen, den osteuropäischen Völkern zu helfen. Es ist in Wahrheit kein Ruhmesblatt, dass erst der britische Oppositionsführer in Berlin einen diskussionsreifen Plan entwickeln muss, und es wird nachgerade peinlich, von ausländischen Freunden immer wieder nach unseren Ideen gefragt zu werden, da es ja um unsere Sache gehe. Ich möchte sehr allgemein sagen, dass für uns jede Form eines Sicherheitsabkommens oder wirtschaftlicher Verbindungen unter Einschluss der Ostblockstaaten in Frage kommt, die die amerikanische Anwesenheit auf dem Kontinent und damit die amerikanische Sicherheitsgarantie einschließen. Wir haben politisch auf derartige Verbindungen sogar zu dringen, weil das die wirksamste Methode ist, den Völkern jenseits des Eisernen Vorhangs ein Mindestmaß an politischem Spielraum zu verschaffen. Beteuerungen der Verbundenheit und Sach- und Geldspenden sind gut, aber kein Alibi für Nichtstun. Die begonnene Phase der deutschen Nachkriegspolitik heißt jedenfalls Ostpolitik. Wir dürfen dabei nichts vergessen und nichts nachtragen. Unser Ziel verlangt Grundsätze, aber duldet keine Ressentiments. Die Sozialdemokratie hat sich ein historisches Verdienst nicht nur um Deutschland erworben, als sie gegen Widerstände auch aus dem Westen den ersten selbständigen Akt deutscher Nachkriegspolitik, die Verschmelzung mit den Kommunisten, aus eigener Kraft ablehnte. Ihr sind die wesentlichen Voraussetzungen für den erfolgreichen Aufbau der

Bundesrepublik zu danken, als sie am 20. April 1949 abermals gegen Widerstände und gegen schärfsten Druck durch ihr Nein zum damaligen Grundgesetzentwurf die Bildung von elf Vaterländern verhinderte und einen Bundesstaat mit einem Mindestmaß von Zentralgewalt erzwang, ohne den das deutsche Wunder nicht stattgefunden hätte. Das ist übrigens der einzige Fall, in dem bewiesen wurde, dass man anstelle der Adenauer'schen Politik der Vorleistungen auch dadurch Erfolge erringen konnte, indem man das immer vorhanden gewesene deutsche Gewicht voll zum Tragen brachte. Der dritte Akt brachte eine Souveränität eines deutschen Staates, die nicht immer gleichbedeutend war mit einer Souveränität des deutschen Willens. Der wirtschaftliche Aufschwung erzeugte einen christlichen Materialismus, der fortschrittlich war, wenn es um Profit ging, und der Geduld übte, wenn es um den Fortschritt ging. Dass der Wohlstand nicht Selbstzweck werden durfte, fand der Bundeswirtschaftsminister in eben jenen Tagen heraus, in denen sein Buch *Wohlstand für alle* erschien und die Preise stiegen. Manchmal in den vergangenen Jahren konnte man zweifeln, ob die Vernunft siegen würde. Sie hat es in der Tat schwerer, weil sie den unbequemen Aufwand des Nachdenkens verlangt, von denen, die das können. Ich bin – vielleicht im Gegensatz zu manchen Genossen – nicht von einem hemmungslosen Optimismus befallen, dass uns der Wahlsieg so gut wie sicher wäre. Aber ich glaube, dass es in unserem Volke ermutigende Zeichen für den Willen gibt, selbstverständiger zu werden und selbständiger zu handeln. Wenn wir in dem Geiste des Zusammenhalts und der Hingabe, der die alten Genossen beseelt hat, nach den Erfahrungen, die sie und wir gewonnen haben, fest und unvoreingenommen handeln, dann wird die sozialdemokratische Partei den Kampf mit dem Volk und für das Volk bestehen.

Wandel durch Annäherung

Rede während des 10. Politischen Clubs der Evangelischen Akademie Tutzing am 15. Juli 1963

Es ist in den letzten Tagen schon eine ganze Menge über das Thema der Wiedervereinigung gesagt worden. Ich möchte kein Korreferat dazu halten, sondern nur einige Bemerkungen machen. Sie sind zur Anregung der Diskussion gedacht und entspringen dem Zweifel, ob wir mit der Fortsetzung unserer bisherigen Haltung das absolut negative Ergebnis der Wiedervereinigungspolitik ändern können, und der Überzeugung, dass es an der Zeit ist und dass es unsere Pflicht ist, sie möglichst unvoreingenommen neu zu durchdenken. Natürlich muss man dabei davon ausgehen, dass nicht nur das Berlin-Problem nicht isoliert gelöst werden kann, sondern auch das Deutschland-Problem eben Teil des Ost-West-Konfliktes ist.

Die Parole »Deutsche an einen Tisch« war immer eine Parole, die nur der Anerkennung der deutschen Teilung dienen sollte. Es kann keinem Zweifel unterliegen, dass die Sowjetunion auch heute noch ihre harte Hand auf dem deutschen Glacis hält. Die theoretische Vorstellung, dass in Ost-Berlin ein Demokrat säße, macht sofort deutlich, dass die sowjetische These, die Wiedervereinigung sei allein Sache der Deutschen, die Herrschaft eines sowjetischen Vizekönigs in Ost-Berlin voraussetzt. Die Voraussetzungen zur Wiedervereinigung sind nur mit der Sowjet-Union zu schaffen. Sie sind nicht in Ost-Berlin zu bekommen, nicht gegen die Sowjet-Union, nicht ohne sie. Wer Vorstellungen entwickelt, die sich im Grunde darauf zurückführen lassen, dass die Wiedervereinigung mit Ost-Berlin zu erreichen ist, hängt Illusionen nach und sollte sich die Anwesenheit von 20 oder 22 gut ausgerüsteten sowjetischen Divisionen vergegenwärtigen.

Die Wiedervereinigung ist ein außenpolitisches Problem. Es widerspricht zwar vielen Resolutionen, aber es entspricht der realen Lage, wenn innerhalb der Bundesregierung nicht das Ministerium für Gesamtdeutsche Fragen, sondern das Auswärtige Amt für diesen Komplex zuständig ist. Niemand ist deshalb auf den Gedanken gekommen, dass diese Ressorteinteilung etwa eine Anerkennung der DDR bedeute.

Die amerikanische Strategie des Friedens lässt sich auch durch die Formel definieren, dass die kommunistische Herrschaft nicht beseitigt, sondern verändert werden soll. Die Änderung des Ost-West-Verhältnisses, die die USA versuchen wollen, dient der Überwindung des Status quo, indem der Status quo zunächst nicht verändert werden soll. Das klingt paradox, aber es eröffnet Aussichten, nachdem die bisherige Politik des Drucks und Gegendrucks nur zur Erstarrung des Status quo geführt hat. Das Vertrauen darauf, dass unsere Welt die bessere ist, die im friedlichen Sinn stärkere, die sich durchsetzen wird, macht den Versuch denkbar, sich selbst und die andere Seite zu öffnen und die bisherigen Befreiungsvorstellungen zurückzustellen.

Die Frage ist, ob es innerhalb dieser Konzeption eine spezielle deutsche Aufgabe gibt. Ich glaube, diese Frage ist zu bejahen, wenn wir uns nicht ausschließen wollen von der Weiterentwicklung des Ost-West-Verhältnisses. Es gibt sogar in diesem Rahmen Aufgaben, die nur die Deutschen erfüllen können, weil wir uns in Europa in der einzigartigen Lage befinden, dass unser Volk geteilt ist.

Die erste Folgerung, die sich aus einer Übertragung der Strategie des Friedens auf Deutschland ergibt, ist, dass die Politik des Alles oder Nichts ausscheidet. Entweder freie Wahlen oder gar nicht, entweder gesamtdeutsche Entscheidungsfreiheit oder ein hartes Nein, entweder Wahlen als erster Schritt oder Ablehnung, das alles ist nicht nur hoffnungslos antiquiert und unwirklich, sondern in einer Strategie des Friedens auch sinnlos. Heute ist klar, dass die Wiedervereinigung nicht ein einmaliger Akt ist, der durch einen historischen Beschluss an einem historischen Tag auf einer historischen Konferenz ins Werk gesetzt wird, sondern ein Prozess mit vielen Schritten und vielen Stationen. Wenn es richtig ist, was Kennedy sagte, dass man auch die Interessen der anderen Seite anerkennen und berücksichtigen müsse, so ist es sicher für die Sowjet-Union unmöglich, sich die Zone zum Zwecke einer Verstärkung des westlichen Potentials entreißen zu lassen. Die Zone muss mit Zustimmung der Sowjets transformiert werden. Wenn wir soweit wären, hätten wir einen großen Schritt zur Wiedervereinigung getan.

Nun kann es kaum Zweifel geben, dass Änderungen in der Zone besonders schwer zu erreichen sind. Die Zone ist in der politischen Entwicklung zurückgebliebener als Polen, Ungarn und die Sowjet-Union. Und das hat seine Gründe. Ulbricht konnte sich halten, nicht obwohl, sondern gerade weil er der letzte Stalinist ist. Die Erfahrungen des Jahres 1953 haben dem Kreml gezeigt, wie gefährlich es in seinem Sinne ist, wenn in der deutschen Zone Erleichterungen für die Menschen gewährt werden. Denn gerade weil es sich um den Teil eines gespaltenen Volkes handelt, schlagen anders als etwa in Polen oder in der Sowjet-Union soziale oder wirtschaftliche Forderungen sofort um in politische und nationale. Das Gefälle zur Bundesrepublik ist da. Und es ist durch die 18-jährige kommunistische Herrschaft nicht zu beseitigen gewesen. Aus der Forderung nach geringeren Normen ist am 16. Juni 1953 auf dem Wege von der Stalinallee bis zum Haus der Ministerien die Forderung nach freien Wahlen geworden. Die Zügel glitten dem Ulbricht-Regime aus der Hand und konnten nur von den sowjetischen Panzern wieder aufgenommen werden. Das Ergebnis war eine Befestigung der Stellung Ulbrichts.

Wenn es richtig ist, und ich glaube, es ist richtig, dass die Zone dem sowjetischen Einflussbereich nicht entrissen werden kann, dann ergibt sich daraus, dass jede Politik zum direkten Sturz des Regimes drüben aussichtslos ist. Diese Folgerung ist rasend unbequem und geht gegen unser Gefühl, aber sie ist logisch. Sie bedeutet, dass Änderungen und Veränderungen nur ausgehend von dem zur Zeit dort herrschenden verhassten Regime erreichbar sind. Das ist nicht ganz so erschreckend, wie es klingt, nachdem wir schließlich mit diesem Regime schon eine ganze Weile zu tun haben und auch auf der verschämten Ebene der Treuhandstelle für den Interzonenhandel sprechen.

An dieser Stelle drängt sich naturgemäß die Überlegung auf, ob es nicht durch einen totalen Stopp sämtlicher auch noch bestehender wirtschaftlicher Verbindungen denkbar wäre, das Gebäude der Zone zum Einsturz zu bringen. Man könnte sogar noch einen Schritt weiter gehen und dem theoretischen Gedanken nachhängen, ob es nicht durch eine Verschärfung der Situation, die man bewusst fördert, zu einem Zusammenbruch kommen könnte. Die kühle Überlegung führt zu einer totalen Ablehnung des Gedankens. Es ist eine Illusion, zu glauben, dass wirtschaftliche Schwierigkeiten zu einem Zusammenbruch des Regimes führen könnten. Die gut gemeinten Ratschläge der Menschen aus der Zone: Brecht den Handel ab, wir schnallen uns gern unseren Gürtel noch enger, zeigen leider keinen Weg. Mehr noch: Wir wissen eben aus Erfahrung: zunehmende Spannung stärkt Ulbricht und vertieft die Spaltung. Ganz abgesehen davon, dass eine derartige Haltung die Lage Berlins unberücksichtigt ließe.

Der nächste Einwand ergibt sich aus unserer berechtigten Ablehnung, das Zonenregime anzuerkennen. Ich halte die Diskussion um die Anerkennung zuweilen insofern für zu eng und vielleicht sogar gefährlich, weil sie uns in eine Sackgasse führen und jegliche Politik verbauen kann. Die selbstverständliche und von niemandem in Frage gestellte Weigerung, die Zone als einen selbständigen Staat anzuerkennen, darf uns nicht lähmen. Jahrelang haben die Botschafter Rotchinas und der Vereinigten Staaten in Genf und Warschau miteinander verhandelt, ohne dass deswegen die USA Rotchina anerkannt hätten oder man auch nur behauptet hat, diese Gespräche seien eine Anerkennung. Der Innenminister der Deutschen Demokratischen Republik – ohne Anführungsstriche – hat den in Berlin stationierten Alliierten am 13. August 1961 verboten, weiterhin von ihrem Recht Gebrauch zu machen, den Ostsektor der Stadt auf allen Wegen zu betreten, und sie auf den einen Übergang am heutigen Checkpoint Charlie beschränkt. Als die Alliierten dieser Anweisung folgten, hat niemand deshalb behauptet, das sei eine Anerkennung der »DDR«. Das hat auch niemand behauptet, als wider jedes Recht Truppen der Zone nach Ostberlin einmarschierten und sich den Amerikanern, Engländern und Franzosen gegenüberstellten, um dafür zu sorgen, dass die genannten Anordnungen befolgt werden. Wenn heute ein Flüchtling durch die Spree schwimmt und beschossen wird, oder der Bus von Flüchtlingen sich in dem Slalom-System verklemmt und auf die Menschen geschossen wird, dann geschehen doch Verbrechen, oder nicht? Aber dann darf unsere Polizei nicht zurückschießen und nichts tun, um diese Verbrechen zu verhindern. Und niemand hat bisher zu sagen gewagt, dass dies die brutalste Form der Anerkennung sei. Es gibt einen bevollmächtigten Verhandlungs-

führer, mit entsprechenden Schreiben des Bundeswirtschafts-
ministers und des Regierenden Bürgermeisters ausgestattet, sein
Name ist Dr. Leopold, der mit einem Bevollmächtigten der anderen Seite seit Jahren verhandelt. Aber auch das ist keine Anerkennung. Jedenfalls hat niemand das behauptet. Niemand von
uns erkennt das Ulbricht-Regime an, wenn er in Töpen, in Ma-
rienborn oder in Lauenburg Wegegebühr zahlt und seinen Per-
sonalausweis im Schlitz verschwinden lässt, hinter dem er überprüft wird. Dass wir einer Reihe von Kategorien von Menschen
empfehlen, den Luftweg zu benutzen, weil die anderen Wege
eben nicht frei von Kontrolle und frei von Zugriffsmöglich-
keiten des Ulbricht-Regimes sind, ist auch keine Anerkennung.
Es ist natürlich erst recht keine, wenn die Bundesrepublik Beziehungen zu Ländern abbricht, die Beziehungen zu Pankow aufnehmen. Das könnte man höchstens als Negativform der Anerkennung bezeichnen.

Ich komme zu dem Ergebnis, dass sich unterhalb der juristi-
schen Anerkennung, unterhalb der bestätigten Legitimität dieses
Zwangsregimes bei uns so viel eingebürgert hat, dass es möglich
sein muss, diese Formen auch gegebenenfalls in einem für uns
günstigen Sinne zu benutzen. Wenn Dr. Leopold oder ein anderer zum Chef einer Behörde gemacht würde, die sich nicht nur
mit den Fragen des Interzonenhandels beschäftigt, sondern mit
allen Fragen, die zwischen den beiden Teilen Deutschlands von
praktischem Interesse sind, dann würde ich darin umso weniger eine substantielle Änderung der heutigen Situation erblicken
können, als die Treuhandstelle für den Interzonenhandel ja auch
schon bisher nicht ausschließlich Handelsfragen beschlossen hat.

Der amerikanische Präsident hat die Formel geprägt, dass soviel Handel mit den Ländern des Ostblocks entwickelt werden
sollte, wie es möglich ist, ohne unsere Sicherheit zu gefährden.
Wenn man diese Formel auf Deutschland anwendet, so eröffnet sich ein ungewöhnlich weites Feld. Es wäre gut, wenn dieses
Feld zunächst einmal nach den Gesichtspunkten unserer Möglichkeiten und unserer Grenzen abgesteckt würde. Ich glaube,
sie sind sehr viel größer als alle Zahlen, die bisher genannt wurden. Wenn es richtig ist, dass die Verstärkung des Ost-West-Han-
dels mit der genannten Einschränkung im Interesse des Westens
liegt, und ich glaube, es ist richtig, dann liegt sie auch im deut-

schen Interesse, erst recht in Deutschland. Wir brauchen dabei nicht pingelig zu sein, um diesen bekannt gewordenen Kölner Ausdruck für eine bekannte Haltung zu benutzen.

Das Ziel einer solchen Politik kann natürlich nicht sein, die Zone zu erpressen, denn kein kommunistisches Regime, und schon gar nicht das so gefährdete in der Zone, kann sich durch Wirtschaftsbeziehungen in seinem Charakter ändern lassen. Aber das haben schließlich auch nicht die Amerikaner verlangt, als sie Polen Kredite gaben, und das ist auch nicht der Sinn des amerikanischen Wunsches nach verstärktem Osthandel. Uns hat es zunächst um die Menschen zu gehen und um die Ausschöpfung jedes denkbaren und verantwortbaren Versuchs, die Situation zu erleichtern. Eine materielle Verbesserung müsste eine entspannende Wirkung in der Zone haben. Ein stärkeres Konsumgüterangebot liegt in unserem Interesse. In der Sowjetunion ist der Konsumwunsch gewachsen und hat zu positiven Wirkungen beigetragen. Es ist nicht einzusehen, warum es in der Zone anders sein sollte. Die Sowjetunion ist angetreten mit dem Ziel, den Westen einzuholen und zu überholen, gerade auch auf dem Gebiet des Lebensstandards, auf dem der Westen am stärksten ist. Abgesehen davon, dass es sich dabei um ein Ziel handelt, das den Westen als Vorbild hinstellen muss und an seiner Leistung orientiert ist, ist offensichtlich, dass diese Politik nicht allein die Zone innerhalb des Ostblocks ausnehmen kann. Den Prozess zur Hebung des Lebensstandards zu beschleunigen, weil sich dadurch Erleichterungen mannigfacher Art für die Menschen und durch verstärkte Wirtschaftsbeziehungen verstärkte Bindungen ergeben können, würde demnach in unserem Interesse liegen.

Man könnte sogar die Sorge haben, dass dann die Unzufriedenheit unserer Landsleute etwas nachlässt. Aber eben das ist erwünscht, denn das ist eine weitere Voraussetzung dafür, dass in dem Prozess zur Wiedervereinigung ein Element wegfallen würde, das zu unkontrollierbaren Entwicklungen führen könnte und damit zu zwangsläufigen Rückschlägen führen müsste. Man könnte sagen, das Regime würde gestützt, aber ich habe eben zu entwickeln versucht, dass es keinen praktikablen Weg über den Sturz des Regimes gibt. Ich sehe nur den schmalen Weg der Erleichterung für die Menschen in so homöopathischen Dosen, dass sich daraus nicht die Gefahr eines revolutionären Umschlags ergibt, die das sowjetische Eingreifen aus sowjetischen Interessen zwangsläufig auslösen würde.

Die Bundesregierung hat in ihrer letzten Regierungserklärung gesagt, sie sei bereit, »über vieles mit sich reden zu lassen, wenn unsere Brüder in der Zone sich einrichten können, wie sie wollen. Überlegungen der Menschlichkeit spielen hier für uns eine größere Rolle als nationale Überlegungen«. Als einen Diskussionsbeitrag in diesem Rahmen möchte ich meine Ausführungen verstanden wissen. Wir haben gesagt, dass die Mauer ein Zeichen der Schwäche ist. Man könnte auch sagen, sie war ein Zeichen der Angst und des Selbsterhaltungstriebes des kommunistischen Regimes. Die Frage ist, ob es nicht Möglichkeiten gibt, diese durchaus berechtigten Sorgen dem Regime graduell so weit zu nehmen, dass auch die Auflockerung der Grenzen und der Mauer praktikabel wird, weil das Risiko erträglich ist. Das ist eine Politik, die man auf die Formel bringen könnte: Wandel durch Annäherung. Ich bin fest davon überzeugt, dass wir Selbstbewusstsein genug haben können, um eine solche Politik ohne Illusionen zu verfolgen, die sich außerdem nahtlos in das westliche Konzept der Strategie des Friedens einpasst, denn sonst müssten wir auf Wunder warten, und das ist keine Politik.

Das Bahr-Papier

Zusammenfassung des Verhandlungsstandes der Gespräche zwischen Egon Bahr und Andrei Gromyko zur Vorbereitung des Moskauer Vertrages; vom Juni 1970.

In zehn Punkten wurde der Verhandlungsstand zusammengefasst. Durch eine Indiskretion wurde das Papier im Juni 1970 in der Bild-Zeitung veröffentlicht. Der Moskauer Vertrag wurde am 12. August 1970 nach acht Verhandlungsmonaten unterzeichnet (Anmerkung der Herausgeberin).

I. Die Bundesrepublik Deutschland und die Union der Sozialistischen Sowjetrepubliken betrachten es als wichtiges Ziel ihrer Politik, den internationalen Frieden aufrechtzuerhalten und die Entspannung zu erreichen.

Sie bekunden ihr Bestreben, die Normalisierung der Lage in Europa zu fördern und gehen hierbei von der in diesem Raum bestehenden wirklichen Lage und der Entwicklung friedlicher Beziehungen auf dieser Grundlage zwischen allen europäischen Staaten aus.

II. Die Bundesrepublik Deutschland und die Union der Sozialistischen Sowjetrepubliken werden sich in ihren gegenseitigen Beziehungen sowie in Fragen der Gewährleistung der europäischen und internationalen Sicherheit von den Zielen und Prinzipien, die in der Satzung der Vereinten Nationen niedergelegt sind, leiten lassen.

Demgemäß werden sie ihre Streitfragen ausschließlich mit friedlichen Mitteln lösen und übernehmen die Verpflichtung, sich in Fragen, die die europäische Sicherheit berühren, sowie in ihren bilateralen Beziehungen gemäß Artikel 2 der Satzung der Vereinten Nationen, der Drohung mit Gewalt oder der Anwendung von Gewalt zu enthalten.

III. Die BRD und die SU stimmen in der Erkenntnis überein, dass der Friede in Europa nur erhalten werden kann, wenn niemand die gegenwärtigen Grenzen antastet.

Sie verpflichten sich, die territoriale Integrität aller Staaten in Europa in ihren heutigen Grenzen uneingeschränkt zu achten.

Sie erklären, dass sie keine Gebietsansprüche gegen irgendjemand haben und solche in Zukunft auch nicht erheben werden.

Sie betrachten heute und künftig die Grenzen aller Staaten in Europa als unverletzlich, wie sie am Tage der Unterzeichnung dieses Abkommens verlaufen, einschließlich der Oder-Neiße-Linie, die die Westgrenze der Volksrepublik Polen bildet, und der Grenze zwischen der BRD und der DDR.

IV. Das Abkommen zwischen der Bundesrepublik Deutschland und der Union der Sozialistischen Sowjetrepubliken berührt nicht die früher geschlossenen zweiseitigen und mehrseitigen Verträge und Abkommen beider Seiten.

V. Zwischen der Regierung der Bundesrepublik Deutschland und der Regierung der Union der Sozialistischen Sowjetrepubliken besteht Einvernehmen darüber, dass das von ihnen zu schließende Abkommen über ... (einzusetzen die offizielle Bezeichnung des Abkommens) und entsprechende Abkommen (Verträge) der Bundesrepublik Deutschland mit anderen sozialistischen Ländern, insbesondere die Abkommen (Verträge) mit der Deutschen Demokratischen Republik (vgl. Ziffer 6), der Volksrepublik Polen und der Tschechoslowakischen Sozialistischen Republik (vgl. Ziffer 8), ein einheitliches Ganzes bilden.

VI. Die Regierung der Bundesrepublik Deutschland erklärt ihre Bereitschaft, mit der Regierung der Deutschen Demokratischen Republik ein Abkommen zu schließen, das die zwischen Staaten übliche gleiche verbindliche Kraft haben wird wie andere Abkommen, die die Bundesrepublik Deutschland und die Deutsche Demokratische Republik mit dritten Ländern schließen. Demgemäß will sie ihre Beziehungen zur Deutschen Demokratischen Republik auf der Grundlage der vollen Gleichberechtigung, der Nichtdiskriminierung, der Achtung der Unabhängigkeit und der Selbständigkeit jedes der beiden Staaten in Angelegenheiten, die ihre innere Kompetenz in ihren entsprechenden Grenzen betreffen, gestalten.

Die Regierung der Bundesrepublik Deutschland geht davon aus, dass sich auf dieser Grundlage, nach der keiner der beiden Staaten den anderen im Ausland vertreten oder in seinem Namen handeln kann, die Beziehungen der Deutschen Demokratischen Republik und der Bundesrepublik Deutschland zu dritten Staaten entwickeln werden.

VII. Die Regierung der Bundesrepublik Deutschland und die Regierung der Union der Sozialistischen Sowjetrepubliken bekunden ihre Bereitschaft, im Zuge der Entspannung in Europa und im Interesse der Verbesserung der Beziehungen zwischen den europäischen Ländern, insbesondere der Bundesrepublik Deutschland und der Deutschen Demokratischen Republik, Schritte zu unternehmen, die sich aus ihrer entsprechenden Stellung ergeben, um den Beitritt der Bundesrepublik Deutschland und der Deutschen Demokratischen Republik zur Organisation der Vereinten Nationen und zu deren Sonderorganisationen zu fördern.

VIII. Zwischen der Regierung der Bundesrepublik Deutschland und der Regierung der Union der Sozialistischen Sowjetrepubliken besteht Einvernehmen darüber, dass die mit der Ungültigkeit des Münchener Abkommens verbundenen Fragen in Verhandlungen zwischen der Bundesrepublik Deutschland und der Tschechoslowakischen Sozialistischen Republik in einer für beide Seiten annehmbaren Form geregelt werden sollen.

IX. Die Regierung der Bundesrepublik Deutschland und die Regierung der Union der Sozialistischen Sowjetrepubliken werden die wirtschaftlichen, wissenschaftlich-technischen, kulturellen und sonstigen Beziehungen zwischen der Bundesrepublik Deutschland und der Union der Sozialistischen Sowjetrepubliken im Interesse beider Seiten und der Festigung des Friedens in Europa fortentwickeln.

X. Die Regierung der Bundesrepublik Deutschland und die Regierung der Union der Sozialistischen Sowjetrepubliken begrüßen den Plan einer Konferenz über Fragen der Festigung der Sicherheit und Zusammenarbeit in Europa und werden alles von ihnen Abhängende für ihre Vorbereitung und erfolgreiche Durchführung tun.

Pressedienst

des Landes Berlin

PRESSE- UND INFORMATIONSAMT DES LANDES BERLIN, 1 BERLIN 62 · RATHAUS SCHÖNEBERG, TELEFON: 71 02 61, APP. 3309

23. Dezember 1963
Nr. 253

"Wo uns der Schuh drückt"

Der Regierende Bürgermeister Willy Brandt setzte am Sonntag, dem 22. Dezember, die Sendereihe "Wo uns der Schuh drückt" fort. Seine Rede hat folgenden Wortlaut:

Meine lieben Hörerinnen und Hörer,

in dieser Stunde sitzen Tausende von Berlinern im Ostteil unserer Stadt beieinander. Zum ersten Male nach 28 langen Monaten haben sie ihre Angehörigen wiedersehen können. Viele Tausende werden den Heiligen Abend und die Feiertage bei den Familien in Ostberlin sein können.

Hunderttausende werden in diesen Tagen Ostberlin wieder besuchen können. Von dieser Tatsache, die kein Zufall war, sondern das Ergebnis zäher Bemühungen, müssen alle in unserem Volk und draußen in der Welt Kenntnis nehmen. Die Berliner sind eine große Familie in einer großen unmenschlich geteilten Stadt geblieben.

Heute vor einer Woche wußte noch keiner, ob das Bemühen um Erleichterungen für die Weihnachtszeit Erfolg haben würde. Wir konnten es nur hoffen. Am Dienstag wurde die Übereinkunft unterzeichnet. Am gleichen Tage wurde Theodor Heuß, der erste Bundespräsident, unser Ehrenbürger und väterlicher Freund, in Stuttgart zu Grabe getragen. Am Donnerstag gaben wir in Bonn dem Vorsitzenden der Sozialdemokratischen Partei, Erich Ollenhauer, der aus Magdeburg kam und uns Berlinern so eng verbunden war, das letzte Geleit. Unser Abgeordnetenhaus hat den Berliner Haushalt für das kommende Jahr verabschiedet. Am Freitag haben wir auch einen neuen Abschnitt der Stadtautobahn dem Verkehr übergeben können. Es war eine Woche der Trauer und der Hoffnung, des Nachdenkens und der unzerstörbaren Lebenskraft.

Ich kann alle verstehen, die gezweifelt haben, ob wir eine Passierscheinregelung erreichen würden. Ich kann auch alle verstehen, die danach die Sorge hatten, ob wir nicht für eine zeitlich begrenzte Regelung zu weit entgegengekommen seien. Ich stelle mich diesen Fragen und Zweifeln in der festen Überzeugung, daß wir diese Möglichkeit nutzen mußten. Der Senat hat sich um das bemüht, was beschlossene Politik war, was die Berliner wünschten und wollten. Der Senat hat gehandelt in vollem Einverständnis mit der Bundesregierung

– 2 –

Verantwortlich: Egon Bahr / Redakteur: Elimar Arendt

und den alliierten Schutzmächten. Es ist klargestellt, die andere
Seite hat es sogar bestätigt, und es entspricht dem Text der erziel-
ten Übereinkunft, daß es sich um keine Vereinbarung internationalen
oder zwischenstaatlichen Charakters handelt. Hier wurde keine
Anerkennung ausgesprochen. Die Übereinkunft war nur zu erzielen,
weil die entscheidenden politischen und rechtlichen Standpunkte,
die einander entgegenstehen, ausgeklammert wurden. Die Behörden
im anderen Teil der Stadt haben bei uns keine Hoheitsbefugnisse
erlangt. Das ist im übrigen zum Teil die Ursache mancher technischer
Schwierigkeiten, die wir in Kauf genommen haben. Wir wollen und
wollen keine 'Passierscheinstellen der DDR in West-Berlin', wie es
die Zeitungen drüben nennen. Wir haben bisher die umständliche
Prozedur hingenommen, mit Annahme der Anträge hier, Ausstellung
der Passierscheine drüben und Ausgabe der Passierscheine dann
wieder bei uns.

In der Presse wurde berichtet, daß ein mit den Berliner und gesamt-
deutschen Fragen durchaus vertrauter Bundestagsabgeordneter dieser
Tage gesagt habe, die Berliner nähmen die Sicherheit von den
Amerikanern, das Geld von Bonn und die Passierscheine vom Osten.
Das war weder witzig noch besonders scharfsinnig. Brennende inner-
deutsche Fragen sind nicht mit Schaum zu löschen. Passierscheine
können wir in der Tat weder von Washington noch von Bonn bekommen.
Konrad Adenauer und Carlo Schmid konnten die Kriegsgefangenen
1955 auch nur von Moskau bekommen. Worauf es ankommt, ist die volle
Abstimmung unserer Bemühungen mit den Alliierten und mit dem Bund.

Natürlich sind wir alle der Meinung, daß Passierscheine in Berlin
im Grunde eine Zumutung sind, und daß es einen freien Personen-
verkehr geben müßte. Von West nach Ost und von Ost nach West.
Nicht nur in Berlin. Aber die Welt ist noch nicht so schön wie
sie sein könnte.

Natürlich müssen wir aufpassen und passen wir auf, damit die getroffene Regelung nicht falsch ausgelegt wird. Aber man darf auch
nicht so viel Angst haben, daß man überhaupt nichts erreicht.

Sie werden verstehen, meine lieben Hörerinnen und Hörer, daß wir
mit Ihnen nicht unbeschwert froh sein können über die erreichte
Teilregelung, solange der Zustand an den Passierscheinstellen dem
gewünschten Ergebnis nicht entspricht, ja ihm widerspricht. Denn
es ist grotesk, wenn eine Regelung im Dienst der Menschlichkeit
unmenschliche Anstrengungen verlangt. Und das ist der Punkt, wo uns
in Berlin im Augenblick der Schuh besonders drückt. Die Vereinbarungen sind gesichert, darüber braucht sich niemand Sorgen zu
machen. Die reibungslose Abwicklung ist nicht gesichert, und
darüber müssen wir uns Sorgen machen.

Die andere Seite hat auf unser Drängen hin die Zahl der Postangestellten seit dem ersten Tag bis gestern abend verdoppelt.
Wir haben die Zusicherung, daß die Zahl sich noch einmal erhöhen
wird, am Montag. Wir müssen uns jedoch klarmachen, daß das Problem
nicht gelöst ist, indem man mehr Postangestellte nach West-Berlin
schickt. Es entsteht gleichzeitig das Problem, daß das Arbeits-
ergebnisse in einer Nacht und in einem Vormittag in Ostberlin in
Passierscheine verwandelt werden müssen. Ein Post-beamter kann
viel schneller Anträge annehmen als Passierscheine drüben ausge-
stellt werden. Jede Vermehrung der Postleute hier erfordert eine
vielfache Vermehrung der Bearbeiter drüben. Das würde uns nicht
anders gehen - oder es würde uns eben nur deshalb anders gehen,
weil wir nicht die Ausstellung von Passierscheinen verlangen, wenn
Ostberliner zu uns kommen könnten. An den großen Unterschieden
hat sich nichts geändert. Das wird selbst noch an den Passierscheinen deutlich.

                                                     - 3 -

                                                          21

Aber die Besprechungen, über die mir berichtet wurde, haben gezeigt,
daß die andere Seite sich Mühe gibt. Wir haben nicht den Eindruck, daß
man die Besucherzahl drosseln will. Die Zahlen haben sich von Tag
zu Tag erhöht, und verschiedene praktische Vorschläge, die wir
gemacht haben, sind angenommen worden. Es kommt jetzt alles auf
den Erfolg im Interesse der getrennten Familien an. Daraus ergeben
sich unsere Vorschläge, nicht nur die Zahl der Postangestellten
weiter zu vermehren, sondern auch die Zahl der Ausgabestellen zu
erhöhen und die Dienstzeiten zu verlängern.

Um - sofern es irgendwie möglich ist - Ungerechtigkeiten abzu-
mildern, haben wir alle Vorbereitungen getroffen, damit von morgen
an überall Kontrollnummern ausgegeben werden können. Dadurch
hoffen wir, die Wartezeiten zu verringern, die Schlangen zu ver-
kleinern und allen Betroffenen die Sorge zu nehmen, sie könnten
vielleicht nicht mehr hinüberkommen.

Wenn die technischen Voraussetzungen weiter verbessert werden und
wenn Sie, meine lieben Mitbürger in West-Berlin, Ruhe und Nerven
bewahren, so gut es geh , und keinen unnötigen Andrang entstehen
lassen, dann wird es möglich sein, daß alle einen Passierschein
bekommen, die ihn im Rahmen der getroffenen Regelung jetzt haben
können.

Es geht hier nicht um einen normalen Vorgang. Und insofern ist
noch die Erleichterung, die jetzt eingetreten ist, ein Zeichen
für die anomale Lage dieser Stadt. Es hat keinen Sinn, Maßstäbe
anzulegen, an die wir uns gewöhnt haben und die sonst passen.
Hätten wir die Abfertigung in den Händen, würde es besser
klappen. Aber mit Anklagen und Vorwürfen ist jetzt niemandem
gedient.

Lassen Sie mich, meine lieben Berlinerinnen und Berliner, hier
und drüben, noch eine Bitte äußern: Wir wollen in diesen Tagen
und Wochen zeigen, daß wir wirklich eine große Familie sind.
Und ich weiß - nach vielen Beweisen in kritischen Situationen
und in schwierigen Lagen -, daß wir auch eine helle Familie
sind. Die Berliner verstehen schnell, worauf es ankommt. Sie
alle, jeder einzelne, der hinübergeht, trägt eine Verantwortung.
Die Verantwortung ist, nicht nur an sich selbst, nicht nur an
den Nächsten, sondern an alle zu denken, damit wir beweisen:
Diese große Begegnung kann trotz aller Schwierigkeiten und
Härten ohne Zwischenfälle vor sich gehen. Und wenn wir das beweisen, dann muß es mit dem Deubel zugehen, wenn das nicht Folgen
hat. Die Welt steht am 5. Januar nicht still. Es kommt alles
darauf an, bis dahin zunächst diese Aufgabe zu meistern. Dann
werden wir weitersehen. Unsere Ziele sind klar, im Kleinen und
im Großen.

Darf ich nun zum Schluß und ganz kurz mich auf diesem Wege be-
danken für die vielen Glückwünsche, die ich zu meinem 50. Geburtstag erhalten habe. Ich bitte um Ihr Verständnis, daß ich nicht
jedem antworten kann. Es ist viel zu tun zur Zeit.

Auf Wiederhören."

V/2

         - - -

-4-

BUNDESREPUBLIK DEUTSCHLAND
DER BUNDESKANZLER

den 6. Mai 1974

Sehr geehrter Herr Bundespräsident!

Ich übernehme die politische Verantwortung für Fahrlässigkeiten im Zusammenhang mit der Agentenaffäre Guillaume und erkläre meinen Rücktritt vom Amt des Bundeskanzlers.

Gleichzeitig bitte ich darum, diesen Rücktritt unmittelbar wirksam werden zu lassen und meinen Stellvertreter, Bundesminister Scheel, mit der Wahrnehmung der Geschäfte des Bundeskanzlers zu beauftragen, bis ein Nachfolger gewählt ist.

Mit ergebenen Grüßen
Ihr

Rücktrittserklärung Willy Brandts an Bundespräsident Gustav Heinemann.

236

```
                    E n t w u r f
                    _____


        Sehr geehrter Herr Generalsekretär,

        mir liegt daran, Ihnen in einer Situation, die viel

        Bitterkeit für mich enthält, zu sagen, dass mein
  Einstellung
        Verhältnis zu Ihnen davon nicht berührt wird. Im
                          bin mir
        Gegenteil: Ich habe mich in jedem Augenblick Ihrer
                          bewusst geblieben.
        guten Gedanken sicher gefühlt.
                          für mich gegenwärtig
        Mein Rücktritt ist die einzige Möglichkeit, für die

        grosse Sache zu arbeiten und zu kämpfen, die wir

        begonnen haben: Den Frieden in Europa unzerbrechbar

        zu machen.


        Ich verhehle nicht, dass dies zuweilen auch durch
                                  weniger
        eine manchmal andere Haltung Ihrer Regierung hätte

        erleichtert werden können. Aber keine Seite kann sich

        von Fehlern freisprechen.

        Ich werde mich freuen, wenn wir in Kontakt bleiben.

        Mit guten Grüssen



  9.5.74
```

andere, keinem Hinsicht im kleind anzukreiden wäre.

weiterhin gelegentlich von-einander hören können.

*Entwurfskorrekturen: Schreiben Willy Brandts an Leonid Bre-
schnew*

237

Vorschläge zur Parteiarbeit

Rede als SPD-Bundesgeschäftsführer auf einer Parteiratssitzung am 27. Januar 1977 in Bad Godesberg

Liebe Genossinnen und Genossen!
Ein durchführungsreifes Konzept für Reformen der Organisationsarbeit kann heute nicht vorgelegt werden. Es bedarf einer sorgfältigen Vorbereitung. Ich möchte deshalb über diese Vorbereitung einige Bemerkungen machen und darüber, was nach meiner Auffassung die Organisation auch leisten muss.

Fest steht, dass Holger Börner kritische Feststellungen zur Organisation getroffen hat mit der Folgerung, dass die Partei auch dann Wahlen verlieren kann, wenn sie dieses ihr wichtigstes Instrument nicht in Ordnung bringt. Das muss zu Konsequenzen führen, auch wenn sie wehtun. Ihr könnt davon ausgehen, dass ich keinen Ärger scheuen werde, wo das Interesse der Partei es erfordert. Wer Bundesgeschäftsführer ist, hat ohnehin zeitweilig auf Qualität des Lebens zu verzichten.

Die erste Priorität wird die Reorganisation der Zentrale sein. Die zweite Priorität wird Reform der Parteiarbeit mit dem Ziel sein, dies so weit voranzutreiben, dass der Parteitag im November darüber beschließen kann. Was wir in diesem Jahr nicht schaffen, werden wir in den dann folgenden drei Wahljahren nicht nachholen können.

Die modernen Erkenntnisse für eine zweckmäßige zentrale Organisation werden dabei ebenso zu berücksichtigen sein wie die Stärken, die in unserer Organisation traditionell liegen. Das wird die eigentliche Schwierigkeit sein, von dem, was gewachsen ist, das Gute zu erhalten und das hinzuzufügen, was die Partei zusätzlich für die Zukunft braucht. Dabei können alle Genossen sicher sein, dass die Erfahrungen in der Organisation selbst voll einbezogen werden in den Entscheidungsprozess. Ich werde mit allen Bezirken, ihren Vorsitzenden, ihren Vorständen, ihren hauptamtlichen Mitarbeitern sprechen und sie alle, wenn irgend möglich, bis zum Oktober besuchen, um einen eigenen Eindruck von den Gegebenheiten an Ort und Stelle zu bekommen.

Wenn ich von der Modernität sprach, dann meine ich Zweck-mäßigkeit und nicht Prestige. Es geht mir also nicht um Perso-nalhoheit, sondern um Mitbestimmung und Abstimmung. Ge-schäftsführer müssen unter vergleichbaren Bedingungen gesucht werden und auch arbeiten. Wir müssen flexibel genug sein, um Bezirken oder Landesverbänden helfen zu können, auch per-sonell.

Wir brauchen draußen und in der Zentrale stärkere persön-liche Erfahrungen über das, was auf den verschiedenen Ebenen möglich und nötig ist. Die Zentrale muss ihr Angebot zur Hil-festellung an die Bezirke verstärken.

Unter diesem Gesichtspunkt muss sich die Organisation auch die Frage gefallen lassen, ob sie die Menschen wirklich erreicht, ob sie den sehr unterschiedlichen Beitrittsmotivationen ihrer Mitglieder Rechnung trägt, ob sie aus ihrer Mitte heraus die Be-sten auswählen hilft und zur politischen Verantwortung hin-führt, ob sie das Gespräch mit dem Bürger und vor allem mit ihren Mitgliedern sicherstellt, ob sie den politischen Auftrag der SPD also glaubhaft macht und vollziehen hilft. Die Organisa-tion hat also Verbindungen zwischen Menschen herzustellen, zwischen den Bürgern und der Partei und innerhalb der Partei. Auf Neudeutsch heißt das Kommunikation.

Der Bundesgeschäftsführer weiß auch nach nur drei Wochen, wovon er redet. Mich haben ungezählte Briefe erreicht, nicht nur von solchen, die ihr Parteibuch zurückschicken mit der Begrün-dung: Ihr habt bei den Renten unsäglichen Mist gebaut und ihn fast liebevoll über Wochen verteilt, sondern gerade von Genos-sen, die sich jetzt bewähren, Argumente verlangen und die for-dern: Schafft Klarheit, wir müssen uns darauf verlassen können, dass der politische Gegner nicht jede Woche die Rentendiskus-sion neu beleben kann. Bis in diese Tage hinein sehen wir also: Mängel in der Partei schaden der Regierung. Mängel in der Re-gierung schaden der Partei, Fehler bezahlen wir alle. Lasst mich in diesem Zusammenhang eine Bemerkung machen: Ich habe mich heute nicht nur über die Bemerkung des Genossen Han-sen geärgert, sondern ebenso über die Bemerkung meines Freun-des Conny Ahlers über Georg Leber. Weder die Leistung noch die Situation Georg Lebers verdienen das.

Die Kommunikation hat in den letzten Wochen von unten nach oben besser funktioniert als umgekehrt. Es könnte nicht schaden, wenn wir uns auch generell in der Partei und nach außen so ausdrücken, dass es auch die Menschen verstehen, die nicht studiert haben. Was Fremdwörter angeht, ist das eine Selbstkritik. Ich bin nicht frei von den Sprachgewohnheiten diplomatischer und entwicklungspolitischer Fachidioten.

Aber hier sollte sich jeder bemühen und vor allem daran denken, dass die Sucht zu Fremdwörtern oder der leichtsinnige Gebrauch von Fremdwörtern bei einer ganzen Reihe von Menschen den Eindruck der Überheblichkeit des Redners erweckt und nicht nur Bürger, sondern auch Genossen von der inhaltlichen Diskussion ausschließt.

Wir dürfen also nicht sagen, dass wir für die Mehrheit der Arbeitenden Politik machen und dies so ausdrücken, dass es bestenfalls eine dünne Schicht versteht. Und damit es da gar keine Missverständnisse gibt: Diese Kritik bezieht den Bundeskanzler auch mit ein. Ich kenne von ihm Interviews, die kollegreif sind. Je verständlicher wir sprechen, umso klarer wird, was wir zu sagen haben, umso klarer wird sogar auch, wenn wir nichts zu sagen haben. Und das sollten wir dann ruhig zugeben, denn die Partei ist nicht dazu da, zu allen Fragen des Lebens, der Gesellschaft, des Staates und der Welt Patentantworten zu geben, die Ewigkeitswert haben.

Die Partei und ihre Organisation sind in einer gewaltigen Umschichtung. Ich stelle mit Erschrecken immer wieder fest, dass eine große Zahl jüngerer Genossen von unserer Parteigeschichte zu wenig weiß. Dabei erschrecke ich nicht über diese Genossen, sondern darüber, dass die älteren hier offensichtlich etwas versäumt haben. Die Älteren haben sich nicht klargemacht, dass für einen Menschen, der 1949 geboren ist, das Kriegsende 1945 also den gleichen historischen Abstand bedeutet, den das Ende des Ersten Weltkrieges für mich hat, der ich 1922 geboren bin.

Manchmal habe ich das Empfinden, als ob einige der jüngeren Genossen – aber das reicht durchaus bis ins Mittelalter –, wenn sie über die hundertjährige Geschichte unserer Partei sprechen, das in einem Ton tun, wie man über 'ne nette olle Tante spricht, die in Ehren grau geworden, aber in ihrer Vitalität begrenzt ist. Ich spüre also zu wenig Stolz auf die einzige Partei in unserem

Lande, die nach mehr als einhundertjähriger Geschichte sagen kann: Wir sind unserem Auftrag treu geblieben und haben mehr erreicht, als Väter und Großväter gehofft haben. Wir haben länger gebraucht zu manchem, als Väter und Großväter geglaubt haben. Die Partei ist nicht frei von Fehlern, nicht frei von der Gefahr, in unseren Vorstellungen zu weit nach vorn zu gehen, nicht frei von der Gefahr, weniger zu tun, als heute möglich ist. Aber sie ist unwandelbar und verlässlich als politische Kraft, die unsere Gesellschaft Schritt für Schritt umformt, entsprechend den wirtschaftlichen, sich ändernden technischen Möglichkeiten und mit einem möglichst großen Maß an Gerechtigkeit für den einzelnen Menschen.

Diese Partei hat, während sie in der Bedrängnis wuchs, das entwickelt, was man inzwischen mit einer Mischung von Herablassung und Neid »Stallgeruch« nennt. Positiv heißt das: ein Gefühl für Geborgenheit und politische Heimat. Wenn man es negativ ausdrückt, heißt das »Mief«. Die junge Generation in unserer Partei ist in einem Punkt jedenfalls typisch sozialdemokratisch: Sie fordert zuweilen unnachsichtig, dass allein Vernunft und Erkenntnis bei uns entscheiden sollen. Es gibt Genossen, die mit der Brillanz ihres Gehirns nicht nur leuchten, sondern auch Kälte ausstrahlen: Ich bin nicht stark in Physik gewesen, aber es gibt so etwas wie kaltes Licht – und sogar das muss es geben. Natürlich auch in einer Volkspartei wie der unseren. Aber insgesamt täte es gut, wenn wir etwas von dem Gefühl bewahren, das die Partei zur politischen Heimat macht. Weil sie Menschen zusammenführt, die dieselben Grundwerte verwirklichen wollen. Vielleicht können wir den Nachfolgenden also das Gute der Tradition weiterreichen. Das zeigt sich dann auch im Umgang miteinander und in der Offenheit, mit der man um richtige Entscheidungen ringt und sie dann auch zusammen durchsteht.

In unserem technischen Zeitalter, das den Menschen hinein wirft in Abläufe und Organisationen, die oft schwer durchschaubar sind, sollten wir nicht gering achten, dass der Mensch Geborgenheit braucht. Ich meine also, dass die Organisation das Gespräch mit dem Bürger und die Verbindung organisieren, das heißt möglich machen muss. Das ist nicht mit organisatorischen Rückwärtsträumereien zu verwechseln, oder – um nun endlich ein Fremdwort zu gebrauchen, das hoffentlich verstanden wird – hier beginnt nicht die Nostalgiewelle der SPD. Der Veränderung unserer Gesellschaft etwa im Freizeitverhalten würde man nicht durch Wiedergeburt des Arbeitermandolinenvereins gerecht werden. Aber es war eben falsch und leider ziemlich folgenschwer, Vereine und Verbände als etwas politisch Leichtgewichtiges abzutun. Wir wollen die Vereine auch nicht politisieren, sondern wichtig ist, dass Sozialdemokraten, wo immer sich Menschen organisieren und zusammenfinden, sich engagieren für die Sache und die Menschen – und damit dann hoffentlich auch für unsere Partei werben.

Da heute mehrfach von Vertrauensarbeit die Rede war, möchte ich dafür eine praktische Anregung geben: Nicht zuletzt durch unsere Partei und die Politik unserer Bundeskanzler sind Zehntausende von Menschen aus der Sowjetunion und Polen zu uns, das heißt in eine fremde Welt gekommen, die Heimat werden soll. Wir würden versagen, wenn wir sie nur herbrächten und sie dann aussetzten. Aussiedler sind keine Reservearmee, handhabbare geduldige Marionetten. Durchgangslager sind keine Verschiebebahnhöfe für Fremde, sondern Startrampen für einen neuen Lebensabschnitt. Jeder Aussiedler, der unverschuldet in Obdachlosenquartieren landet, ist eine Anklage unserer Gleichgültigkeit. Von Amts wegen wird viel für diese Menschen getan, aber es kann nicht genug getan werden, wo der einzelne im Labyrinth der Behörden und Anlaufstellen zu resignieren droht.

Jeder Ortsverein sollte also Genossen finden, die sich um die Aussiedler kümmern bei ihm zu Hause und ihm bei der Orientierung helfen. Jeder Sozialdemokrat in kommunalen Dienststellen sollte seinen Einfluss geltend machen und seine Phantasie anstrengen, um gerade in einer Zeit, in der es Arbeitslosigkeit gibt, Wege zu ebnen. Arbeitgeber sind aufgefordert, mit Nachsicht und Geduld Anfangsschwierigkeiten erträglich zu gestalten. Aussiedler sind Mitbürger, sie sind ein Stück unseres gemeinsamen Weges.

Ein letzter Punkt: Die Partei muss viele Themen diskutieren, die ihr von außen aufgezwungen werden. Sie sollte versuchen, sich zu konzentrieren auf ein eigenes Thema, für das sie auch unter Erfolgszwang steht und sich stellt. Ich meine die Durchsetzung des Prinzips gleicher Lohn für gleichwertige Arbeit. Das ist für uns eine politische Überzeugung, auch wenn hier die Kompetenz der Gewerkschaften besonders gefragt ist. Hier geht es vor allem um Frauen. Das Prinzip ist in der Verfassung verankert. Die Wirklichkeit sieht anders aus.

Ich verkenne nicht, dass zuletzt dank der Gewerkschaften Fortschritte erzielt worden sind, dass die Diskussion sich auf das Problem der Leichtlohngruppen ausweiten muss, die oft nur das Feigenblatt bilden, hinter dem sich der Verfassungsbruch tarnt. Wir haben in den letzten Wochen eine Diskussion in unserem Lande erlebt, dass die Grundsätze von Helsinki das Papier nicht wert seien, auf dem sie geschrieben wurden, solange sie nicht verwirklicht sind. Dazu ist zunächst zu sagen, dass Helsinki kein völkerrechtsverbindlicher Fakt ist, aber die Verfassung ist bei uns geltendes Recht seit nun schon fast 28 Jahren. Manche Forderungen brauchen eben ein bisschen Zeit.

Es gibt viele Forderungen unserer Frauen, die berechtigt sind. Ich glaube, dass sie sich auf die Durchsetzung dieser Forderung: gleicher Lohn für gleichwertige Arbeit konzentrieren sollten, und dass die ganze Partei in allen ihren Gliederungen auch auf allen Ebenen den Frauen helfen und das Gebot der Verfassung verwirklichen sollte. Kein Einwand sticht, der dagegen erhoben wird. Es sei denn, wir wollten resignieren vor dem vielfältigen täglichen Bruch bestehenden Rechts.

Der Gerichtshof der Europäischen Gemeinschaft hat am 8. April vergangenen Jahres für Recht erklärt, ich zitiere: »Der in Art. 119 EWG-Vertrag aufgestellte Grundsatz der Gleichheit des Arbeitsentgeltes männlicher und weiblicher Arbeitnehmer gehört zu den Grundlagen der Gemeinschaft. Auf ihn können sich die Betroffenen vor den innerstaatlichen Gerichten berufen. Diese Gerichte sind verpflichtet, die Rechte zu schützen, welche die genannten Bestimmungen dem Rechtsbürger verleihen.«

Die Partei wird bereit sein, auch in Musterprozessen Hilfe zu geben. Wir werden dieses Thema nicht mehr von der Tagesordnung verschwinden lassen, bis der Verfassungsanspruch Verfassungswirklichkeit geworden ist.

Im Übrigen habe ich keine Sorge, dass diese Gleichmacherei, also gleicher Lohn für gleichwertige Arbeit, den Sozialdemokraten als Sozialismus angekreidet wird. Jawohl, das ist Sozialismus. Und insoweit ist Sozialismus Verfassungsgebot. Und alle Frauen, die für die Verwirklichung dieses Verfassungsgebotes eintreten, sind Sozialistinnen.

Und wenn jemand kommt und sagt, dass unsere Produktion teurer wird, wenn wir diesen Grundsatz verwirklichen, dann müssen wir fragen, ob der Wert der Verteuerung der Produktion höher rangiert als die Verwirklichung eines Verfassungsgebotes. Außerdem bin ich ziemlich sicher, wenn dieser Grundsatz in der Bundesrepublik Deutschland durchgesetzt wird, dann werden die Frauen in unseren Nachbarländern und die Parteien dort nicht ruhen, bis auch sie dem europäischen Recht Geltung verschafft haben.

Bis zum Jahr 1984 ist uns aufgegeben, die Gleichstellung von Mann und Frau, soweit es sich um Witwen und Witwer handelt, zu regeln. Über allen Sorgen von heute und morgen ist das eine Aufgabe, der wir uns in den nächsten Jahren zuwenden müssen, auch wenn sie uns heute übergroß erscheint. Aber es darf meines Erachtens nicht geschehen, dass diese Gleichheit der nicht mehr Arbeitenden verwirklicht wird, aber die Gleichheit der Arbeitenden in der Wirklichkeit immer noch fehlt. Ich hoffe, dass die Partei in allen Gliederungen für dieses Ziel kämpfen wird: Die Arbeitsgemeinschaft Sozialdemokratischer Frauen braucht dafür unsere Unterstützung. Aber alle Arbeitsgemeinschaften können hier ihren Beitrag leisten, und die Unterstützung der Gewerkschaften ist unentbehrlich.

Noch unentbehrlicher wird die Bereitschaft der Frauen in unserem Lande sein, auch außerhalb der Partei, uns dabei zu unterstützen – mit Anregungen und Hinweisen.

Organisation ist für uns ein Instrument, das modernisiert werden muss. Das wird geschehen entlang den Erkenntnissen, die in dem Papier der Genossen Koschnick und Börner vorgezeichnet sind. Organisation ist darüber hinaus ein Stück der Partei selbst, das sie braucht, um ihrem Auftrag gerecht zu werden bei der politischen Willensbildung. Sie ist ein Teil also der Politik. Wir vergessen darüber keinesfalls, dass es schließlich auf die Inhalte ankommt, die wir formulieren, um das Leben unserer Menschen in unserem Lande und in Europa zu verändern. Wir haben also ungeheuer viel zu tun. Und der Bundesgeschäftsführer bittet dabei um Hilfe.

DIE SPD IM DEUTSCHEN BUNDESTAG

170

21. Januar 1992
sb/Elb

Willy Brandt und Helmut Schmidt: Dank und Anerkennung für Manfred Stolpe

Der Ehrenvorsitzende der SPD, Bundeskanzler a.D. Willy Brandt, und
Bundeskanzler a.D. Helmut Schmidt erklären:

Was sich dieser Tage um Manfred Stolpe, den brandenburgischen
Ministerpräsidenten, abspielt, ist empörend und fordert Protest
heraus. Hierzu fordern wir auf, unabhängig davon, zu welcher
Kirche oder Partei wir gehören.

Manfred Stolpe hat unter den Bedingungen der DDR einer beträchtlichen Zahl von Menschen helfen können. Dafür gebührt
ihm Anerkennung und Dank, nicht Tadel und falsche Verdächtigung.
Auch darf es nicht dahin kommen, daß unsere demokratische und
bundesstaatliche Ordnung durch dubiose Kampagnen unterspült
wird.

Wir in der alten Bundesrepublik haben uns nicht zu Richtern
über Landsleute im anderen Teil Deutschlands aufzuwerfen, die
sich unter schwierigeren Bedingungen als bei uns im Westen um
ihre Existenz und Würde zu kümmern und zu sorgen hatten.

An die Landsleute in den Ländern, die wir "die neuen" nennen,
geht, nicht zum erstenmal, der Appell: Laßt Euch nicht in eine
Psychose hineinreden, als wäret Ihr ein Volk von Stasi-Knechten
und Denunzianten gewesen. Wer sich an anderen vergangen hat,
muß dafür gradestehen. Aber Selbstgerechtigkeit, Vorverurteilung
und Ketzerrichterei gehören nicht zu den Eigenschaften eines
mündigen Volkes.

Dies geht an die Adresse aller, die sich getroffen fühlen mögen.
Also auch solcher, die die Stasiakten-Behörde für niedrige Zwecke
in Anspruch nehmen möchten.

SPD-Bundestagsfraktion • 5300 Bonn 1 • Bundeshaus
Herausgeber: Dr. Peter Struck • Redaktion: Sepp Binder • Telefon: 02 28 / 16-27 28 / 16-26 74 Telefax: 02 28 / 16-35 18

_313_

Briefwechsel mit Erhard Eppler

Thema des in der ZEIT veröffentlichten Briefwechsels am 22. und 29. April 1999 war der Krieg auf dem Balkan und der dortige Kampfeinsatz der NATO.

Lieber Egon,
Du weißt, welchen Respekt ich habe vor Dir, Deiner Leistung, Deinem Scharfsinn. Natürlich gibt es in Deinem Text vieles, was mir einleuchtet: dass die Amerikaner falsch kalkuliert haben, dass die Kampfflugzeuge der NATO viele neue Risiken herbeibomben. Du weißt, dass für mich seit langem das französische Hemd näher ist als der amerikanische Rock, dass ich mir eine Bundesregierung wünsche, die eine gemeinsame Außen- und Sicherheitspolitik der EU nicht nur in Sonntagsreden beschwört.

Aber in den letzten zehn Jahren hat sich für mich die Kernfrage aller Sicherheitspolitik verändert. Bis 1989 lautete sie für uns beide: Wie lässt sich der große Krieg verhindern? Jetzt, wo überall die Gewalt ausufert, ohne dass sie sich als Krieg definieren lässt, lautet sie für mich: Wie lässt sich Gewalt verhindern, zähmen, eindämmen, brechen?

Deshalb wundere ich mich darüber, dass in Deinem Text die Opfer der Gewalt, die Vertriebenen, gar nicht vorkommen. Was immer der Westen in den letzten zehn Jahren falsch gemacht haben mag, kein westlicher Regierungschef kann den Vertriebenen jetzt sagen: »Sorry, ihr habt Pech gehabt. Wir wollten euch helfen, aber das funktioniert nicht.«

Ein Kontinent, der um dieser Menschen willen militärisch zugeschlagen hat, kann nicht aufgeben, ehe klar ist, dass die Vertriebenen zurückkehren können. Und sie kehren nur zurück unter dem Schutz einer internationalen Streitmacht. Das weiß und sagt auch Kofi Annan für die Uno, die Anlass hätte, der NATO gram zu sein.

Sobald Serbien dies im Prinzip akzeptiert, kann man verhandeln. Und dann werden die Russen unentbehrlich sein. Solange Milosevic darauf besteht, dass keine fremden Truppen das Kosovo betreten, werden Feuerpausen oder Waffenstillstände ihn nur in der Hoffnung bestärken, der Westen finde sich mit seiner ethnischen Säuberung ab.

Kürzlich hat mir ein Journalist eine Buchbesprechung zugefaxt, die ich 1993 für den Spiegel gemacht hatte. Es ging um Rufins Warnung vor einem neuen Limes, der die Welt, um die wir uns kümmern, von der Welt trennt, die uns nicht mehr kümmert. Damals habe ich den Satz geschrieben: »Könnte es nicht sein, dass demnächst, wenn Hunderttausende jenseits des Limes im Chaos verrecken, die politische Rechte wegsieht, weil nationale und ökonomische Interessen nicht berührt sind ...? Und dass auf der Linken einige aufstehen und schreien, das könne doch wohl nicht alles sein?«

Dein Erhard Eppler

Lieber Erhard,

es wäre politisch und militärisch ein Qualitätssprung, würde sich die NATO nun für Bodentruppen entscheiden. Das Ziel wäre, Jugoslawien zur Kapitulation zu zwingen. Der Westen ist stark genug; niemand könnte an seinem Sieg zweifeln. Aber der Preis dafür wäre zu hoch, daher ist Bodenkrieg gegen Jugoslawien abzulehnen.

Es trifft sich gut, dass Bundesregierung, Koalition und die gesamte Opposition diesen Standpunkt teilen, die notwendige Mehrheit für einen notwendigen Beschluss des Bundestages zurzeit nicht existiert. Was aber, wenn Amerika will und die Beteiligung des Bündnisses erwartet? Darf Deutschland dann überhaupt nein sagen?

Deutschlands Zuverlässigkeit, die bisherigen Beschlüsse auch weiter mitzutragen, darf nicht bezweifelt werden. Für einen qualitativ neuen Beschluss hat es dasselbe Recht, das alle Partnerstaaten der NATO haben. Es verfügt über die Souveränität, ja oder nein zu sagen.

Die Verfassung steht nicht zur Disposition der NATO. Beim Golfkrieg war das klar. Seither sind die gesetzlichen Voraussetzungen erfüllt: Wir können, wenn wir wollen. Wir, das ist die Mehrheit des Parlaments.

Dieser deutsche Souverän ist nicht Mehrheitsbeschlüssen der NATO unterworfen. Niemand kann ihm die Verantwortung abnehmen, ja oder nein zu sagen. Wenn die amerikanische Regierung in selbstverständlicher Achtung vor dem Souverän zuweilen erklärt: »Das kriegen wir im Kongress nicht durch«, kann man gleiches Verständnis erwarten, wenn die deutsche Regierung das gleiche Argument benutzt.

Deutschland ist in die NATO eingebunden, seine Mitgliedschaft steht nicht zur Diskussion, »Deutschland liegt an der Leine« (James Baker), es ist zu selbständiger Kriegführung gar nicht fähig, »wir machen keinen Alleingang«: alles richtig. Aber Deutschland ist nicht verpflichtet, alles mitzumachen, was das Bündnis vorschlägt, insbesondere dann nicht, wenn wir das als einen Fehler ansehen, der vitalen deutschen Interessen zuwiderläuft.

Die NATO sollte vermeiden, sich in eine Lage zu manövrieren, in der sie die von ihr beschlossenen gesamteuropäischen Strategien zerstört.

Ob Deutschland sich zutraut, das Bündnis vor diesem fatalen Dilemma zu bewahren, ist eine andere Frage. Hoffentlich bleibt uns eine solche Entscheidung erspart

Dein Egon Bahr

Lieber Erhard,
aus Zeiten des Kalten Krieges kennen wir beide die gefährliche Unart, Menschenrechte zu einer Keule zu machen, um den Gegner propagandistisch totzuschlagen. Aber damit hat Präsident Carter bekanntlich Andrej Sacharow nicht befreien können. Und so entschieden und fundamentalistisch wurde die ethisch berechtigte Entrüstung nie, als dass sie den Verstand ausgeschaltet und in Gewalt, sprich: in Krieg gemündet wäre. Die Verantwortung war stärker, die nach Opfern und Schäden fragte.

Seit der dritte Weltkrieg nicht mehr droht, glaubt man sich den Luxus kleiner, nicht erklärter Kriege, brutale Gewalt in Vielvölkerstaaten, das Austragen lange unterdrückter ethnischer Konflikte leisten zu können. Berechtigte und verständliche Wünsche nach Selbstbestimmung, Sezession, Autonomie brechen auf. Die Wünsche führen zur Gewalt, sollen durch Gewalt unterdrückt werden, provozieren den Bürgerkrieg, revoltieren gegen das Recht des jeweils Stärkeren in der Hoffnung, mächtige Verbündete zu finden, die für sie die Stärke ihres Rechts durchsetzen.

Das erleben wir in Russland, im Kaukasus, in Zentralasien, im Nahen und Mittleren Osten, in Afrika und auf dem Balkan.

Immer bleibt die zivile Bevölkerung auf der Strecke. Wegsehen ist nicht erlaubt, helfen selbstverständlich. Eingreifen auch unter Anwendung von Gewalt Ja, aber nicht überall, sondern nur dort, wo es die Mittel gestatten, die Interessen gebieten und die Verhältnismäßigkeit verantwortbar ist. Auch Dein Standpunkt, lieber Erhard, steht unter diesen Bedingungen und ist weder fundamentalistisch noch global.

Ich verstehe nur zu gut, wie es zu der heutigen Lage im Kosovo-Krieg gekommen ist. Den deutschen Friedensplan, in seinen Zielen von der Uno wie von Russland angenommen, habe ich unterstützt. Ich habe nicht die Ziele, sondern die Mittel für falsch gehalten.

Nun, nach sechs Wochen Krieg, stellt sich die Frage der Verhältnismäßigkeit. Mit jedem weiteren Tag wird es unmöglicher, Schuld abzuwägen zwischen den Vertreibungen und dem Töten durch Bomben. Zuerst waren die Albaner Opfer. Jetzt werden es zunehmend auch die Serben.

Mit jedem Tag, an dem das Vertreiben nicht verhindert und das Töten fortgesetzt wird, das auch Unschuldige trifft, werden für alle Betroffenen Lebenschancen und Grundlagen ihrer Zukunft zerstört. Muss es nicht der Maßstab des Handelns werden, das Leiden der Menschen zu beenden? Immer stärker und elementarer empfinde ich die Richtigkeit und Tiefe des Satzes von Willy Brandt: »Friede ist nicht alles, aber ohne Frieden ist alles nichts.« Solange die Waffen nicht schweigen, bekommt der Friede keine Chance. Den ersten Schritt dorthin könnte der überlegene Westen tun. Er sollte es, im Namen der Werte, für die er angetreten ist.

Übrigens: Wie elegant die Bundesregierung deutsche Bodentruppen abgelehnt hat, hat richtig Spaß gemacht; über Washington wird im Übrigen noch viel zu sagen sein.

Dein Egon Bahr

Lieber Egon,
was die Entsendung von Bodentruppen angeht, sind wir uns einig: Sie soll unterbleiben. Es spricht zu viel dagegen, nicht zuletzt die Provokation für die Russen.

Aber es sieht nicht so aus, als stünde hier eine Bundesregierung gegen den Rest des Bündnisses. In Deutschland votiert auch die Union dagegen. Und offenbar sind andere europäische Regierungen dem Gedanken ebenfalls nicht zugeneigt, ihre Soldaten in den Bergen des Kosovo kämpfen zu lassen. Wahrscheinlich ist es auch nicht nötig.

Wie ernst auch immer man Herrn Draskovic nehmen mag, was er sagt, ist nicht eben überraschend. So denken wohl alle, die ihr Denken nicht abgeschaltet haben, sei es aus Hass auf die NATO, sei es aus Furcht vor Milosevic: Serbien kann diesen Krieg nicht gewinnen. Es hat nur zwei Hoffnungen: einen dramatischen Szenenwechsel in Moskau und einen Umschwung in den öffentlichen Meinungen der NATO-Staaten. Der Umsturz in Moskau findet nicht statt, auch ein Präsident Lebed wäre wesentlich vorsichtiger als ein Präsidentschaftskandidat Lebed. Und in der NATO hat sich die Einsicht durchgesetzt, die ich letzte Woche so formuliert habe: Was immer der Westen in den letzten zehn Jahren falsch gemacht haben mag, kein westlicher Regierungschef kann den Vertriebenen jetzt sagen: »Sorry, ihr habt Pech gehabt. Wir wollten euch helfen, aber das funktioniert nicht.«

Milosevic hat durch die »ethnischen Säuberungen« im Kosovo der NATO den Rückweg abgeschnitten. Inzwischen ist für alle, auch die Uno, klar, dass die Rückkehr zur Politik beginnt mit der Rückkehr der Vertriebenen. Und die kehren nicht zurück ohne eine internationale Streitmacht, die nicht wegsieht, wenn geplündert und gemordet wird. Wenn diese Truppe ein Mandat der Uno hat, wenn Russland seinen Part spielt, kann der serbische Diktator sogar sein Gesicht wahren – bis alles ans Licht kommt, was seine Milizen und Soldaten im Kosovo getan haben.

Ich finde, dass unsere Regierung ziemlich genau den richtigen Weg zwischen der Solidarität des Bündnisses und den eigenen Interessen gefunden hat. Und wir sind wohl beide darin einig, dass sie, sobald der Lärm der Bomben verstummt ist und die Flüchtlinge anfangen, ihre Häuser wieder bewohnbar zu machen, ihr Bemühen um eine gemeinsame europäische Sicherheits- und Außenpolitik verstärken muss. Und dass dann auch über die Zukunft der Balkanregion gemeinsam mit den Betroffenen nachgedacht werden muss.

In der Hoffnung, dass wir unseren Gedankenaustausch bald einstellen dürfen.

Dein Erhard Eppler

»Wir müssen versuchen, uns zu emanzipieren«

Interview mit Alexander Cammann und Thymian Bussemer über Amerika und Europa, Deutschland und die Zukunft des Westens für die Zeitschrift vorgänge; Berlin, 21. April 2001.

… Bundeskanzler Schröder hat in seiner Regierungserklärung davon gesprochen, dass ein positives Verhältnis zu Amerika Teil der deutschen Staatsräson ist. Von Ihnen gibt es anders lautende Äußerungen.

Ich weiß nicht, ob Schröder das wirklich so formuliert hat. Jedenfalls hat sich die Position des vereinten Deutschland mit dem Ende des Ost-West-Konflikts und der Einheit verändert. Bis dahin war die gute Beziehung zu Amerika fast eine Staatsräson, weil wir ohne die Amerikaner die Bedrohung aus dem Osten nicht ausbalancieren konnten. Jetzt gibt es keine Bedrohung mehr. Wir haben zum ersten Mal in der Weltgeschichte eine einzige Supermacht, die konkurrenzlos dasteht, die in der Lage ist, an jedem beliebigen Punkt der Welt eine militärische Übermacht zu konzentrieren. Und diese Weltmacht hat es nun an sich zu sagen: »Unser Interesse ist: Wir wollen einzige Weltmacht bleiben. Wir wollen unsere mit jedem Monat wachsende militärische Überlegenheit ausbauen, uneinholbar machen. Das entspricht unserer globalen Verantwortung, auch unserem Interesse. Dazu müssen wir unseren Interessen auch dann folgen, wenn wir es alleine machen müssen. Auch dann, wenn wir eine Mehrheit im Sicherheitsrat der Vereinten Nationen gegen uns haben. Wo kommen wir denn hin, wenn die Mehrzahl der Kleinen, die wenig können und wenig Verantwortung haben, uns vorschreiben wollen, was wir zu tun oder zu lassen haben? Das geht gar nicht.« Also macht Amerika eine Politik, die sagt: »Wenn wir Verbündete kriegen, ist es gut; wenn wir die Mehrheit im Sicherheitsrat kriegen, ist es auch gut; wenn nicht – na, dann geht es auch so.« Dieses Interesse der Amerikaner als Globalmacht haben wir bereits bei Herrn Clinton gehabt; wir sehen das jetzt nur ein bisschen deutlicher, der Neue macht das nur ein wenig mehr outspoken. Aber es ist prinzipiell nicht neu. ...

Die große Frage ist doch, wie das wiedervereinigte Deutschland mit dieser amerikanischen Dominanz umgehen soll?

Ja, das führt direkt zu dem Problem, wie eigentlich Deutschlands Stellung heute zu definieren ist. Eines ist klar: Wir können uns nicht befreien von dem globalen atomaren Schirm, den die Amerikaner gegenüber den Russen aufspannen und aufrechterhalten. Alle Europäer, Deutschland eingeschlossen, haben da nichts zu bestimmen. Es ist amerikanisches Interesse, dass die Gegenküste, also Europa West, nicht unter feindseligen Einfluss kommt. Unter diesem Schutz stehen wir. Und nun können wir unterhalb dieses Schirms die europäische Identität entwickeln und können sagen, unser oberstes Ziel ist, dass Europa ein global player wird, ein selbständiger Mitspieler – nicht auf militärischem Gebiet, da sind die Amerikaner uneinholbar. Aber auf dem Gebiet der Wirtschaft und der Politik. Wir können politisch zum Beispiel sagen: Keine weitere Ausweitung der NATO nach Osten. Dann passiert sie nicht. Das heißt, wir haben die Möglichkeit, im Dienste Europas dafür zu sorgen, dass die Chance zur sicherheitspolitischen Entwicklung Europas genutzt wird. Wir können sagen: Wir schaffen eine gesamteuropäische Sicherheitsstruktur. Ein typisches Beispiel hierfür ist das amerikanische NMD-Programm.[1] Ich habe mir den russischen Gegenvorschlag dazu angesehen. Die Russen schlagen vor, dass wir Europäer uns zusammensetzen und analysieren, was wir können, was wir brauchen, was wir machen müssen. Also ein gesamteuropäischer Pool von Wissen, Technik, Organisation, Kommando und Truppen – unter Einschluss der Russen, unter Einschluss der Amerikaner. Also wäre dies eine gesamteuropäische Struktur. Wenn ich mir jetzt dagegen die amerikanischen NMD-Pläne ansehe, dann ist

---

[1] National Missile Defence (Nachfolge des SDI-Projekts) zur Raketenabwehr mit Hilfe satellitengestützter Überwachung, entwickelt in der Regierungszeit von US-Präsident George W. Bush.

das eine rein amerikanische Angelegenheit, zum Schutze ihrer Verbündeten unter Ausklammerung derer, die nicht verbündet sind. Dies wäre eine Verlängerung ihrer Protektoratsideen und keine gesamteuropäische Angelegenheit.

Sehen Sie denn eine realistische Möglichkeit, dass Russland, Europa und Amerika sich zu einem gemeinsamen NMD-Programm zusammenfinden könnten, trotz der nach wie vor großen Unterschiede zwischen Russland und dem Westen hinsichtlich der Wertegrundlagen?

Das hat doch mit Werten nichts zu tun. Das hat mit Interessen und Fähigkeiten zu tun.

Meinen Sie, dass es eine gemeinsame Interessenkonstellation zwischen Russland und Amerika geben kann?

Die Amerikaner werden das vielleicht ablehnen. Aber wenn wir dann NMD ablehnen, was machen sie dann?

Darin bleibt Europa außen vor.
Dann machen wir es mit den Russen. Und den Franzosen. Und den Engländern.

Es bleibt die Frage: Läge dies in unserem Interesse? Muss es nicht eher unser spezielles deutsches und europäisches Interesse sein, engstmögliche Beziehungen zu Amerika zu haben, unbedingt an der Seite Amerikas zu stehen – schon aus Gründen der weltpolitischen Stabilität?

Darüber kann man dann reden. Meiner Auffassung nach ist es die Interessenlage der Europäer, eine Sicherheitsstruktur in Europa zu schaffen, in der es Kriege zwischen Staaten nicht mehr gibt. Dies geht nicht ohne die Beteiligung Russlands.

Hat Europa dabei mit dem Widerstand Amerikas zu rechnen?

Das weiß ich nicht. Meiner Meinung nach akzeptieren die Amerikaner vieles, wenn sie mit Realitäten konfrontiert werden. Sie respektieren feste Meinungen und Haltungen. Das ist zumindest meine Erfahrung.

Gegenwärtig wird häufig ein Paradigmenwechsel in der amerikanischen Außenpolitik konstatiert – der Spiegel etwa titelte »Der kleine Sheriff George Bush jr. gegen den Rest der Welt«. Clinton hat das NMD-Programm so zurückhaltend wie irgend möglich betrieben; Bush macht es zum Kernbestand seiner Außen- und Sicherheitspolitik.

Ja und? Clinton wollte in Sachen NMD nicht mehr entscheiden. Und brauchte auch nicht mehr zu entscheiden, weil die ersten Tests bekanntlich gescheitert sind.

Also Sie sehen mit der Bush-Administration keine neue Version der Pax Americana auftauchen?

Überhaupt nicht. Die ganze Angelegenheit hat langfristige historische Ursachen, die man nicht vergessen darf. Eine erste ähnliche Entscheidung hieß in den 80er Jahren SDI, die hat Reagan damals getroffen. Letztlich war auch das eine Reaktion auf den Schock, den die Amerikaner in den 50er Jahren erlitten hatten, als die Russen plötzlich über Interkontinentalraketen verfügten und Amerika zum ersten Mal in seiner Geschichte verwundbar wurde. Die Amerikaner reagierten damals sofort: Sie ersetzten die Strategie der massiven Vergeltung durch die Strategie der flexiblen Antwort. Bis zu diesem Zeitpunkt sagten sie: »Wenn irgendwo etwas passiert, hauen wir euch die großen Koffer auf den Kopf.« Jetzt sagten sie: »Wir können doch nicht für Berlin oder Hamburg New York riskieren. Also behalten wir uns vor, flexibel zu antworten, je nach Interessen und Möglichkeiten.« Sie haben im Ergebnis mit dem »Reich des Bösen« verhandeln müssen über die Begrenzung der strategischen Waffenteile, über die Reduktion strategischer Waffen, SALT und START. Das war das Ergebnis der russischen Aufrüstung. In dem Augenblick, in dem die technische Möglichkeit am Horizont erschien, um Amerika wieder unverwundbar zu machen, hat Reagan dann Anfang der 80er Jahre sofort gesagt: Wir machen das. Das erwies sich technisch zwar doch als unmöglich, aber über vier Administrationen hinweg sind die Pläne weitergetrieben und 60 Milliarden Dollar ausgegeben worden. Ich habe nie einen Zweifel daran gehabt: In dem Augenblick, in dem NMD technisch machbar ist, werden es die Amerikaner technisch machen. Sie wollen sich den Traum von Unverwundbarkeit erfüllen, obwohl sie wissen, dass sie nicht mehr unverwundbar sein können.

Hypothetisch gesprochen: Angenommen, sie verwirklichten diesen Traum – welche Implikationen hätte das für Europa?

Es wird ihnen nicht gelingen. Sie können technisch eines Tages die Probleme von NMD meistern. Damit werden sie aber nicht unverwundbar. Denn ich kann natürlich einen Frachter mit chemischen oder biologischen Kampfstoffen nach New York schicken; ich kann über das Internet elektronische Kriegsführung betreiben. Das kann ich mit Raketen alles nicht verhindern. Trotzdem wollen die Amerikaner das Raketenabwehrsystem. Gut. Die Frage für Europa ist: Machen wir es mit? Bezahlen wir? Geben wir Grund und Boden zur Stationierung? Oder machen wir es nicht mit? Das ist die einzige Frage.

Was ist Ihre Position?

Natürlich nicht mitmachen. Wir müssen gesamteuropäische Sicherheitsstrukturen schaffen. Wir müssen versuchen, uns zu emanzipieren. Wir sind erwachsen. Der junge Mensch, der 21 wird, ist selbst verantwortlich und letztverantwortlich für sein eigenes Schicksal, für Tun und Lassen. Er emanzipiert sich von seinen Eltern. Das ist nicht immer bequem, die Eltern mögen das nicht. Ich bin ja nicht gegen Amerika, um Gottes willen. Die größte Weltmacht, die einzige Weltmacht gibt es ja weiterhin und kann durch nichts ersetzt werden. Fabelhaft. Sollen sie machen, was sie wollen. Aber soweit wir das mit den Europäern schaffen, erledigen wir unsere Angelegenheiten jetzt europäisch. Wenn wir das nicht machen, bleiben wir Protektorat. Nun könnte man sagen, das wäre doch gar nicht so schlecht. Aber dann würden wir die europäische Identität verlieren. Und die europäische Identität ist eine andere als die amerikanische. Zugespitzt formuliert: Amerika macht Markt pur; europäische Tradition dagegen ist es, den Menschen neben dem Markt zu sehen. Wir haben schon den Mut zum Euro gehabt. Er ist eine Konkurrenz zum Dollar, ob wir wollen oder nicht. Ja, macht nun unser Mut vor dem Bereich der Außen- und Sicherheitspolitik halt?

Im Übrigen ist Konkurrenz ja nicht schlecht. Das gegenwärtige Zentralproblem unserer Welt ist doch, dass die Maschinen immer weniger Menschen brauchen, um immer mehr zu produzieren. Darauf gibt es bisher keine Antwort. Amerika kennt sie nicht, Europa nicht, Deutschland nicht, die SPD kennt sie nicht, Asien kennt sie nicht. Alle versuchen, sich auf irgendeine Weise durchzuhangeln, bis sie zu einem neuen Gesellschaftsbild kommen, das auf diese Probleme eine Antwort gibt. Wenn Europa es schafft, mit Rückgriff auf seine Tradition ein eigenes Modell zu entwickeln, wäre das doch prima. Dann könnten andere Weltteile sich das anschauen und entscheiden, ob sie den american way of life oder den european way of life wollen.

Sie sehen also zwischen dem europäischen und dem amerikanischen Weg auch in Zukunft noch Unterschiede? Vielfach wird ja gesagt, zwischen beiden fände ein Angleichungsprozess statt.

Nein, die Mentalitäten gleichen sich nicht so schnell an. Die Äußerlichkeiten, vielleicht auch die Fernsehprogramme oder das Verbraucherverhalten …

Aber die Dominanz der amerikanischen Wirtschaft ist doch unübersehbar. Diverse Firmenübernahmen und die weltweite Führungsposition US-amerikanischer Konzerne, von Microsoft bis General Motors, zeigen doch, dass es bestimmte Vorstellungen von Ökonomie gibt, die auch in Europa immer stärker zum Tragen kommen.

Selbstverständlich. Sehen Sie, die Herrschaft des Geldes, des Profits, des Shareholder-value-Denkens breitet sich aus. Gleichzeitig sehe ich, dass die Bedenken, Überlegungen oder Widerstände dagegen weniger aus Europa, sondern vielmehr aus den USA selbst kommen. Die sagen: Es kann nicht ohne Regeln gehen. Selbst harte, erstklassige Großkapitalisten wie George Soros sagen: Es muss ein Regelwerk geben. Wir können nicht weiter hineintaumeln in eine Welt, in der letztlich der Produktionsnutzen und der Gewinn alles bestimmt. Ich habe als Demokrat gelernt: Macht braucht Gegenmacht. Wo ist die Gegenmacht gegen die Multis? Wo sind die europäischen Parteien? Wo ist die europäische Gewerkschaft? Von einer Weltgewerkschaft ganz zu schweigen. Ich kann davon nichts sehen.

Apropos Regeln: Sie haben in ihrer außenpolitischen Laufbahn in Moskau und in Amerika verhandelt. Wer war denn eigentlich der schwierigere Verhandlungspartner?

Mit den Amerikanern war das immer fabelhaft.

Haben die Amerikaner Sie in Gesprächen hinter der verschlossenen Tür nie die Abhängigkeit fühlen lassen?

Natürlich hat es immer eine Arroganz der Macht gegeben, die arrogance of power. Das führte auch dazu, dass die Amerikaner das gemacht haben, was sie für richtig hielten, ohne uns zu fragen.

Vor ein paar Jahren tauchten im Weißen Haus Berichte aus dem Umfeld Henry Kissingers auf, die Sie als unsicheren Kantonisten charakterisierten. Amerika, so der Tenor, könne sich im Zweifelsfall nicht auf Sie verlassen. Hat Sie das getroffen?

Nein. Wenn ich überzeugt bin, dass ich die Interessen meines Landes vertreten muss, und diese sind nicht übereinstimmend mit denen der Vereinigten Staaten, dann bin ich doch nicht traurig, bin auch nicht sauer, wenn die Amerikaner das aus ihrer Perspektive werten und, wie auch immer, benutzen. Kissinger hat damit doch die Interessen seines Landes vertreten, ganz selbstverständlich, und hat mir das gleiche bescheinigt, auch ganz selbstverständlich.

Inwieweit ist denn eine Partnerschaft inter pares mit Amerika möglich? Die NATO war und ist amerikanisch dominiert. War es nicht ein Euphemismus, von Partnerschaft zu reden, wenn die einen zu Zeiten des Ost-West-Konflikts an der Nahtstelle einer möglichen Konfrontation gesessen haben und die anderen jenseits des Atlantiks?

Formal gesehen war die Gleichberechtigung in der NATO in Ordnung. Aber das spielte de facto keine Rolle. Wir waren in der Tat voll abhängig unter dem atomaren Schirm der Amerikaner. Alles andere war Propaganda. Die Amerikaner neigen zu der Fehleinschätzung, der reinen militärischen Macht eine zu große Bedeutung zuzumessen.

Die Europäer dagegen haben gar keine andere Möglichkeit, als zu versuchen, diplomatisch aus ihrer Schwäche eine Stärke zu machen. Und dieser Versuch heißt Gewaltverzicht. Im Kern geht es darum, das Recht des Stärkeren umzuwandeln in die Stärke des Rechts, durch Verträge, durch Abkommen, durch Kontrolle. Das ist ein Grundunterschied, den es auch weiterhin geben wird. Die Perspektive der Verrechtlichung ist auch in Zukunft die einzige Möglichkeit für Europa, seine Stärke zu entwickeln.

Würden Sie die Probleme zwischen Europa und Amerika, zum Beispiel beim Streit um das Kyoto-Abkommen und den Internationalen Strafgerichtshof, auf diese Grundunterschiedlichkeit zurückführen?

Ja. Es besteht die Gefahr, dass Amerika überschätzt, was es alles alleine kann. Wenn Amerika glaubt, sich auf Dauer isolieren zu können, dann wird es sich übernehmen.

Daran anschließend stellt sich die Frage nach der Zukunft des Westens. Sie haben die Unterschiede zwischen Europa und Amerika, beide im Westen fest verankert, herausgearbeitet. Können Sie sich vorstellen, dass z.B. Russland letztlich auch irgendwann zur westlichen Wertegemeinschaft gehören kann? Wie soll dann eine gemeinsame Ordnung aussehen? Wie könnte man Amerika dazu bringen, diese Ordnung zu akzeptieren?

Ich kann Amerika dazu bringen, indem Europa eine feste Position einnimmt und sagt: Das ist unsere Position. Dann respektieren die das. Das ist für mich kein großes Problem. Ich beschuldige die Amerikaner nicht, weil sie so stark sind. Ich beschuldige die Europäer, weil sie so schwach sind. Wenn sie sich zusammenraufen könnten, dann wären sie nicht so schwach und das würde auch Amerika akzeptieren.

Allerdings weiß niemand genau, wie sich Russland entwickeln wird. Ich kann nur sagen: Russland wird in mehreren Jahrzehnten jedenfalls nicht mehr so schwach sein, wie es im Moment ist. Russland ist im Augenblick geneigt, sich Europa zuzuwenden. Die russische Bereitschaft zur Kooperation – Stichwort NMD – nicht auszunützen wäre töricht und ein historischer Fehler. Wir haben die Chance, auf dem Gebiet der Sicherheit etwas gemeinsam mit Russland und Amerika zu machen. Helmut Schmidt, der ja kein Antiamerikaner ist, sagt: Das könnte den Amerikanern so passen, wenn durch eine weitere Ausweitung der NATO die Spannungen zu Russland zunehmen und damit Europa schutzbedürftiger wird. Und er hat auch noch hinzugefügt: Die NATO gehört nicht Amerika.

Kann es aber nicht sein, dass durch die Ausweitung der NATO nach Osten ein Mehr an Stabilität in Ostmitteleuropa entsteht, weil wir in der glücklichen Situation sind, dass Russland im Moment zu schwach ist, um einen Konfrontationskurs zufahren?

Sie können die Geographie nicht überlisten. Es gibt bis heute keinerlei Definition, wie weit eigentlich die Ausweitung der NATO gehen soll. Bis zur chinesischen Grenze?

Möglicherweise in ferner Zukunft: Mit einem Russland, das in irgendeiner Form eine Wertegemeinschaft mit dem Westen eingegangen ist, wäre das möglich.

Ich habe gar nichts dagegen, dass Russland auf lange Sicht der NATO beitritt. Dann haben wir automatisch gesamteuropäische Sicherheitsstrukturen. Die Amerikaner werden dies jedoch niemals zulassen, weil sie dann einen Großen dabei hätten, und dann könnten sie nicht mehr machen, was sie wollen; mit ihrer Dominanz ist es dann vorbei. Aber stellen Sie sich einen Augenblick vor, Georgien wollte Mitglied der NATO werden. Sollte die Bundesrepublik als NATO-Mitglied wirklich Garantiemacht für diese hochexplosive Zone im Kaukasus werden? Das wäre nicht mehr, sondern weniger Stabilität.

Wenn aber irgendwann entsprechende Voraussetzungen in der Region dort gegeben wären, also die Krisenherde beseitigt wären und sich stabile demokratische Regierungen und Gesellschaften entwickelt hätten?

Warum dürfen wir dann heute die baltischen Staaten, auf die das alles zutrifft, nicht aufnehmen? Weil die USA es nicht wollen. Weil die Amerikaner nicht bereit sind, ihre Nukleargarantie an die russischen Grenzen auszuweiten. Diese Garantie funktioniert noch für Polen und selbst wenn Rumänien, Moldawien oder die Slowakei hinzukämen, ginge es noch. Aber danach ist dann Schluss. Das Problem besteht darin, dass die USA keine Definition geben, wie weit die NATO reichen soll. Schließlich wollen sie den Druck auf Russland aufrechterhalten. Aber das kann kein europäisches Interesse sein. Hier bestehen fundamentale Unterschiede zwischen europäischen und amerikanischen Interessen fort.

Zur Verleihung des Göttinger Friedenspreises 2008

Der Göttinger Friedenspreis ist eine besonders ehrenvolle Auszeichnung. Ich kann sie nur mit großer Dankbarkeit und Bescheidenheit entgegen nehmen. Nicht zuletzt in der Bewunderung für Geist und Haltung des Stifters Roland Röhl. Konflikt- und Friedensforschung werden leider noch für viele Menschen in Wissenschaft, Politik und Publizistik eine lebenslange Aufgabe bleiben.

Der Name der Stadt und ihrer Universität haben für mich einen magischen Klang vor fast 51 Jahren erhalten. Damals veröffentlichten 18 Wissenschaftler ihre Erklärung gegen die Aufrüstung der Bundeswehr mit taktischen Atomwaffen. Bundeskanzler Adenauer und sein Verteidigungsminister Strauß hätten diese Waffen gern gehabt, die Adenauer in seiner schrecklichen Vereinfachung als eine Weiterentwicklung der Artillerie bezeichnet hatte. Unmittelbar konnten die 18 Genugtuung empfinden, denn die Bundeswehr erhielt diese Waffen nicht. Allerdings nicht wegen der Göttinger Erklärung, sondern weil die Besitzer, die Amerikaner, sie den Deutschen nicht gaben. Noch war das Gesetz de Gaulles nicht formuliert, dass kein Land, das über diese Waffen verfügt, die Einsatzentscheidung, die über die Existenz der eigenen Nation entscheidet, mit einem anderen Land teilt, und sei es der beste Freund. Dieses Gesetz ist nach wie vor in Kraft. Dennoch ist der Göttinger Appell nicht erledigt. Denn man hat in der Folge etwas Neues erfunden: Deutsche atomare Söldner. Ich komme darauf zurück.

In einer Hinsicht hat Adenauer fast Recht behalten.

Die wissenschaftliche Entwicklung hat die Miniaturisierung soweit vorangetrieben, dass sie auf dem Gefechtsfeld eingesetzt werden können. Mit der Verkleinerung von Atomwaffen wird auch die Angst vor ihnen verkleinert, diese Qualitätsschwelle überschreiten zu können, ohne die Eskalation befürchten zu müssen.

Der Göttinger Appell hat mich auf das Thema der Atomwaffen gestoßen. Ein anderer Göttinger, der Historiker Hermann Heimpel, hat mich etwa zur selben Zeit mit seiner These alarmiert, man könne ein Volk auch teilen, wenn man es nur lange genug geteilt hält. Das seit 1949 in zwei Staaten geteilte Deutschland, das nun in zwei gegeneinander gerichtete Militärbündnisse integriert wurde, musste gewiss mit langen Fristen rechnen; aber empörend und unrealistisch erschien eine Vorstellung, dass die Deutschen sich irgendwann mit ihrer Teilung abfinden und mit ihr würden leben wollen.

Wer allerdings einmal an der brutalen Grenze zwischen Nord- und Südkorea gestanden hat und sich bewusst war, dass die Menschen auf beiden Seiten sich weder besuchen, noch schreiben oder die beiden Radio- und Fernsehsysteme hören und sehen konnten, musste nachdenklich werden. Da sind inzwischen 60 Jahre vergangen und statt der Wiedervereinigung kann über das Problem nachgedacht werden, ob in den nächsten zehn oder 20 Jahren eine Einheit von zwei Völkern aus zwei Systemen herbeigeführt werden kann, falls die Menschen das dann noch wollen.

In Deutschland müssen wir unter unvergleichbar milden und besseren Bedingungen 20 Jahre nach dem Fall der Mauer bekennen, dass die übergroße Mehrheit der Westdeutschen nicht auf Einheit gedrängt hat. Die Minderheit der Ostdeutschen wollte sie und hat die historische Gelegenheit geschaffen, die Kohl benutzt hat. Aber das verkündete Ziel der inneren Einheit ist noch immer nicht erreicht.

Das atomare Thema und die politische Normalität sind die beiden Aspekte, die mein politisches Leben bestimmt haben, und die unter der gemeinsamen Überschrift rangieren: Die deutsche Selbstbestimmung.

Damit knüpfe ich an die atomaren Söldner an. Die Bundeswehr erhielt Waffen für atomare Sprengköpfe, die von Amerikanern bewacht wurden, umringt von Deutschen, die die Amerikaner bewachten. Sie waren nur mittels eines Zwei-Schlüssel-Systems benutzbar und konnten natürlich nur auf amerikanischen Befehl von Deutschen abgefeuert werden. Ich hatte eine solche Batterie in meinem Wahlkreis in Schleswig-Flensburg. Sie wäre dann in die vorbereitete Feuerstellung nördlich des Nordostsee-Kanals vorgerückt und konnte sich ausrechnen, dass ihre Reichweite nur bis Lübeck und Hamburg langte. Die letzte Weisung, die Helmut Schmidt als Bundeskanzler in einem solchen Fall gegeben hätte, wäre der Befehl an die Soldaten zur Befehlsverweigerung gewesen. Das klang bei Strauß etwas martialischer, aber wäre auf das gleiche hinaus gelaufen. Verweigerung als Mittel der Selbstbestimmung.

Die Aufforderung von Olof Palme, über Sicherheit im atomaren Zeitalter nachzudenken, brachte die Erkenntnis, dass Sicherheit nur mit und nicht gegen oder ohne den potentiellen Gegner zu garantieren sei. Die nicht-nuklearen Staaten seien entweder Geiseln oder Objekte der Atomwaffenbesitzer, was zu der Forderung führen müsste: Keine Atomwaffen auf dem Boden nicht-atomarer Staaten. Diesen Standpunkt vertrete ich noch heute. Damals schickte ich das Papier an Carl Friedrich von Weizsäcker, um es seinem unbestechlichen Gehirn auszusetzen. Seine souveräne Antwort lautete: Das Papier habe nur einen großen Fehler, nämlich dass es nicht von ihm stammt.

Die doppelte Null-Lösung hat das Problem weitgehend entschärft und erleichtert. Noch immer gibt es bei der Luftwaffe ein Tornado-Geschwader, das für eine atomare Rolle ausgestattet ist, also nur auf amerikanischem Befehl ihre 20 Kernwaffen einsetzen könnte: Das ist heute praktisch nicht mehr vorstellbar. Diese Maschinen werden ab 2011 ausgemustert. Ich denke, sie sollten nicht ersetzt werden, jedenfalls nicht mehr für eine atomare Rolle ausgerüstet werden.

Der atomar benutzbare Teil der Luftwaffe ist ein Relikt aus der Zeit, in der es deutsche Selbstbestimmung militärisch nicht gab. Das hatte seinen Sinn in der potentiellen Bedrohung aus dem Osten, die es nicht mehr gibt. Neue deutsche Flugzeuge für eine atomare Rolle wären der Nachweis, dass die Deutschen diese Rolle zur Befolgung amerikanischer Weisungen fortsetzten. Dies zu verweigern, verlangt deutsche Selbstbestimmung gebieterisch.

Schwieriger ist die Tatsache, dass die USA auf unserem Boden Atomwaffen in unbekannter Zahl und Qualität lagern. Sie stellen einen integralen Teil der exterritorialen Stützpunkte dar, die für die USA eine integrale Voraussetzung für ihre Operationen im Ersten und Zweiten Golfkrieg gewesen sind. Jede Veränderung, auch nur in die Richtung der von der selbstbewussten Türkei verweigerten Überflugrechte, würde strategische und politische Probleme aufwerfen, sogar humanitäre, wenn man an das modernste und größte Krankenhaus außerhalb der USA denkt, in dem Verwundete und Kranke behandelt werden. Das ist ein Komplex der Partnerschaft mit den USA, der für die notwendige ruhige und langfristige Behandlung nicht nur die neue Administration in Washington, sondern auch die nächste Bundesregierung verlangt, also nicht vor dem Jahre 2010 ansteht.

Die militärische Logik hat, den technischen Möglichkeiten folgend, ein Konzept entwickelt, kleine Atomwaffen in einer konventionellen Auseinandersetzung zu benutzen. 2005 hat das Pentagon den Entwurf einer Doktrin veröffentlicht, der die Fähigkeiten der Mininuks mit der Sicherheitsdoktrin vom September 2002 verbindet. Mit anderen Worten: Das proklamierte Recht der USA zu einem Krieg auch präventiv, auch ohne Mandat der Vereinten Nationen gegen jeden staatlichen oder nichtstaatlichen Gewaltträger, den Washington als Bedrohung ansieht, soll dabei auch Mininuks einsetzen können. Die Genehmigung sollten auch Kommandeure vor Ort anfordern können, wenn ihnen das zur erfolgreichen Durchführung des Kampfauftrages nötig erscheint. Widerstand im Kongress hat das Pentagon den Entwurf zurücknehmen lassen, aber andere entsprechende Direktiven und Planungen bestehen weiter. Über den exakten Stand der Sache kann ich nichts sagen. Aber die Vorstellungen von einem nuklear-konventionellen Verbund schließen den Krieg gegen den Terrorismus ebenso ein wie bei NATO-koordinierten Einsätzen. Es wird denkbar, dass deutsche Soldaten in Afghanistan sich einer atomaren Kampfsituation gegenüber sehen könnten.

Die Bundesregierung sollte, sicher durch andere Mitglieder des Bündnisses unterstützt, auf eine Klärung drängen, dass Kernwaffen nicht in NATO-Einsätzen außerhalb des Bündnisses eingesetzt werden.

Theoretisch wirft das den Unterschied zwischen eigenen Interessen und Bündnisinteressen auf, genauer zwischen amerikanischen und deutschen Interessen. Berlin hat nach dem 11. September 2001 die volle Solidarität mit den Vereinigten Staaten zugesagt und die Teilnahme am Irak-Krieg verweigert, der nach unserer Auffassung völkerrechtlich illegal und politisch falsch war. Er entsprach der amerikanischen Doktrin von 2002 und widersprach der deutschen Doktrin, die der Verfassung entsprechend jede Beteiligung an Angriffskriegen verbietet. Die Verfassung ist selbstverständlich dem Bündnis übergeordnet. Insofern haben wir erlebt, dass deutsche Selbstbestimmung nur gegenüber Amerika zu verwirklichen ist. Das könnte sich wiederholen, wenn Washington ungeachtet des Risikos, das Bündnis in Willige und Unwillige, in alte und neue Europäer zu spalten, militärisch wie gegen den Irak gegen andere Staaten interveniert.

Präsident Bush, der Ältere, hat nach dem Ende des Ost-West-Konflikts sein Land als das einzige bezeichnet, das stark genug ist, die Welt in eine neue Weltordnung zu führen. Das stimmte damals und hätte die USA als primus inter pares zur Stärkung der UN mit ihren Regeln für alle prädestiniert. Stattdessen hat sein Sohn wenige Jahre später, ohne bedroht oder herausgefordert zu sein, das gigantischste Aufrüstungsprogramm der Geschichte entworfen. Es wurde dem Streitkräfteausschuss des Senats drei Monate vor dem September 2001 vorgestellt und danach in Kraft gesetzt.

Das löste eine gigantische Rüstungswelle aus, die ganz Asien, Russland und Europa erfasste und die mit fataler Konsequenz bis heute laufend Nachschub aus Amerika erhält. Es will die Uneinholbarkeit der amerikanischen Überlegenheit ausbauen und ist nicht nur Ausdruck einer Arroganz der Macht, sondern eines unipolaren Denkens, das sich mit jedem Monat überholt, in dem das Gewicht Chinas, Indiens und Russland wächst.

Für Europa kann man das nicht sagen. Europa ist seit den 40 oder 50 Jahren, in denen es sein Ziel der Selbstbestimmung formuliert hat, nicht fähig, bis heute, ein Datum zu nennen, von dem an es mit einer Stimme sprechen wird.

Natürlich kann man verstehen, dass Amerika nicht warten konnte und wollte, wann Europa seine ständige Beteuerung wahr macht und ernst genommen werden muss. Amerika folgte seinen Interessen und war nicht unglücklich, dass Europa, vom Euro abgesehen, sicherheitspolitisch nicht selbstbestimmt wurde. Europa ließ sich hinreißen und folgte dem ständigen Druck der amerikanischen Führung, seine Streitkräfte zu modernisieren, um sie zu befähigen, neben amerikanischen kompatibel eingesetzt zu werden.

Die EU beschäftigte sich mit ihrer Ausweitung, der Vervollkommnung ihres Marktes und unterhielt sich über eine gemeinsame Außen- und Sicherheitspolitik, während in der NATO Beschlüsse gefasst wurden über schnelle Eingreiftruppen und ihre

Ausrüstung. Weder innerhalb der EU-Gremien, noch in den einzelnen Mitgliedsstaaten gab es auch nur eine Diskussion darüber, ob die sicherheitspolitischen Interessen Europas vielleicht eine eigene Definition wert wären, ob es eine Alternative zur amerikanischen Führung also zu der Definition Brzezinskis gibt, die den alten Kontinent sicherheitspolitisch als Protektorat Amerikas bezeichnet hat.

Als Bürger Berlins weiß ich, was wir Amerika verdanken. Aber das kann mich nicht die Augen verschließen lassen, welche Veränderungen in Amerika vor sich gegangen sind, und dass die NATO aus einem Instrument der Bewahrung unserer Freiheit zu einem Instrument in Interesse der hegemonialen Strategie der Vereinigten Staaten geworden ist.

Es wird Zeit, dass sich Europa daran erinnert: Ostpolitik galt der Entspannung und gemeinsamen Sicherheit und nicht dem Export von Demokratie; alle Grenzen in Europa sollten nur in gegenseitigem Einvernehmen geändert werden; und schließlich hat das größte kontrollierbare konventionelle Abrüstungsabkommen der Geschichte dem Kontinent seit 17 Jahren Stabilität gebracht. Europa hat die Erfahrung gemacht, dass Demokratie eher der Stabilität folgt, als der Anwendung militärischer Gewalt.

Es ist an der Zeit, dass zwei Debatten geführt werden: Die eine über eine transatlantische Partnerschaft, die auf Respekt vor unterschiedlichen Interessen und Verantwortungen beruht und nicht auf Unterordnung; und eine andere über Abrüstung, ein Begriff, der seit acht Jahren von der Tagesordnung internationaler Konferenzen verschwunden ist. Europa braucht Streitkräfte, die modern ausgerüstet und befähigt sind, die Garantien zur Stabilität vor allem auf seinem Kontinent glaubwürdig geben zu können. Es braucht keine Streitkräfte, die wesentlich zur Unterstützung geostrategischer amerikanischer Interessen verwendet werden. Die Verkleidung in den multilateralen Mantel macht die Sache nicht besser, sondern fördert nur die Tendenz, der NATO den Charakter einer Art von internationaler Handlungsfähigkeit zu verleihen mit institutioneller Ausweitung nach Asien. Die NATO könnte aus multipolarer Sicht quasi zu einem konventionellen Pol werden, neben China, Indien, Russland und Amerika, der durch seine Existenz die Entwicklung eines solchen selbst bestimmten europäischen Pols gegenstandslos machen würde.

Nun hängt die Perspektive für Europa an noch nicht überschaubaren Voraussetzungen: Der Vertrag von Lissabon muss in Kraft treten, diejenigen ihrer 27 Mitglieder, die dann den Weg zu einer europäischen Armee gehen wollen, müssen sich im Bewusstsein formieren, dass England nicht dabei sein wird, die amerikanischen Raketenpläne für Polen müssen zu einer Regelung führen, die eine mögliche neue Ost-West-Konfrontation vermeidet, kurz: Nichts Definitives wird passieren, bevor die neuen Führungen in Moskau, Washington und Berlin sich etabliert haben. Aber die Chancen für den Bau eines global wirksamen europäischen Pols sollten erhalten bleiben, der niemanden bedroht, keine territorialen Ansprüche hat, für Stabilität eintritt und mit seinem wirtschaftlichen und gesellschaftlichen Modell wirbt. Und der erfahren hat, dass Gewaltverzicht die Stärke des Schwachen ist.

Deutschland trägt dafür eine besondere Verantwortung.

Es kann auch eigene Initiativen entfalten, indem es den Appell befolgt, den vier gute alte Bekannte formuliert haben: Amerika stehe vor einem neuen nuklearen Zeitalter, gefährlicher und kostspieliger als der Kalte Krieg. Kissinger, Shultz, Perry und Nunn empfehlen Rüstungskontrolle als einzigen Weg, dem entgegen zu wirken. Die Bundesregierung könnte sich auch auf ihr Sicherheits-Weißbuch berufen, das die »übermäßige Akkumulation von Rüstungsgütern« beklagt und negative Auswirkungen für die Stabilität in kritischen Weltregionen fürchtet mit mittelbaren Auswirkungen auch für Deutschland. Neben den drei erwähnten Punkten unserer nuklearen Betroffenheit könnte die Bundesregierung auch eine Initiative vorbereiten, um die Doktrin des Erstgebrauchs von Atomwaffen zwischen Nato und ihrem Partner Russland abzuschaffen. Oder: Sie könnten endlich den KSE-Vertrag ratifizieren.

Soviel zur Verknüpfung des atomaren Themas mit der Normalität des vereinten Landes zur möglichen Selbstbestimmung.

Im Grunde hat die Welt die Relikte ihrer Fehler aus der Vergangenheit zu beseitigen und den alten Adam zu überwinden, wenn sie das eigentlich große Problem dieses Jahrhunderts meistern will. Aber noch ist die Angst vor den Klimakatastrophen nicht groß genug. Der epochale Wechsel will nicht wirklich ins Bewusstsein dringen, dass der Mensch nun die Natur schützen muss. Die Fantasie der Regierungen reicht nicht aus, um sich auszumalen, was geschieht, wenn die Meeresspiegel steigen, die Permafrostgebiete versumpfen und die Versteppung zunimmt. Das wird dann Amerika, Europa und Russland gleichermaßen zwingen, ihre Streitkräfte einzusetzen, ihre Erfahrungen auszutauschen und zu Verbündeten machen, um gemeinsam Sicherheit zu finden. Gleichzeitig werden sich Ströme von Menschen in Bewegung setzen, um Gebiete zu erreichen, in denen es noch Nahrung gibt und das kostbare Wasser. Da wird die Suche nach den Regeln einer multipolaren Welt gegenstandslos werden, weil die Kraft der Natur die globalen Pole von heute unterspült hat. Da werden die Staaten mit ihrer Macht versuchen, das Überleben zu organisieren, ohne noch über ihre Werte und die Unterschiede zu streiten, was Menschenrechte sind. Da wird Europa nicht triumphieren, dass die Zusammenarbeit das Schlüsselwort dieses Jahrhunderts werden muss. Katastrophenforschung wird die Friedensforschung abgelöst haben. Es wird ein Wettlauf, ob das Notwendige rechtzeitig geschieht. Diesen Wettlauf kann die Natur nicht verlieren. Die Menschheit schon.

Laudatio anlässlich der Auszeichnung mit dem »Tutzinger Löwen« am 13. Februar 2012 in der Evangelischen Akademie Tutzing

Sehr geehrte Festgäste,
sehr geehrter, lieber Herr Prof. Bahr!

Manchmal steht das Wichtigste am Ende. Es ist der vorletzte Satz des knapp fünf Seiten umfassenden Manuskriptes, in dem das Geschichte bewegende und Geschichte schreibende Motto »Wandel durch Annäherung« formuliert wurde. Die Quintessenz Ihrer Ausführungen, verehrter Herr Prof. Bahr, die Schlussfolgerung einer abgewogenen Analyse. Der letzte Satz Ihrer Ausführungen enthält ihr persönliches Bekenntnis: »Ich bin fest davon überzeugt, dass wir Selbstbewusstsein genug haben können, um eine solche Politik ohne Illusion zu verfolgen, die sich außerdem nahtlos in das westliche Konzept der Strategie des Friedens einpasst, denn sonst müssten wir auf Wunder warten, und das ist keine Politik.«

Sie haben mit diesem Satz treffend beschrieben, was Aufgabe der Politik ist: nach einer klugen Betrachtung – die möglichen Optionen vor Augen – entschieden handeln. Die Früchte des Tuns lassen sich oft spät ernten, manchmal bleiben sie auch ganz aus. Ihnen ist es vergönnt gewesen, die Früchte zu ernten, an deren Saat, Wachstum und Reife Sie selbst wesentlich beteiligt waren.

Im letzten Satz Ihres Redemanuskriptes bringen Sie den Begriff »Wunder« in einen vermeintlichen Gegensatz zu politischem Handeln. Hier das scheinbar tatenlose Warten auf ein Wunder, dort die zielstrebig handelnde Politik.

Aus einer biblischen Perspektive heraus wage ich mir zu sagen, dass der beschriebene Gegensatz so nicht besteht. Es gibt keinen Automatismus und keine Kausalität, dass die beste Absicht und noch so stringentes Handeln auch tatsächlich das gewünschte Ergebnis herbeiführen. Wenn es am Ende doch gelingt, ist es ein Wunder. Die Wiedervereinigung – das war das zentrale Thema jener Tagung des Politischen Clubs der Evangelischen Akademie Tutzing im Juli 1963. Gekommen ist sie – welch ein Wunder – 1990, nach der friedlichen Revolution im Herbst 1989.

Und Ihre Ausführungen an jenem 15. Juli 1963 haben im Grunde nur diesen Schluss zugelassen, dass es schon ein Wunder braucht. Sie sagten damals, Ihre Ausführungen seien »zur Anregung gedacht und entspringen dem Zweifel, ob wir mit der Fortsetzung unserer bisherigen Haltung das absolut negative Ergebnis der« – und ich füge ein: bisherigen »Wiedervereinigungspolitik ändern können.« Und weiter: »Die Voraussetzungen zur Wiedervereinigung sind nur mit der Sowjet-Union zu schaffen. Sie sind nicht in Ost-Berlin zu bekommen, nicht gegen die Sowjet-Union, nicht ohne sie... Die Wiedervereinigung ist ein außenpolitisches Problem... Heute (Anm.: 1963) ist klar, dass die Wiedervereinigung nicht ein einmaliger Akt ist, der durch einen historischen Beschluss an einem historischen Tag auf einer historischen Konferenz ins Werk gesetzt wird, sondern ein Prozess mit vielen Schritten und vielen Stationen..., dass jede Politik zum direkten Sturz des Regimes drüben aussichtslos ist.«

Am Ende Ihrer – aus heutiger Sicht – prophetischen Rede fragen Sie, »ob es nicht Möglichkeiten gibt...« Dann folgt der entscheidende Satz: »Das ist eine Politik, die man auf die Formel bringen könnte: Wandel durch Annäherung.«

Am Anfang des Mottos steht bereits das Ergebnis des beabsichtigten Handelns: dass es zu einer Veränderung des Status quo kommt – zum Wandel. Das Instrument, um ihn zu bewerkstelligen, ist die Annäherung. Diese kann man vom Gegenüber trefflich einfordern. Aber der Begriff intendiert, dass ich nicht warte, bis der andere sich bewegt, sondern dass ich mich bewege. Es ist nicht hoch genug zu achten, wenn einer den ersten Schritt wagt. Eine Belohnung ist nicht garantiert. Aber – Gott sei Dank – auch nicht ausgeschlossen.

Ihr Motto, verehrter Herr Bahr, »Wandel durch Annäherung« hatte weitreichende Folgen. Über die politischen habe ich gerade gesprochen. Ich muss den Bogen aber noch weiter schlagen.

»Wenn es je eine Tagung der Evangelischen Akademie Tutzing gab, die nicht nur Schlagzeilen für einen Tag machte, sondern die deutsche Nachkriegsgeschichte beeinflusste«, so schrieb mein verehrter Vorvorgänger im Amt des Direktors dieses Hauses, Claus-Jürgen Roepke, 1986 in einem Band zum 40-jährigen Bestehen der Akademie, »dann war es diese Veranstaltung mit Egon Bahr.« Das stimmt!

1963 – zum zehnjährigen Bestehen des Politischen Clubs – waren u.a. angereist: Berlins Regierender Bürgermeister Willy Brandt – mit seinem Pressesprecher Egon Bahr; der Bayerische Ministerpräsident Alfons Goppel, dazu seine Parteikollegen aus der CSU Franz Josef Strauß, Friedrich Zimmermann und Richard Jaeger; dazu von der FDP Erich Mende und von der CDU Kurt Georg Kiesinger. Drei US-Senatoren, dazu die Publizisten Sebastian Haffner und Matthias Walden. Und Bundeskanzler Konrad Adenauer und sein Pressesprecher Karl-Günther von Hase.

Sie, lieber Herr Bahr, hielten damals im Anschluss an Willy Brandt Ihren Vortrag, der – wie es »Der Tagesspiegel« in Berlin notierte – auf »starke Beachtung und ein kritisches Echo« stieß.

Am Ende hatten und haben alle etwas davon: die Menschen in unserem Land, die Evangelische Akademie Tutzing. Und auch Sie! So ist es mir eine große Freude und Ehre, Ihnen den »Tutzinger Löwen« überreichen zu dürfen: als Dank für Ihr Wirken und als Zeichen der freundschaftlichen Verbundenheit mit unserem Haus. Zugleich steht der »Tutzinger Löwe« auch für Toleranz und Weltoffenheit.

Das Motto »Wandel durch Annäherung« ist noch nicht verbraucht. Es hat Potenzial, auch in anderen Zusammenhängen Wirkung zu entfalten. Darauf müssen wir hinarbeiten – in der Hoffnung auf weitere Wunder.

Udo Hahn
Pfarrer und Direktor der Evangelischen Akademie Tutzing